ハヤカワ文庫 NF
〈NF483〉

いつも「時間がない」あなたに

欠乏の行動経済学

センディル・ムッライナタン＆エルダー・シャフィール
大田直子訳

HAYAKAWA NONFICTION

早川書房
7918

SCARCITY

Why Having Too Little Means So Much

by

Sendhil Mullainathan and Eldar Shafir

Translated by
Naoko Ohta
Published 2017 in Japan by
HAYAKAWA PUBLISHING, INC.
This book is published in Japan by
direct arrangement with
BROCKMAN, INC.

母さん、父さん、e3へ、無条件の愛に感謝し、無条件の愛をこめて。
最愛のアナスタシア、ソフィー、ミアへ。

SM
ES

目次

第3部　欠乏に合わせた設計

いつも「時間がない」あなたに

欠乏の行動経済学

序章

アリがそんなに働き者なら、どうしてあんなふうに時間をつくってピクニックに出かけるのかしら[1]？

——マリー・ドレスラー、アカデミー賞受賞女優

私たちがこの本を書いたのは、忙しすぎて書かないわけにはいかなかったからだ。

センディルはエルダーに愚痴っていた。時間が足りなくてやるべきことができない。締め切りは「過ぎている」どころか「とっくに過ぎている」。気まずい思いで打ち合わせを延期してもらう。受信箱はチェックするべきメッセージでふくれあがっていく。たまの電話さえもらえない母親の傷ついた顔が目に浮かぶ。車検証も期限切れ。そして事態はさらに悪化していく。飛行機を乗り継いででもその会議に出席するのは、半年前には名案に思われた。だがいまではそれほどでもない。遅れが悪循環になっていった。車検証の再登録でやるべきこ

とがひとつ増える。メールの返信が遅れたせいで、プロジェクトがまちがった方向に進んでしまい、その軌道修正でさらに仕事が増える。期限を過ぎた仕事の山がいまにも崩れ落ちそうだ。

　時間が足りないと嘆くのに時間を費やすとは皮肉なことだと、エルダーは自覚していた。そこをあまりよくわかっていなかったセンディルは、決然と、泥沼から抜け出す計画を語った。

　まず流れを断ち切る。もとからある義務は果たさなくてはならないが、新たな義務は避けて通ることができる。新たな要求にはすべてノーと言おう。やりかけのプロジェクトをきちんとやり遂げ、これ以上遅らせないこと。この引き締め策はいずれ効果を上げるだろう。やるべきことの山が、なんとかなるレベルまで低くなる。そうなってはじめて、新しいプロジェクトについて考えよう。もちろん慎重に。めったなことではOKを出さず、入念に精査してはじめて「やりましょう」と言う。簡単ではないが必要だ。

　計画を立てるのは気分がいい。当然だ。かつてヴォルテールがこう言った。「あらゆる喜びは思いちがいから始まる」[2]

　一週間後、またセンディルから電話があった。同僚二人がアメリカの低所得者の生活に関する本を編纂している。「これは大きなチャンスだよ。一章を書くべきだ」。エルダーの記憶では、彼の声に皮肉はみじんも感じられなかった。

　予想どおり、一章を書くことは「あまりに魅力的で辞退できず」、私たちは同意した。しかしやはり予想どおり、その決断はまちがいであり、原稿は予定より遅れて大急ぎで書かれることになった。ところが予想外なことに、そのまちがいは無駄ではなく、思いがけないところにつながって、最終的にこの本を生むことになったのだ。

その章のために私たちが書いたメモを抜粋しよう。

クリーヴランドで店長を務めるショーンは、生活費のやりくりに四苦八苦していた。請求書がたんとたまっている。クレジットカードは限度額まで使い切った。給料はあっという間になくなる。彼いわく、「いつも給料日前にすっからかんだ」。先日たまたま、銀行口座の残高を実際より多いと思い込んで、小切手が不渡りになってしまった。二二ドルの買い物を忘れていたのだ。電話がかかって来るたびに緊張する。またクレジット会社からの「確認」の電話か？　金欠は彼の私生活にも影響していた。夕食会で、持ち合わせがないからと、割り勘を払えないこともあった。友人は理解してくれたが、いい気持ちはしない。

しかも終わりが見えない。彼はブルーレイ・プレーヤーを、半年間支払いなしのクレジットで買っていた。五カ月前のことだ。来月、この忘れていた請求書をどうやって払うのか？　これまでの借金返済でどんどんお金が出て行く。不渡り小切手には多額の貸越手数料が課される。未払いの請求書には延滞料がかかる。財政状態はめちゃくちゃだ。彼は借金の泥沼にはまっていて、浮かび上がることはほぼ不可能である。

彼のような状況にある人の例に漏れず、ショーンはさまざまな方面から金銭に関するアドバイスを受けたが、どれも似たり寄ったりだった。

これ以上深みにはまってはだめ。借りるのをやめなさい。出費を最低限に抑える。切り詰めるのが難しい費用もあるかもしれないが、どうすればいいかを学ぶ必要がある。これまでの借金をできるだけ早く返済しよう。新たに借金をしなければ、やがて支払いはなんとかなる額になる。そのあと、元の木阿弥《もくあみ》にならないように気をつけること。お金は賢く使い、賢く借りる。身の丈《たけ》に合わないぜいたくはしない。借金せざるをえない場合、返済に必要なことを明確にすること。

このアドバイスは理屈では正しいが、ショーンにとって現実にはそれほどうまくいかなかった。誘惑に抗《あらが》うのは難しい。あらゆる誘惑に抗うのはさらに難しい。前から欲しかったレザージャケットがセールでかなり安くなっている。娘の誕生日が近づくにつれ、プレゼントをけちるのは賢明とは思えなくなってくる。出費が計画よりかさむわけはいろいろあるのだ。ショーンは結局、また借金の泥沼にはまった。

私たちはすぐに、センディルとショーンの行動が似ていることに気づいた。締め切りに遅れるのは支払い期限を過ぎた請求書によく似ている。打ち合わせのダブルブッキング（ない時間をあてること）は不渡り小切手（ないお金を使うこと）によく似ている。忙しければ忙しいほど断らなくてはならない。借金が多ければ多いほど買い物を控えなくてはならない。この深みから抜け出す算段を立てるべきだとわかっていても、実行するのは難しい。何を買うか、何をやることに同意するか、つねに警戒しなくてはならない。警戒心が緩むと――時間やお金の誘惑がほんの少しでもあると――さらに深みにはまる。ショーンは結局、積み重なる借金で首が回らなくなった。センディルは結局、山のような約束に押しつぶされてしまった。

状況がまったくちがうのにこれほど似ているのは驚きだ。私たちはふつう、時間の管理と金銭の管理は別問題だと考える。失敗の結果がちがう。下手な時間管理は気まずい思いや業績不振につながるが、下手な金銭管理は課金や立ち退きにつながる。文化的背景がちがう。多忙な専門家が締め切りに遅れることと、低賃金の都市労働者が借金の支払い期限に遅れるのとは別物だ。環境がちがう。教育レベルがちがう。抱いている望みさえちがうかもしれない。このようなちがいがあるにもかかわらず、最終的な行動は驚くほど似ている。

センディルとショーンにはひとつ共通点がある。どちらも欠乏の影響を受けているのだ。ここでいう欠乏とは、自分の持っているものが必要と感じるものより少ないことである。(3) センディルは急《せ》かされているように感じていて、自分がやるべきことをすべてやるには時間が足りないと思っていた。ショーンは資金繰りが苦しいと感じていて、自分が払わなくてはならない請求書をすべて払うにはお金が足りないと思っていた。この共通のつながりが二人の行動を説明できるのか？　この欠乏そのものが、センディルとショーンをこれほど似たような行動に導いたのだろうか？

欠乏に共通の論理を明らかにすることには、大きな意味合いがあるだろう。欠乏はこのような個人的エピソードをはるかに超える広範な概念だ。たとえば、失業問題は金銭的欠乏の問題でもある。仕事を失うと、突然家計は苦しくなる。住宅ローン、車の費用、そして日常の生活費をカバーするには収入が足りない。増えつつある社会的孤立――「独りボウリング」――の問題は一種の人づきあいの欠乏であり、社会的なきずなが足りないのだ。(4) 肥満の問題も、妙な感じがするかもしれないが、欠乏の問題だ。ダイエットをやり通すには、食べる量をいつもより減らすという難題に対処する必要がある。これはカロリーの緊縮財政、つまりカロリーの欠乏だ。世界の貧困問題――一日一ドルか二ドルで生活している人が世界中に大勢いるという悲劇――も、一種の金銭的欠乏だ。失業によって突然、そしておそらく一時的に、家計が苦しくなるのとちがって、貧困は苦しい家計がいつまでも続くことを意味する。

欠乏はセンディルとショーンの問題を結びつけるだけではない。非常に多くの社会問題に共通している。そのような問題は異なる文化、経済状況、そして政治体制で起こるが、すべて欠乏を特徴とする。欠乏には、これほど多様な背景すべてに作用する、共通の論理があるのだろうか？

私たちはこの疑問に答えなくてはならなかった。それくらい忙しかったのだ。

欠乏は人の心を占拠する

欠乏に関心をもった私たちは、半世紀以上前に行なわれた画期的な研究にたどりついた。その研究の著者は、自分たちが欠乏を研究しているとは思っていなかったのだが、私たちの目から見ると、極端なかたちの欠乏を研究していた——それは飢餓だ。第二次世界大戦が終わろうとするころ、連合国は問題に気づいた。[5] ドイツに占領されていた地域に進軍すると、餓死寸前の人たちが大勢いたのだ。問題は食料ではない。アメリカ軍とイギリス軍には、解放しようとしている捕虜や市民に与える食料は十分にあった。問題はもっと技術的なことである。これほど長いあいだ餓死寸前だった人たちに、どうやって食べ物を与え始めたらいいのか？ おなかいっぱい食べさせるべきなのか？ 食べたいだけ食べさせるべきなのか？ それとも少量の食べ物から始めて、ゆっくり増やすべきなのか？ 人を餓死寸前の状態から回復させるのに、いちばん安全な方法は何なのだろう？

当時の専門家はほとんど答えられなかった。そこで答えを見つけるために、ミネソタ大学のチームが実験を行なった。[6] しかし、食べ物の与え方を理解するためには、まずその人たちを飢えさせなくてはならない。実験は、健康な男性ボランティアを管理された環境下に置き、恒久的な害をおよぼさないぎりぎりのカロリーに抑えた食べ物を与えることから始まる。それを数カ月続けたあと、真の実験が開始される。さまざまな栄養の与え方に、彼らの体がどう反応するかを理解するのだ。この実験は被験者にとって楽なものではなかったが、これは

「よい戦争」であり、前線に行かなかった人たちが被験者の役を買って出た。

三六人の被験者は寮に入り、注意深く監視され、すべての行動を観察・記録された。研究者がいちばん気にしたのは食べ物を与える部分だったが、彼らは飢餓の影響も測定した。飢餓に苦しむ体に起こったことは、ほとんどがとても生々しい。尻の脂肪が落ちてしまったので、すわるのがつらくなり、枕を使わなくてはならなかった。むくみのせいで実際の体重減少がわかりにくかった――被験者は飢餓のために六キロも余計な液体をため込んだのだ。代謝は四〇パーセント低下。筋力と持久力も落ちた。ひとりの被験者によると、「シャワーで髪を洗っているとき、腕の力が弱っていることに気づいた。そんな簡単な作業の途中で疲れ切ってしまったんだ」

弱ったのは彼らの体だけではない。心も変化した。シャーマン・アプト・ラッセルは著書『飢え（*Hunger*）』に、ある昼食の光景を描写している。

給仕が遅いと、男たちは並んで待つのにいらいらし始める。[7] そして自分の食べ物を独占したがる。トレーに覆いかぶさるようにして、両腕で自分の食事をガードする者もいる。ほとんど無言で、食べることに集中している。……たとえばカブカンランなど、特定の食べ物を嫌うことはなくなった。すべての食べ物を最後のひと口まで食す。それから皿をなめる。

これはおおむね飢えている人に予想されることだ。しかし彼らはもっと意外な心の変化も見せている。

料理本や地元のレストランのメニューに熱中するようになった。果物と野菜の値段をあちらの新聞とこちらの新聞でくらべて何時間も過ごす人もいた。農業を始めることを計画した人もいれば、レストランオーナーに転職することを夢見た人もいる。……学究的な問題への意欲を失い、料理本のほうにはるかに強い関心を見せている。……映画に行っても、食べ物のシーンにしか興味を示さない。

彼らは食べ物のことばかり考えていた。もちろん、死にそうなほど飢えていれば、より多くの食べ物を手に入れることが優先されるはずだ。しかし彼らの執着心は、実際的な利益を超えていた。レストランを始めることを妄想したり、食べ物の値段を比較したり、料理本を調べたりしても、空腹感がやわらぐことはない。それどころか、そんなふうに食べ物のことを考える——病的なまでに執着する——ことで、空腹のつらさがひどくなるはずだ。彼らも好きで考えていたわけではない。ミネソタ実験のある被験者は、つねに食べ物について考えてしまうことのフラストレーションを、次のように振り返っている。

この実験ほど終わることを待ち望んだものは、人生でほかにあまり例がない。しかもその理由は……体がつらかったからではなく、食べ物が人生でいちばん重要になり……食べ物が現実に生活の中心になって、ほかには何もなくなってしまったからだ。ほかには何もないとしたら、人生はほんとうにつまらない。つまり、映画に行ってもラブシーンにはとくに興味がわかず、彼らが食べるたびに何を食べたかに目をつける。

腹ペコの被験者たちは、好きでストーリーを無視して食べ物に注目したわけではない。好きで食べ物のことをいちばんに考えたわけではない。そうではなく、空腹が彼らの思考と注意を占拠したのだ。この行為はミネソタ実験では脚注であつかわれているだけで、けっして研究者が興味を抱いていたことではない。しかし私たちにとっては、欠乏が人をどう変えるかを如実に表わしている。

欠乏は人の心を占拠する。飢えた被験者が食べ物のことを考えたのと同じように、人はどんな欠乏でも経験すると、それに心を奪われる。心は自動的に、いやおうなく、満たされていないニーズのほうを向いてしまう。空腹な人の場合、そのニーズは食べ物だ。多忙な人にとっては、仕上げる必要のあるプロジェクトかもしれない。金欠の人にとっては今月の家賃かもしれないし、孤独な人にとっては話し相手かもしれない。欠乏は、持っているものがごくわずかだという不満だけにとどまらない。人の考え方を変える。人の心に居すわるのだ。

このことをたったひとつの研究から推論するのは無理がある。飢餓は極端なケースであり、欠乏が関係するが、ほかのさまざまな生理学的変化も関与する。この研究には三六人の被験者しかいなかった。ここで引用している証拠はおもに空腹の男たちのつぶやきであり、具体的な数字ではない。しかしほかの多くのもっと緻密な研究も、同じ結果を示している。そればかりか、いったいどうして欠乏が人の心を占拠するのか、知る機会を与えてくれる。

ある最近の研究では被験者に、三〜四時間何も食べず、お昼どきに研究室に来るよう依頼した。[8] そして腹ペコの被験者の半数は昼ご飯を食べに行かされるが、残りの半数はそのまま。つまり半数は空腹、半数は満腹である。研究で彼らに与えられる課題は単純だ。画面を見る。単語が一瞬だけ表示される。見えた単語が何かを答える。つまり、たとえば「ＴＡＫＥ」が一瞬表示され、被験者は自分が見たのは「ＴＡＫＥ」だったか「ＲＡＫＥ」だったかを判断しなくてはならない。なんでもない課題に思えるし、すべてがすばやく起こることをのぞけば、なんでもない課題だっただろう。とにかく一瞬なのだ。単語が表示されるのは三三ミリ秒、つまり三〇分の一秒である。

空腹の被験者は、おなかがすいているせいでやる気も集中力もないので、成績が良くないだろうと考えられるかもしれない。しかしこの課題については、彼らと満腹の被験者の成績は同じくらいだった。ただし例外がひとつある。食べ物に関する単語では、空腹の被験者のほうがはるかに良い成績を収めたのだ。「ＣＡＫＥ（ケーキ）」という単語を正確に見わける確率がはるかに高かった。このような課題は、人の心のいちばん上に何があるかを知るためのものだ。ある概念が頭を占領していると、それに関係する単語がすばやく目に入る。そのため、空腹な被験者がすばやく「ＣＡＫＥ」を認識するなら、食べ物が彼らの心のいちばん上にあることが直接わかる。この場合、料理本のページをめくるとか、レストランオーナーになる計画を立てるというような、奇妙な行動を根拠に彼らの病的な執着を推論するのではない。欠乏が空腹の被験者の心を占拠していることを、彼らの反応の速度と正確さが直接示している。

しかも、それは潜在意識レベルの話だ。この課題においてごく短い時間尺度——ミリ秒単位の判定結果——が設定されているのは、意識の制御がおよばないくらいの高速プロセスを観測するように考えられたものだからだ[9]。現在、脳についてはかなりのことがわかっているので、この時間尺度の意味するところは明らかだ。複雑な高次の計算には三〇〇ミリ秒以上が必要である。それより速い反応は、もっと反射的な無意識のプロセスに依存している。したがって、空腹の人が「CAKE」をとっさに認識するとき、それは彼らがこの言葉に集中することを選んだからではない。何かをやろうと選ぶ時間などないうちに起こっている。だからこそ私たちは、欠乏が心を集中させる様子を表現するのに、占拠するという言葉を使うのだ。

この現象は空腹に特有のものではない。ある研究[10]では、被験者はのどが渇いているときのほうが、「WATER(水)」という単語を認識するのがはるかに速かった(この場合も数十ミリ秒のレベル)。このような事例すべてにおいて、欠乏は無意識に作用している。心の持ち主が望むかどうかにかかわらず、その注意を占拠するのだ。

ところで、渇きも空腹も身体的な欲望である。それほど本能的ではない欠乏も、心を占拠する。ある研究[11]では子どもたちに、ふつうのアメリカの硬貨――一セントから五〇セントまで――の大きさを、記憶を頼りに推測し、それに合わせて物理的装置を調整するように指示した。すると、貧しい子どもにとってのほうが硬貨は大きく「見えて」[12]いて、推測された硬貨の大きさは実際よりかなり大きかった。そしてその錯誤の度合いは、価値の高い硬貨――二五セントと五〇セント――のほうが大きかった。食べ物が空腹の人の集中力を占拠するのと同じように、硬貨が貧しい子どもの集中力を占拠したのだ[13]。集中力が強いほうが、硬貨は大きく「見える」。ところで、貧しい子どもたちは大きさをよく覚えていないだけという可能性もある。そのため研究者は、子どもたちの目の前に硬貨を置いて、その大きさを推測させた。これは先ほどより簡単な課題だ。しかし実際には、貧しい子どもは硬貨が目の前にあるときのほうが大きく
まちがっている。本物の硬貨は記憶のなかの空想上の硬貨よりも、さらに彼らの集中力を引きつけたのだ（硬貨がそばにないとき、同じような大きさのボール紙の円板については、子どもたちは正確に推定している）。

注意を占拠されると経験が様変わりするということも実際にある。たとえば自動車事故や強盗のような、ごく短い時間に一連の経過がぎゅっと詰まっているような出来事が起こっているあいだは、注意の関与が強まって、研究者が「主観的な時間の伸び」[14]と呼ぶものを引き起こす。これはそのような出来事が実際より長く続くように感じることであり、処理される情報量が多いからこそ、そう感じるのだ。同様に、欠乏によって注意が占拠されると、何が見えるか、あるいはどれだけ速く見えるかだけでなく、世界をどう解釈するかにも影響がお

よぶ。孤独な人たちに関する研究[15]には、被験者にさまざまな顔の写真を一秒間見せて、どういう感情が表われていたかを説明するように指示したものがある。顔が伝えていたのは怒り、恐怖、幸福、それとも悲しみ？　この単純な課題は主要な社会的スキル、すなわち他人が何を感じているかを理解する能力を測定するものだ。意外なことに、孤独な人たちのほうがこの課題をうまくこなす。彼らにはあまりうまくできないと思えるかもしれない——そもそも彼らの孤独は、社会的な不適切さや未熟さを示唆しているのではないか、と[16]。しかし欠乏の心理学を考えると、この好成績は納得がいく。孤独な人が自分の抱える欠乏に集中しているなら、すなわち社会との接触をなんとかすることに集中しているなら、まさに予想されることだ。彼らはとくに敏感に感情を察知するはずである。

このことから、孤独な人たちは社会的な情報を思い出す能力も高いはずと考えられる。ある研究では、被験者は誰かの日記を読んで、それを書いた人をイメージするように指示された[17]。そのあと、日記の内容の詳細を思い出すように言われた。すると孤独な人と孤独でない人で、出来はだいたい同じくらいだった。ただし、ひとつ例外があった。他人との交流など、社会的内容を含む記事を思い出すことにかけては、孤独な人のほうがはるかによくできていたのだ。

この研究論文の著者が伝えている逸話に、孤独感がどう意識を変えるかがうまく要約されている。恋愛運がなくて親しい友人もいないブラッドレー・スミスは、離婚のあとに自分の感じ方の変化に気づいた。

突然ブラッドレーは、人と人――夫婦や家族――のつながりのやけに細かいところまで、いやでも気づいてしまうようになった。[18] たいていの人は一度や二度、ブラッドレーと同じ苦境に立たされたことがあるかもしれない。恋人と別れたら、ブラッドレーと同じように、公園で手をつないでいる恋人どうしに知らず知らず目をとめている。あるいは、新しい学校や職場での初日には周囲が知らない人ばかりなので、自分に向けられる笑顔やしかめっ面や視線はどれも意味ありげに思える。

ブラッドレーは人づきあいに関して、腹ペコの人が料理本のページをめくるのと、同じことをしていると言えるかもしれない。

元祖欠乏の科学

経済学者の同僚に、欠乏《スケアシティ》について研究しているのだと話すと、彼はこう言った。「希少性《スケアシティ》の科学はすでにあるよ。きみも聞いたことがあるだろう。経済学ってやつさ」。もちろん彼は正しい。経済学は、どうすれば限られた手段で限りのない欲望を実現できるか、人や社会はどうやってものの希少性に対処するか、の研究である。もしあなたが新しいコートにお金を使えば、外食のためのお金は減る。もし政府が前立腺がん実験にお金を費やせば、高速道路の安全のためのお金は減る。意外なことに、ほかの点では抜け目ない考察が、たびたびトレードオフを見落とす傾向にある（その見落としを、私たちの理論は説明できる）。物理的欠乏が価格に対してときに予想外の反応を示すとわかって得られる経済学の知見もある。ヨーロッパ人古生物学者は一九世紀の中国で、このことを苦い経験とともに思い知った。[19] 希少な恐竜の骨を手に入れようとしていた彼らは、村人に骨のかけらの代価を払った。その結果は？　供給が反応し、骨のかけらが増えた。農民たちは骨を見つけると、売れるかけらの数を増やすために粉砕したのだ。それは古生物学者たちが期待していたこととはちがった。

私たちは別の角度から欠乏にアプローチする。経済学において欠乏はいつでもどこにでもある。人はみな限られた量のお金しか持っていない。いちばん裕福な人でも、すべてを買うことはできない。しかし物理的欠乏はいつでもどこにでもあるが、欠乏感はそうでないと私たちは言いたい。平日、スケジュールには打ち合わせが二つ三つ入っているだけで、やることリストもなんとかなりそうだとしよう。あなたは予定のない時間を、ゆっくり昼食をとったり、近況報告のために同僚と電話で話したり会ったりすることに費やす。次に、カレンダーに打ち合わせがめいっぱい入っている平日を考えよう。ほんのわずかな自由時間は延び延びになったプロジェクトへと消えていくにちがいない。どちらの場合も、物理的な時間は限られている。職場にいる時間は同じで、それを埋めてあまりある活動をしている。しかし一方のケースであなたは欠乏を――時間に限りがあることを――痛切に意識するが、もう一方のケースでは、たとえ感じるとしても現実的でないように思う。欠乏感は物理的現実とはちがうのだ。

欠乏感はどこから来るのだろう？　もちろん、物理的な制限——預金口座の残高、負っている借金、仕上げなければならない仕事——が一因である。しかし何が大事かについての主観的な感じ方もかかわっている。それを仕上げる必要性がどれだけあるのか？　その買い物はどれだけ重要か？　そのような欲求は文化や育ち、あるいは遺伝によって決まる。私たちが何かを強く欲するのは、生理的な要因によるかもしれないし、近所の人が持っているからかもしれない。どれだけ寒く感じるかが、絶対温度だけでなく個人の代謝にも左右されるのと同じように、欠乏感は、何が手に入るかだけでなく個人の好みにも左右される。[20]この好みの原因は何か、多くの学者——社会学者、心理学者、人類学者、神経科学者、精神科医、さらにはマーケティング研究者まで——が解明しようとしている。本書では基本的にその議論はしない。好みは置いておいて、欠乏の論理と影響に焦点を合わせる。持っているものが少なすぎると感じるとき、人の心に何が起こるのか、それがどういうふうに選択や行動を決定するのだろう？

この疑問について、経済学を含めてほとんどの学問は、だいたい同じことを言っている。持っているものがほしいものより少ないとき、その結果は単純、人は不幸になるのだ。[21]貧しければ貧しいほど、手に入れられるすてきなものは——恵まれた学区にある家であれ、調味料の塩や砂糖のようなささやかなものであれ——少ない。忙しければ忙しいほど、楽しめる余暇は——テレビを見るにせよ、家族と時間を過ごすにせよ——少ない。摂取できるカロリーが少なければ少ないほど、味わえる食べ物は少ない。といった具合だ。持てるものが少ないのはうれしくない。そして、たとえば健康、安全、教育に影響がおよぶ可能性がある。欠乏は不満と苦闘につながる。[22]

たしかにそのとおりだが、私たちの考えでは、これでは何か重要なものが欠けている。欠乏はたんなる物理的制約だけではない。それはマインドセットでもある。欠乏は人の注意を占拠するとき、その考え方も変える――ミリ秒、時間、日、週、どの単位であれ。心のいちばん上に居すわることで、その人が何に注目するか、どうやって選択肢を天秤にかけるか、どうやって検討するか、そして最終的にどう決めるか、どう行動するかに影響をおよぼす。人は欠乏している状況で働くとき、問題のとらえ方、対処の仕方、取り組み方が変わる。特定の欠乏によって生まれるマインドセットを研究している分野もある。[23]たとえば、ダイエットがどう気分に影響するか、特定の文化的背景がその地域の貧困者の態度にどう影響するか、というような。しかし私たちが提言しようとしているのは、もっとずっと普遍的なものだ。あらゆるかたちの欠乏は同様のマインドセットを生み出すのである。そしてこのマインドセットは、さまざまな行動や欠乏の結果を説明するのに役立つだろう。

欠乏が心を占拠するとき、人が注意深く有能になるのはたしかだ。生活のなかには、集中力を保つのが難しくなるような場面がたくさんある。なにかと気をそらされるために、仕事が延び延びになる。ぼんやりしているので、スーパーで高いものを買ってしまう。締め切りが迫っている場合や、現金が不足している場合、人は目の前の課題に集中する。注意が集中していると、ケアレスミスは少なくなる傾向にある。これは完全に理にかなっている。欠乏は重要であり、注意を払う価値があるからこそ、人の心を占拠するのだ。

しかし、いつ心をくぎづけにされるか、自由に選ぶことはできない。切迫しているプロジェクトについて、真剣にそれに取り組んでいるときだけでなく、家で子どもの宿題を手伝おうとしているときにも考えてしまう。無意識のうちに起こる占拠は、集中するのには役立つが、生活のほかの面では重荷になる。欠乏のことで頭がいっぱいだから、思いがたえず欠乏にもどってしまうから、生活のほかの面に気が回らなくなる。これはたんなる比喩ではない。人の頭脳の力量、つまり私たちが「処理能力」と呼ぶものは、直接測定できるのだ。流動性知能（訳注：76ページ以降を参照）は、人がどうやって情報を処理し、意思決定をするかに影響する重要な心的資源であり、測定することができる。実行制御力は、人がどれくらい衝動的に行動するかに影響する重要な資源であり、やはり測ることができる。そして欠乏は、処理能力のあらゆる要素を弱めることがわかっている――人は洞察力が衰え、前向きな考え方ができなくなり、コントロールが利かなくなる。そしてその影響は大きい。たとえば、ひと晩完全に徹夜するよりも貧しいことのほうが、人の認識力を大きく衰えさせる。貧困者は個人として処理能力が低いのではない。そうではなく、貧困の経験が人の処理能力を奪うのだ。

人は貧困者のことを考えるとき、自然に金銭の不足について考える。忙しい人のこと、あるいは孤独な人のことを考えるとき、時間の不足、あるいは友人の不足について考える。しかし私たちの研究結果は、あらゆる種類の欠乏が処理能力の不足も引き起こすことを示している。そして処理能力は行動のあらゆる面に影響するので、この不足は重要だ。このことはセンディルとショーンの場合にも見られた。なかなか計画を守れないことも、新しいレザージャケットや新しいプロジェクトを拒めないことも、（車検証の更新、かけるべき電話、請求書の支払いなどの）もの忘れも、（銀行の口座残高の勘ちがいや、誘いへのまずい対応など）認識の誤りも、すべてが処理能力不足のせいで起こる。そしてとくに重大な結果がひとつある。それは、さらに欠乏を長引かせることだ。センディルとショーンが罠にはまり、そこから出られなかったのは偶然ではない。欠乏はみずから罠をしかけるのだ。

　このことは、なぜ貧しい人は貧しいままなのか、なぜ忙しい人は忙しいままなのか、なぜ孤独な人は孤独なままなのか、なぜダイエットはたいてい失敗するのかについて、まったく新しい説明を可能にする。このような問題を理解するために、既存の理論は文化、性格、好み、あるいは制度に目を向けている。負債者は金銭やクレジットに対してどういう考え方をしているのか？　忙しすぎる人はどんな仕事のやり方をするのか？　肥満の人はどんな文化規範や好みにしたがって食べ物を選択するのか？　私たちの結果が示唆するのは、もっとはるかに根本的なことである。これらの問題の多くは、欠乏のマインドセットによって理解できるのだ。だからと言って、文化や経済力や性格が関係ないわけではない。そういう要素もたしかにある。しかし欠乏には独自の論理があり、それはほかの力より優位に働くのだ。

　さまざまな欠乏の罠をまとめて分析するからと言って、どんなかたちの欠乏でも生じる影響の大きさが同じと言いたいわけではない。欠乏のマインドセットがおよぼす影響の重要性は状況によって大きくちがう。たとえば人間の記憶の仕組み[24]は、ささいなこと（たとえば鍵を忘れる理由）から重要なこと（たとえば目撃者の信頼性）、さらには悲劇的なこと（たとえばアルツハイマー病の始まり）まで、あらゆることを理解するのに活用できる。同じように、分野がちがっても欠乏の論理は似ているかもしれないが、その影響はまったく異なる。貧困の真相を分析するとき、とくにそれが言える。貧しい境遇は非常に極端な場合があり、困難で容赦のない状況をともなうことが多い。たとえば処理能力への負荷は、貧しい人のほうが忙しい人やダイエット中の人より大きい可能性が高い。そのため、私たちは本書の後半で貧困者にとくに注目する。

ある意味で、私たちの論法はとてもシンプルだ。欠乏は人の注意を占拠し、それが限定的な強みをもたらす。差し迫ったニーズにはうまく対処できるのだ。しかしもっと広く考えると、それには代償がともなう。人はそれ以外の心配ごとをほったらかしにし、生活のほかの面での能力が低下する。この論法は、どういう経緯で欠乏が人の行動を決めるかを説明するのに役立つだけではない。意外な成果も生み、どうやって欠乏に対処するのがいいかについて、新たなヒントを与える。

招待状

本書で語られているのは「発展途上の科学」であり、欠乏の心理的基礎を解明し、その知識を用いてさまざまな社会的・行動的現象を理解しようとする試みだ。多くの独創的な研究を引用していて、その舞台は大学の研究室からショッピングモール、鉄道駅、ニュージャージーの炊き出し所、はてはインドのサトウキビ畑まで多岐にわたる。さらに、(先ほどの飢餓の研究のような)古い研究を私たちの新しい仮説のレンズをとおして見直し、原著者がたぶん予想しなかったような解釈を新たに加えた。この証拠を使って私たちの主張を展開し、新たな視点を提案している。

これほど新しいテーマに取り組むことのメリットのひとつは、専門家にもそうでない人にも同じように伝えられることだ。私たちの主張の拠《よ》りどころは認知科学から開発経済学まで幅広く、その分野すべての専門家はほとんどいないので、たいていの人にとって私たちが提示する資料の少なくとも一部は、初めて目にするものになる。このことを踏まえて、私たちは専門的な箇所も含めてこの本全体を、幅広い読者にわかりやすいものにしようと心を砕いた。逸話やエピソードも多用している。もちろん、そういうものは綿密な証拠の代わりにはならないが、さまざまな概念を直観でとらえやすくし、提案に精彩を与えるために使った。最終的に私たちの主張が説得力を持つかどうかは、もちろん、私たちが示す証拠次第である。もっと専門的な詳細を知りたい読者のために、たくさんの注を巻末に付した。参照文献を示すだけでなく、示された研究の詳細を論じ、本文に入れると脱線になるが、それでも関連があると思われる研究に言及している。とくに興味深いと思うことがある人は、この注を読むことで深く掘り下げることができる。

本書が最終結論だと主張するつもりはない。真剣に考察するべき昔からの問題に、新たな視点を提起しているのだ。新しい考え方があるときはいつも、明らかにするべき新たな意味、解釈するべき新たな重要性、そして理解するべき新たな因果関係もある。まだやるべきことはたくさんあり、そういう意味でこの本は発見のプロセスへの招待状である。最前列の席でご覧あれ。

第1部　欠乏のマインドセット

第1章 集中とトンネリング

ホッブス「物語のアイデアはもう浮かんだかい？」
カルビン「創造性は蛇口をひねれば出てくるようなものじゃないんだ。そういう気分にならないと」
ホッブス「それはどういう気分なんだ？」
カルビン「土壇場のパニック」

――ビル・ワターソン『カルビンとホッブス（*CALVIN AND HOBBES*）』(1)

先日の晩、私たちは〈ダート・キャンディー〉というベジタリアンのレストランに行った。その店名はオーナーシェフであるアマンダ・コーエンの、野菜は土《ダート》から生まれた「キャンディー」だという信条に由来する。そのレストランは評論家がこぞって絶賛するオリジナル料理「カリカリ豆腐とブロッコリーのオレンジソース」で知られていた。(2) 絶賛されるのも当然だ。その味わいは絶妙で、テーブルの人気者だった。

その晩に訪れたのはタイミングがよかった。翌日、私たちはアマンダが人気テレビ番組《アイアン・シェフ》に出演することを知ったのだ。出演するシェフは、かなりきつい時間的制約のもとで、三品の食事を用意する。番組の冒頭で、どの料理にも必ず使わなくてはならない材料をその場で知らされ、二〜三時間でメニューを考えて調理する。料理人志望者や食通だけでなく、ただ食べ物を見るのが好きな人にも、とても人気がある番組だ。

私たちは番組を見ながら、コーエンはすばらしく幸運だと思った。知らされた材料はブロッコリー。彼女は当然、私たちが前日に食べた彼女の看板メニューをつくり、審査員たちにおおいに気に入られた。しかしコーエンの幸運は、私たちが考えたようなものではなかった。材料がブロッコリーだったおかげで、彼女はすでにレパートリーにあった料理を披露できたわけではない。その逆だ。番組の収録は一年前に行なわれる。彼女が言うには、「いまメニューにあるカリカリ豆腐は《アイアン・シェフ》のためにつくったものです[3]」。彼女は看板メニューをその夜つくり出したのだ。このような「幸運」は、そう呼べるならの話だが、なおさらすばらしい。彼女は何年もかけて自分の技を磨き上げてきたエキスパートだが、その最高の料理のひとつが、強烈なプレッシャーのもとに二時間ほどで生み出されたのだ。

もちろん、この料理はゼロからつくられたわけではない[4]。このような創造力の爆発は、数カ月から数年にわたる経験と努力が土台になっている。時間の制約によって精神が集中し、それまでの努力が凝縮して、突然成果が生まれる。会議で発表しなくてはならないプレゼンテーションに取り組んでいるとしよう。会議までの数日間、あなたは一生懸命努力するが、迷いもある。アイデアは浮かんでいるが、すべてをどうやってまとめ上げるかについて、難しい選択をしなくてはならない。しかし期限が迫ってくれば、もう無駄にできる時間はない。欠乏はあらゆる選択を強いる。抽象概念が具体的になる。最後のひと押しがなければ、たとえ創造性が豊かでも最終的な成果を生み出せないこともある。《アイアン・シェフ》に出演するにあたって、コーエンには独自の秘密の材料がいくつかあり、何カ月も何年も温めていたアイデアがあった。欠乏がそういうものをつくり出したわけではない。正しくは、彼女は欠乏に強いられて、それらをまとめてひとつのすばらしい料理にしたのだ。

欠乏は、どちらかと言うと人の悲惨な境遇と結びつけられることが多い。私たちが最初にこの本を考えついたのも、そういう経緯だった。借金から抜け出せない貧困者や、つねに仕事が遅れている多忙な人。しかしアマンダ・コーエンの経験は、欠乏の見逃されがちな別の側面を如実に表わしている。欠乏は人の能力を高めることができるのだ。持てるものが少ないとき、制約があると感じるとき、それでも目覚ましいことをやってのけた経験は誰にでもある。アマンダ・コーエンは、時間が足りないことを痛烈に意識していたからこそ、注意を集中して、自分の持てる手段をすべて引っ張り出し、ひとつのすばらしい料理をつくり出したのだ。私たちの説では、欠乏が心を占拠すると、人は持てるものをいちばん効果的に使うことに注意を集中する。それが悪影響をおよぼす場合もあるが、欠乏にはメリットもあることになる。この章では、まずそのメリットを説明してから、そのために人が払う代償について話すが、それは欠乏が最終的に失敗を招くことの伏線である。

持てるものを最大限に活用

会議が大嫌いな人もいる。組織行動学の第一人者であるコニー・ガーシックは、会議の研究をなりわいとしている。(5) 会議はどう展開されるか、会議中に仕事や会話のパターンがどう変化するか、それを理解するために、彼女は膨大な数の詳細な定性的《ていせい》研究を行なっている。研究対象となった会議は多岐にわたる。学生どうしの会議、管理職どうしの会議、意思決定するために選択肢を比較検討する会議、セールストークのような具体的なものを考え出すブレーンストーミングを目的とした会議。これらの会議は明らかに種類がちがう。しかしある意味で、すべて同じと言ってもいい。どれも始まりは散漫だ。話しあわれるのは抽象的なことや関係のないことで、会話はとりとめがなく、しばしばテーマから大きくはずれる。ありきたりのことが長々と主張される。反論も出るが、解決策は出てこない。関係のない枝葉末節に時間が費やされる。

しかし会議も半ばを過ぎると、状況が一変する。ガーシックの言う「中間軌道修正」が起こる。集まっている人々は残り時間がなくなりつつあることに気づき、真剣になる。彼女が言うように「作業の中間点は『飛躍的な進展』の始まりで、［集団は］期限とそれまでの進行状況を気にするようになる。［その時点で］彼らは協力段階に落ち着き、……作業を仕上げるためのエネルギーが突然強くなる」。意見の不一致に決着をつけ、肝心なところに集中し、残りは脇に追いやる。会議の後半には必ずと言っていいほど、より具体的な進展がある。

中間軌道修正は、欠乏に心を占拠されることの影響を如実に表わしている。ひとたび時間が足りないと気づくと、人は集中する。独りで仕事をしているときでもそうだ。あなたは本を書いているとしよう。いま取り組んでいる章は数週間後が締め切りだ。書き進めるために机に向かう。数行書いたところで、対応しなくてはならないメールのことを思い出す。受信箱を開くと、返信を求めるほかのメールも見つかる。知らないうちに三〇分が過ぎ、あなたはまだメールを処理している。書かなくてはならないとわかっているので、まだたった数行の文章にもどる。そして「書いている」あいだも、気づくととりとめのないことを考えている。どれだけの時間、考えていたのだろう——昼食にピザを食べようか、最後にコレステロールを検査したのはいつだろう、生命保険を新しい住所に更新したっけ？　どれだけの時間、なんとなく関係のあることを次から次へと考えていただろう？　さいわいもうすぐお昼どきなので、少し早めに切り上げることにする。久しぶりに会った友人との昼食を終えたあと、コーヒーを飲みながらゆっくりする。だいじょうぶ、あの章を書き上げるのにまだ数週間あるのだ。そういうふうに一日が続く。なんとかほんの少しは書き進めるが、期待していたものにははるかにおよばない。

次に、一カ月後の同じ状況を考えてみよう。その章の締め切りは数週間後ではなく数日後だ。今回は書くために机に向かうとき、あなたには切迫感がある。同僚のメールのことが頭をよぎっても、気を取られるよりむしろ書き続ける。それどころか、集中しているのでメールのことなど思いもしないだろう。昼食やコレステロール検査や生命保険のことを、とりとめなく考えたりしない。友人と（約束を延期せずに）昼食をとっても、ゆっくりコーヒーを飲んだりしない。レストランでも書くべき章と締め切りのことが頭から離れない。この集中が一日の終わりに報われる。章の大半をなんとか書き上げられたのだ。

心理学者は期限の効用を、きちんとした対照実験で研究している。ある研究では、学部生に三本の小論の校正を有償で依頼し、締め切りをかなり先に定めた。[6] 学生たちは仕事を仕上げるのに三週間与えられたのだ。報酬は見つけた誤りの数と、期限までに終えるかどうかで決まるので、三週間以内にすべての小論の校正を提出しなければならない。研究者は工夫を加え、締め切りがきつくて時間の不足を強く感じる第二グループをつくった。彼らは同じ三週のあいだ、毎週一本の校正済み小論を提出しなくてはならない。結果は？ 先ほどの思考実験と同じように、締め切りがきついグループのほうが高い生産性を見せた。（守るべき締め切りは多かったにもかかわらず）締め切りに遅れることが少なく、誤字をたくさん見つけ、たくさん稼いだのだ。

期限は生産性を高めるだけではない。たとえば、四年の後期に入った大学生も期限に直面する。残りの大学生活を楽しめる時間が限られているのだ。心理学者のジェイミー・カーツは、大学四年生たちがこの期限にどう対処するかを調べた。[7] 研究を始めたのは卒業の六週間前。六週間は、大学生活の終わりがまだ十分に意識されないほど長い時間かもしれないし、とても近く感じられるくらい短い時間でもある。カーツは半数の学生に対して、期限を差し迫ったもの（残されているのは限られた時間だけ）として表現し、残りの学生に対しては、ずっと先のこと（まだこれだけ時間が残っている）として表現した。すると欠乏の認識の差によって、学生たちの時間の使い方にちがいが見られた。残された時間がほとんどないと感じると、彼らは毎日を最大限に活用しようとしたのだ。活動に参加する時間を増やし、大学生活最後の日々を味わう。彼らは幸せだとも報告している。おそらく、大学が与えてくれるはずのものを、たくさん楽しんでいるのだ。

このような時間欠乏の影響は、まったく異なる多くの分野で観察されている。大規模なマーケティング実験で、一部の顧客には有効期限つきのクーポンを送り、ほかの顧客には同じような期限なしのクーポンを送った。[8] すると、期限のないクーポンのほうが使える期間は長かったにもかかわらず、使われる確率は低かった。時間があまりないと思われないと、クーポンは注目を引かず、忘れられることさえありえる。ほかにも組織に関する研究者が、販売員は販売サイクルの最後の数週（または数日）にいちばん熱心に働くことを発見している。[9] 私たちが行なったある研究では、データ入力の作業員は給料日が近づくにつれて精を出すようになることがわかった。[10]

イギリス人ジャーナリストのマックス・ヘイスティングスは、チャーチルに関する著書でこう言っている。「イギリス人の頭脳は土壇場でいちばんよく働く」。[11] 締め切りのある仕事をしたことのある人は誰しも、イギリス人と同じ気持ちかもしれない。締め切りが有効なのは、まさに欠乏をつくり出し、注意を集中させるからだ。先に挙げた第二次世界大戦の飢餓研究の被験者は空腹のせいで食べ物が心のいちばん上になったのと同じように、締め切りのおかげで目下の課題が心のいちばん上に来る。会議での残された数分にせよ、大学での残された数週間にせよ、期限は心に大きくのしかかる。目下の課題に注ぐ時間が増える。気晴しにはそそられなくなる。章の締め切りが迫っているときにダラダラと昼食をとらないし、会議が終わろうとしているときに関係のない話に時間を費やさないし、卒業の直前には大学を最大限に活用することに集中する。仕事でも楽しみでも、時間があまりないときのほうが得るものは大きいのだ。私たちはこれを「集中ボーナス」と呼ぶ。欠乏による心の占拠が生むプラスの成果だ。

集中ボーナス

時間だけでなくあらゆる種類の欠乏が、集中ボーナスを生み出すはずだ。このことは経験談からわかる。人は歯磨き粉のチューブが空に近くなると、歯磨き粉を大事に使うようになる。箱入りの高価なチョコレートの場合、残り少なくなるとじっくり味わう（そして取っておく）。休暇の最終日には、あらゆる観光地を見るために走り回る。厳しい言葉の制約があるほうが慎重に書くことになり、意外にも優れた文ができることが多い。

私たちは心理学者のアヌジュ・シャーと協力し、影響が広くおよぶと予想されることを活用して、持論を検証する方法を考えついた。私たちの説が金銭や時間だけでなく、あらゆる種類の欠乏に当てはまるのなら、人為的につくられた欠乏にも当てはまるはずだ。実験室でつくられた欠乏も、集中ボーナスを生むのだろうか？　実験室では、世間一般ではありえないような管理された状況下で人がどうふるまうかを研究できるので、思考と行動のメカニズムを明らかにできる。これは、重要な社会問題――順守、服従、戦略的相互作用、援助行動、さらには犯罪――を研究するのに実験室を使う、心理学研究の長い伝統にしたがっている。

そのために私たちは、世界中で人気のビデオゲーム《アングリー・バード》を下敷きにして、研究用のゲームをつくった[12]。《アングリー・ブルーベリー》と名づけたこの改訂版では、プレーヤーはバーチャルのパチンコを使って、ブルーベリーをワッフルに向けて撃つ。スリングをどのくらい強く、どんな角度で引くかを決められる。ブルーベリーは画面を横切って飛び、物に当たって跳ね返り、当たったワッフルをすべて「破壊する」。照準、正確さ、そして物理法則のゲームだ。軌道を予測し、ブルーベリーがどう跳ね返るかを判断しなくてはならない。

研究で被験者は二〇ラウンドをプレーして、獲得したポイントを賞品に換えられる。一ラウンドごとに新しいブルーベリーのセットを受け取る。手持ちのブルーベリーをすべて撃ってもいいし、先のラウンドで使うために貯めておいてもいい。ブルーベリーを貯めた状態で二〇ラウンド終えたら、ブルーベリーが残っているかぎり、さらに何ラウンドもプレーして、ポイントを積み上げることができる。このゲームではブルーベリーが富を決める。ブルーベリーがたくさんあれば、たくさん撃つことができて、たくさんポイントを稼ぎ、いい賞品をもらうことができる。こう決めておいて、次になすべきは、ブルーベリーの欠乏をつくり出すことだ。私たちはブルーベリー富豪の（一回に六個のブルーベリーを与えられる）被験者とブルーベリー貧民の（一回に三個だけ与えられる）被験者をつくった。

それで、出来はどうだったか？　当然、富豪被験者は撃つためのブルーベリーをたくさん持っているので、ポイントをたくさん稼いだ。しかし別の観点から見ると、貧民被験者のほうが成績は良かった。射撃の正確さで上回ったのだ。急になぜか視力が上がったからではない。貧民の人たちは一回の射撃に時間をかけた（時間制限はなかった）。そして注意深くねらった。撃てる回数が少ないので慎重だったのだ。それにくらべて富豪の人たちは、ただブルーベリーを飛ばすだけだった。だからと言って、富豪被験者は撃てる回数が多いので飽きてしまい、この課題を早く終えようとしたわけではない。疲れたわけでもない。最初の射撃ですでに、貧民被験者にくらべて集中力と慎重さに欠けていた。これは私たちの予測と一致する。持てるブルーベリーが少ないブルーベリー貧民の人たちは、集中ボーナスを享受したのだ。

ある意味で、ブルーベリーの欠乏にも、締め切りによる時間の欠乏で見られたのと同じ効果があるのは驚きだ。ビデオゲームで手持ちのブルーベリーが少ないのは、会議で残り数分しかない状況や、プロジェクトを仕上げるのに数時間しかない状況と、似ているとは言えない。射撃でスリングを引く強さと放つタイミングに注意を集中するのは、話しあう内容や仕事のペースを決定する複雑な選択とはかけ離れている。私たちは実験室で、世間の込み入った事情を欠乏以外すべて取りのぞいたが、それでも同じ行動が現われたのだ。このブルーベリーの結果は、世の中でほかに何が起きようと、欠乏そのものが集中ボーナスを生み出す可能性があることを、はっきり示している。

管理された状況下の欠乏を観察した結果、明らかになったことがもうひとつある。現実世界では、貧しい者と富める者はさまざまな点で異なる。経歴や経験がちがうので、人格、能力、健康状態、教育、そして好みが異なる。締め切りぎりぎりで仕事をしている人たちには、とにかくさまざまな人がいるだろう。彼らの行動にちがいが見られるとき、欠乏は理由のひとつかもしれないが、ほかにいくつかある相違点のどれかが関与している可能性もある。《アングリー・ブルーベリー》では、（ブルーベリーに）「富める」者と「乏しい」者をコイン投げで決める。したがって、もし両者の行動にちがいが見られるなら、その原因が人となりの本質的な個人差にあるとは考えられない。両者を区別するただひとつの要素、すなわちブルーベリーの欠乏のせいにちがいない。このように実験室で欠乏をつくり出すことによって、ふだんは絡まっている固いもつれから、欠乏を解きほぐすことができる。すると、欠乏そのものが理由にちがいないことがわかる。

集中ボーナス――締め切りに迫られたときの生産性向上や、ブルーベリー貧民が発揮する正確さ――は、私たちの説の核となるメカニズム、すなわち欠乏による心の占拠から生まれる。ここでは占拠という言葉が要《かなめ》だ。それは本人の力のおよばないところで起こるのであり、避けることはできない。欠乏のおかげで、人は自分だけでは簡単にはできないことができるのだ。

これについても、このゲームは手がかりを示している。理論的には、《アングリー・ブルーベリー》富豪は自分が貧しいと想定する戦略をとることができた。一ラウンドにつき（貧民と同じく）三回だけ撃って、残りを貯めておくこともできたのだ。そうすれば彼らは、「真に」貧しい人たちの二倍のラウンドをプレーすることになるので、二倍のポイントを稼ぐことができただろう。ところが現実には、ブルーベリーに富める者たちが一度のゲームで稼いだポイントは二倍にはほど遠かった[13]。もちろん、プレーヤーはこの戦略に気づかなかったのかもしれない。しかしたとえ気づいていたとしても、それについてはどうしようもなかっただろう。

　貧しいふりをするのは至難の業《わざ》である。欠乏によるボーナスが生じるのは、欠乏が出しゃばってきて、人の注意をほかのすべてのことから奪って引きつけるからだ。これは意識によるコントロールのおよばないところ、ミリ秒単位で起こることがわかっている。だからこそ、締め切りが差し迫っているとき、人は気晴らしや誘惑をすんなりかわせる。締め[14]切りがそういうものを積極的に押しやるのだ。自分で自分をくすぐることができないのと同じで、締め切りがあるふりをして、自分をごまかして一生懸命働くのは非常に難しい。仮想の締め切りはあくまで想像上のものだ。現実の締め切りのようには、人の心を占拠しない。

　これらのデータから、欠乏がさまざまな時間尺度で人の注意を引きつけることがわかる。序章では、欠乏が注意をミリ秒レベル——空腹の人が「ケーキ」という単語を認識するのにかかる時間——で引きつけることを確認した。（ブルーベリーでねらう）数分、数日、（大学四年生が卒業前に時間を最大限に活用する）数週の単位でも、そうなるのがわかっている。

ミリ秒単位で始まる欠乏の影響は、積み重なってもっとはるかに長い時間単位にわたる行動に結びつく。要するに、欠乏は潜在意識レベルでも、人がもっと意識的に行動するときにも、心を占拠することがよくわかる。心理学者のダニエル・カーネマンなら言うだろう。速い思考でも遅い思考でも欠乏は心を占拠する、と。

トンネリング

二〇〇五年四月二三日の午後一〇時、[15] アマリロ消防署のブライアン・ハントンは彼にとって最後の通報を受けた。

誤報とわかる通報もある。今回のサウス・ポーク通りで家が燃えているという通報のように、残念ながら現実だとわかるものもある。どの通報が誤報かわからないので、消防士はどれも真剣に受け止める。どんな警報でも、訓練どおりのことが行なわれる。晩に消防署でくつろいでいた消防士たちは、炎と対決するための準備を整え、火事現場に駆けつけなくてはならない。すばやく到着しなくてはならないだけでなく、フル装備で、準備が万全でなければならない。彼らは各段階を練習し、最適なものにする。すばやく着替える練習までするのだ。それだけの練習をしたかいはあった。通報から六〇秒以内に、ハントンとほかの隊員はみな消防車に乗っていた。ズボン、上着、フード、手袋、ヘルメット、ブーツ、すべてを身に着けて。

消防界の部外者は、どうしてハントンが死んだかに驚く。彼の死因は火事による火傷《やけど》ではない。煙を吸ったことでも、建物の崩壊でもない。それどころかハントンは火事現場に到着さえしていない。消防車はサウス・ポーク通りへと急ぐ途中、急ハンドルを切った。全速力で角を曲がったとき、左の後部ドアが開いた。ハントンは転がり落ちて、頭を舗道にぶつけた。その衝撃の大きな力が彼の頭に深刻な外傷を負わせ、それが原因で彼は二日後に死亡した。

ハントンの死が痛ましいのは、それが防げたかもしれないからだ。ドアが偶然開いたときに彼がシートベルトを着用していれば、あわてたかもしれないが無事だっただろう。

ハントンの死がとりわけ痛ましいのは、それが珍しいことではないからだ。消防士の死因として、心臓発作の次に交通事故が多いとする推定もある。[16] 一九八四年から二〇〇〇年まで、自動車の衝突は消防士の死亡者数の二〇～二五パーセントを占めている。[17] そのうち七九パーセントで、消防士はシートベルトを着用していなかった。確実なことはわからないが、ただシートベルトを締めることで、その命の多くが助かったと言ってもおかしくない。

消防士はこの統計を知っている。安全講習で習うのだ。ハントンも例外ではなく、前の年に安全講習を修了していた。[18] 「プライベートで車を運転するときにシートベルトをしない消防士はいないと思う」と、アメリカ消防局の副局長、チャーリー・ディキンソンが二〇〇七年に書いている。[19] 「家族にシートベルトをするように言わない消防士もいないと思う。それなのになぜ、消防士は消防車から投げ出されて命を落とすのか？」

通報を受けて急いでいる消防士は、時間の欠乏に直面する。彼らは迅速に消防車に乗って火事現場に到着しなくてはならないだけでなく、現場に到着するまでに、さまざまな準備を整える必要もある。道々、戦略を練るのだ。車載コンピューターのディスプレーを使って、燃えている建物の構造と配置を調べる。進入と脱出の作戦を決める。必要なホースの量を計算する。これらすべてを現場に到着するまでの短時間に行なわなくてはならない。そして消防士はこの時間の欠乏に対処するのがすばらしくうまい。遠くの火事にも数分で到着する。彼らは大きな集中ボーナスを得るのだ。しかしこの利益には代償がともなう。

ひとつのことに集中するということは、ほかのことをほったらかすということだ。本やテレビ番組に夢中になりすぎて、隣にすわっている友人からの質問に気づかなかった経験は誰にでもある。集中する力は物事をシャットアウトする力でもある。欠乏は「集中」を生むと言う代わりに、欠乏は「トンネリング」を引き起こすと言うこともできる。つまり、目先の欠乏に対処することだけに、ひたすら集中するのだ。

「トンネリング」は、トンネル視を連想させることを意図した表現である。トンネル視とは、トンネルの内側のものは鮮明に見えるが、トンネルに入らない周辺のものは何も見えなくなる視野狭窄《きょうさく》のことである。[20] スーザン・ソンタグが写真撮影について語った次の言葉は有名だ。「写真を撮るというのはフレームに入れるということで、フレームに入れるということは締め出すということだ」[21]。私たちはこの経験に相当する認知作用を、「トンネリング」という言葉で表現している。

消防士は準備を整えて迅速に火事現場に到着することに注意を集中するだけではなく、トンネリングを起こしていることがわかる。関係のない事柄——この場合はシートベルト——は無視される。もちろん、トンネリングは消防士に特有のものではないし、消防士がシートベルトをしない理由はほかにもあるかもしれない。しかし頭をよぎらないシートベルトが着用されることはありえない。

集中は有益なことであり、欠乏のおかげで人はそのとき最も重要と思われることに集中する。トンネリングはそうでなく、欠乏のせいでほかのもっと重要かもしれないことがトンネルの外に押し出されてほったらかしになる。

無視のプロセス

トンネリングは物事の選び方を変える。あなたはある朝、仕事を仕上げるためにいつものジム通いをサボるとしよう。厳しい締め切りが迫っていて、それがあなたの優先事項だ。この選択はどうして生まれたのだろう？　合理的にトレードオフをしたのかもしれない。最近どれくらいの頻度でジムに行っているかを計算する。もう一回ジムに行くメリットと、プロジェクトの差し迫ったニーズを天秤にかけ、ジムをサボることに決めたのだ。その朝は二〜三時間余計に仕事をすることのほうが運動よりも重要だった。この場合、時間の欠乏という心理的影響がなくても、その日はジムをサボることが最善の選択だと納得しただろう。

これに対して、トンネリングが起きているときは選択の仕方がちがう。締め切りが一点集中を生み出す。目覚めたときから、心はいちばん緊急のニーズにばかり向いていて、そのこ

雪　牛乳

図1

とで頭がいっぱいだ。ジムのことは脳裡をよぎることさえなく、すでに満杯のトンネルには入らない。あなたは検討もせずにジムをサボる。たとえ検討するとしても、その費用対効果のとらえ方がちがう。トンネルは、プロジェクトにかける時間が少なくなるという費用を誇張し、長期的な健康という利益をとても小さく見せる。健康などどうでもよく思える。それが正しい選択であろうとなかろうと、冷静な費用対効果の計算で同じ結論が出ようと出まいと、あなたはジムをサボる。締め切りに迫られると生産性が上がるのとまったく同じ理由で、つまり邪魔になる雑念が少ないために、選び方も変わるのだ。

　トンネリングの作用は何が頭に浮かぶかを変えることだ。このプロセスがどんな感じかをつかむために、次の簡単な課題をやってみてほしい。白いものをできるだけたくさん挙げよう。さあ、やってみて。はずみをつけるヒントとして、一般的な例を二つ挙げておく。一分間かけて、ほかにどんな白いものを挙げられるか考えてみよう（図1）。いくつ思いついただろう？　この課題は思ったより難しかった？

　研究によると、この課題を簡単にする方法がひとつある――それは「牛乳」と「雪」を示さないことだ[22]。実験では、このような「ヒント」を与えられた人たちのほうが、その例を数に入れても、思いつくものの総数が少ない。

予想に反するこの結果は、心理学者が「抑制」と呼ぶものの影響である。ひとたび「白」と「牛乳」の連結が頭のなかで作動すると、「白いもの」を考えるたびに、その作動した連結があなたを「牛乳」に引きもどす（そして連結をさらに活発にする）。その結果、ほかの白いものがすべて抑制され、探り当てにくくなる。何も思い出せない。この段落を書きながら、挙げるべき例さえなかなか思いつかなかった。「牛乳」は白いものとしてあまりにも標準的なので、いったん作動すると、ほかのあらゆるものを締め出してしまう。これは心の基本的機能だ。ひとつのことに集中すると、競合する概念が抑制される。誰かに腹を立てていると、その人の長所を思い出すのが難しくなる、そういうときに起こるのが抑制だ。気に障るところへの集中が、好ましい記憶を抑制する。

心が抑制するのは言葉や記憶だけではない。ある研究で被験者は、個人的な目標として獲得したいと思う特性を表現する語（たとえば「人気」や「成功」）を、書き出すように指示された。[23] 半数は自分にとって重要な目標を挙げるように言われ、残りの半数は何でもいいから目標を挙げるように言われた。そのあと両グループとも、前述の牛乳の実験と同じように、できるだけたくさん（重要であってもなくても）目標を挙げるように言われた。すると、重要な目標から始めた人たちのほうが、列挙された目標が三〇パーセント少なかった。「牛乳」がほかの白いものを締め出したのと同じように、重要な目標が活性化されたことで、競合する目標が締め出されたのだ。自分にとって重要なことに集中すると、ほかの関心事についてあまり考えられなくなる。心理学者はこれを「目標抑制」と呼ぶ[24]。

目標抑制はトンネリングの根底にあるメカニズムだ。欠乏が大きな目標――切迫したニーズへの対処――を生み、それがほかの目標や検討事項を抑制する。消防士の目標はひとつ、火事現場に迅速に到着することだ。この目標が、ほかの考えが入り込むのを抑制する。これは良いことと言える。彼は夕食や退職後の蓄えについて考えることなく、近づきつつある火事現場に集中する。しかし悪いことにもなりえる。緊急の目標に関係ない（シートベルトのような）ことは頭をよぎらない。たとえよぎっても、もっと切迫した関心事がそれを締め出す。そういう意味でシートベルトと事故のリスクは無視される。

抑制は欠乏のメリット（集中ボーナス）と欠乏のコスト両方を生み出す。注意をそらすものが抑制されると、集中することができる。章の前半で話した事例で、なぜ人は締め切りに追われて仕事をすると、あれほど生産的だったか？　なぜなら、気が散ることが少ないからだ。同僚のメールは頭に浮かばないし、もし浮かんでもあっさり退ける。そして気が散ることが減る原因は目標抑制だ。大事な目標――章を書き上げること――が心を占拠する。そしてメール、ビデオゲーム、おやつのような、先送りを引き起こす気晴らしをすべて抑制する。しかし、ジムや重要な電話のような、注意を払うべきものも抑制する。

集中もトンネリングも、注目も無視も、理由は同じ。トンネルの外にあるものは抑制される。締め切りに追われているとき、ジムをサボることは当然かもしれないし、そうでないかもしれない。いずれにしろそのことについて、締め切りのためにジムをあきらめると決断す

図2

るときのようには考えない（または十分に考えない）。心はその微妙な費用対効果の問題に向かず、締め切りに向いている。トンネルの内側に入る事柄は、じっくり検討される。トンネルの外にある事柄は、善かれ悪《あ》しかれほったらかしになる。飛んでいる数機の飛行機を管理する航空管制官のことを考えよう。大きな旅客機がエンジントラブルを報告してくれば、彼女はそれに集中する。そのあいだは、自分のランチの予定を忘れるだけでなく、管制下にあるほかの飛行機のこともおろそかになる。なかには、自分たちが衝突コース上にいると気づいてあわてる飛行機があるかもしれない。

　私たちは《アングリー・ブルーベリー》の実験で集中ボーナスを確認した。同じように、トンネリングの悪影響も実験室で確認できる。欠乏によって生じる無視が費用対効果の比較に影響されないなら、本人にとって不利益でも、欠乏は無視を生むことが確認されるはずだ。これを検証するために、私たちはアヌジュ・シャーとともにまた別の研究を行なった。被験者は図2のような四つのアイテムが並んでいる簡単な記憶課題を与えられる。被験者はこのような絵を記憶し、あとで再現するように指示される。四つのうち一つを教えられて、残りの三つを思い出すように言われるのだ。たとえば、上の絵を見せられたあと、図3のように次のアイテムを含むあなたが見せられた絵を再現してください。

次に進みたいときはここをクリックしてください。

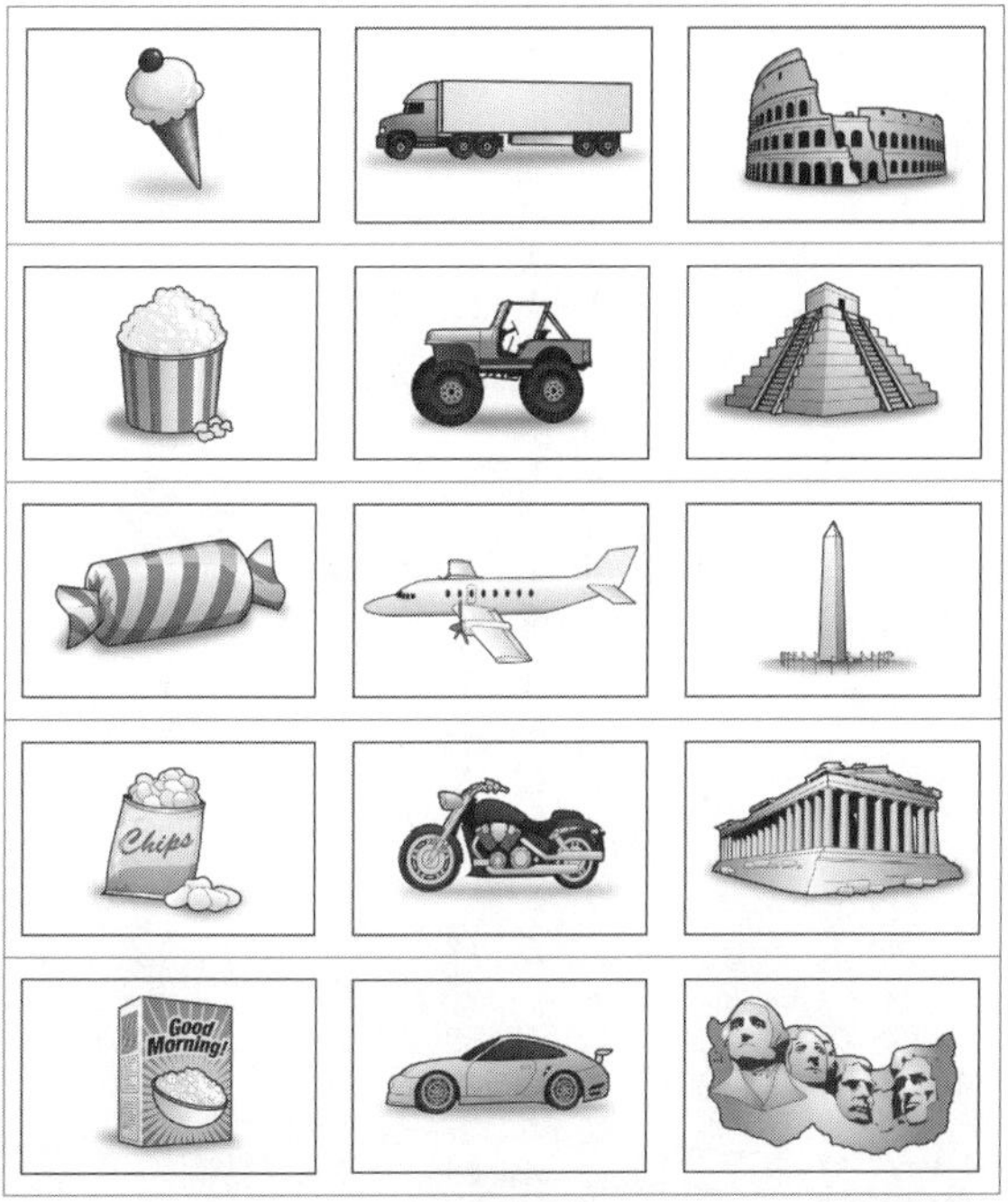

図3

指示される。

被験者はほかのアイテム——食べ物、乗り物、モニュメント——のどれが、もとの絵でクモと並んでいたか、記憶から引き出さなくてはならない。(25)正解するとポイントを獲得し、好きなだけ時間をかけることができる。つまり時間の欠乏はない。その代わり解答権の欠乏がある。解答できる回数が限られていたのだ。そして前と同じように、私たちは解答権富豪と解答権貧民をつくった。

トンネリングのコストを測定するために、私たちはひと工夫加えた。被験者にこのゲームを二つ並べてプレーさせたのだ。彼らは記憶して再現するべき絵を二枚与えられる。そして片方のゲームでは（解答権の少ない）貧民に、もう一方のゲームでは（解答権の多い）富豪になる。片方の絵を再現するのには欠乏を経験し、もう一方では経験しない。稼ぐポイントの合計は両方のゲームの成績で決まるので、稼ぐポイントの合計を最大にしなくてはならない。二つのプロジェクトを抱えていて、一方は明日が締め切り、他方は一週間後が締め切りだと考えればいい。もしトンネリングが起きれば、一方の絵で得るものは他方の悪い成績で相殺されてしまう。

集中ボーナスの考えどおり、被験者は解答権が乏しい絵のほうで多く正解を出した。しかしトンネリングも起こし、もう一方の絵をほったらかしにした。これは効率的ではない。ほったらかした絵については獲得ポイントが非常に少なかったので、全体として見ると、両方の絵について貧民だった被験者よりも獲得ポイントが少なかった。解答数の合計は多かったのに、稼いだポイントは少なかった。[26] 両方のゲームで解答権が欠乏していればどちらもほったらかしにはできないが、一方のゲームでは富豪だと、そのゲームを無視して乏しいと感じるほうを優先することになる。そして彼らは集中しすぎた。乏しいゲームへの集中が意識的なものだったら、それほど極端に集中することはなかっただろう。明らかに、彼らはトンネリングの費用と効果を天秤にかけていない。ただトンネリングを起こしただけで、この状況ではそれで損失をこうむったのだ。

私たちはこのマイナスの影響を「トンネリング税」と呼ぶ。当然のことながら、この税が集中ボーナスを上回るかどうかは状況により、賞金次第でちがってくる。ゲームを少し変更すれば、利益のほうが多くなる。この研究の要点は、トンネリングの費用がつねに集中の効果を上回ることを示すことではない。この研究が示しているのは、人は費用対効果を検討してトンネリングするかどうかを決めるわけではない、ということだ。欠乏は人の心を無意識のうちに占拠する。そしてそうなったとき、人は慎重な費用対効果の計算を用いてトレードオフするのではない。欠乏への対処にトンネリングを起こすことは、利益にもなれば損失にもなる。

トンネリング税

速読の講習を受けて、『戦争と平和』を二〇分で読んだ。ロシアに関係する本だった。[27]

——ウディ・アレン

これまでに挙げた例は抽象的なので、最後に、トンネリング税が日常生活にどうかかわりうるかについて、いくつか直観的にわかる逸話を紹介しよう。このような話は、人がどうしてまちがうのかを説明するとは限らないが、どうしてトンネリングのせいで人が考慮すべき事柄を見過ごしてしまうおそれがあるのかを明らかにする。まず、ウォールストリート・ジャーナルから、お金を貯める方法についてのアドバイスを引こう。

では、あなたは次の感謝祭までにあと一万ドル貯めたいとする。どうすればできるだろう？ お決まりの節約の教えは耳にタコができるほど聞いている。しかも、カフェラテを控えるとか、保険の控除免責額を引き上げるとか[28]［傍点は引用者による］、高級な店を避けるなど、わかりきったことはすでにやっている。

控除免責額を引き上げるのは名案だろうか？ 金欠の人にとって、これは答えるのが難しい質問だ。たしかに節約にはなるが、代償がともなう。前払いのお金は節約できるかもしれないが、事故が起きた場合に多く費用を払わなくてはならないリスクを負う。控除免責額について熟慮して選択するときは、そのような事柄を得失評価する。しかしトンネルのなかでは、ひとつの事柄が大きく見える。それはいま節約するニーズだ。控除免責額を引き上げることは、カフェラテや映画を控えるのと同様、いまお金を節約することであり、しっかりトンネルのなかに入っている。もう一方の心配ごと、すなわち車が故障した場合にどうやって修理代を払うかは、トンネルの外だ。

これで人は控除免責額を引き上げるばかりか、保険そのものをやめてしまう可能性がある。貧困国の研究者は、貧しい農民を健康保険から農作物保険まで、さまざまな保険に入らせることは難しいと考えている。[29] たとえば降雨保険は、降雨量が少ない（または異常に多い）場合に生じかねない生計への大打撃から農民を守るだろう。[30] しかし多額の補助金があっても、大部分の（場合によっては九〇パーセント以上の）農民が保険に入らない。健康保険についてもしかりだ。[31] なぜ保険に入らないのか訊かれると、貧困者はたいてい保険料を払う余裕がないのだと説明する。これは皮肉な話だ。なにしろ、まったく逆のことが考えられる。つまり彼らは保険に入らないと困るのだ。ここでは保険がトンネリングの犠牲になっている。今週の食料と生活必需品を買うお金を手に入れるのに苦労している農民にとって、来シーズンの雨不足や医療費の脅威は漠然としたものに思える。だから当然、トンネルの内側には入らない。保険は食費、家賃、学費など、いま心を圧迫しているニーズを何も解決してくれない。それどころか逆に悪化させる――すでに苦しい家計に負担がさらに加わるのだ。

複数の作業を同時にこなすマルチタスクをしようとするのも、トンネリングの兆候である。人は電話会議を「聞きながら」メールをチェックしたり、夕食をとりながら携帯電話でメールを打ったりすることがある。そうすれば時間を節約できるが、代償がともなう。電話会議や夕食で何かを聞き逃したり、ずさんなメールを書いたりしてしまう。車の運転中のマルチタスクで生じる代償は、よく知られている。運転中のマルチタスクといえば、携帯電話での通話が思い浮かぶ。実際、運転中に（ハンズフリーの）携帯電話で話すのは、法定基準以上のアルコール濃度で運転するより、ひどい事態を招きかねないことが研究で明らかになっている。[32] しかし、サンドイッチを食べながら運転している人のことも考える必要があるだろう。運転中の飲食はやはり大きな危険になりうることが、研究で示されている。[33] しかもごく一般的に行なわれている。ある研究で、アメリカ人の四一パーセントが運転中にきちんとした食事——朝食、昼食、または夕食——をとったことがあるとされている。[34] 運転しながら食べるのは多少時間の節約になるが、座席にしみをつけ、事故を起こし、贅肉《ぜいにく》がつく可能性が高まるリスクを負う。人は注意散漫なとき、より多くのカロリーを摂取するものだ。[35] トンネリングはマルチタスクを促す。それで実現する時間の節約はトンネルの内側にあるが、それで生じる問題はたいてい外側になるからである。

　人はトンネリングを起こすと、ほかのことを完全にほったらかす場合がある。差し迫ったプロジェクトで忙しいとき、家族と過ごす時間を削り、お金のやりくりを先延ばしにし、定期健康診断を延期する。ひどく時間に追われているときは、「子どもたちとは来週一緒に過ごせるさ」とつぶやくほうが、「ほんとうは子どもたちにはやはり私が必要だ。次に確実に時間があるのはいつだろう？」より簡単だ。トンネルの外の物事ははっきり見えにくく、過小評価されやすく、省かれる可能性が高い。

　企業も欠乏の心理に影響される。たとえば、不景気のあいだは多くの会社がマーケティング予算を削減する。これは正しい経営判断ではないと考える専門家もいる。実際、トンネリングによく似ている。ある中小企業アドバイザーは次のように述べている。

不景気のとき、多くの中小企業はマーケティング予算をぎりぎりまで切り詰めるか、完全にゼロにするというまちがいを犯す。しかし不景気のときこそ、中小企業にとってマーケティングが最も必要である。消費者は不安になって、購買決定を変えようとする。中小企業は自社の名前を広めることによって、消費者が自社製品を見つけて、他社製品ではなくそれを選ぶよう促す必要がある。したがって、マーケティングをやめてはいけない。それどころか、可能ならマーケティング努力を強化すべきだ。[36]

この議論――不況時にマーケティング経費を削減するのが効果的かどうか――を決着させるには、多大な実証研究が必要だろう。私たちに言えるのは、あなたが今期の予算をカットすることに集中しているときのマーケティングのメリットは、トンネリングで無視されるものに非常によく似ている、ということだ。マーケティングには――保険と同じように――トンネルのなかに入る費用がともなうが、その効果は外に出てしまう。

このような事例のなかには、選択がまちがっていたのかどうか、かなり疑問に感じるものも多いかもしれない。たとえ事故のリスクが大きくなっても運転しながらの飲食で時間を節約することに、価値がないとどうして言えるのか？　特定の選択がまちがいかどうかを判断するのは、どんな場合も難しい。締め切りに集中して子どもをほったらかしにしたら、それはまちがった選択だったのだろうか？　誰にわかるだろう？　仕事での成果が不十分になることの影響と、子どもをほったらかしにすることの影響、さらには本人が人生に求めるものによる。外から見る者は、このようにからみ合う事情を解きほぐす努力をしなくてはならない。しかし欠乏のマインドセットに注目することで、トンネリングがどう作用するか、どうして考慮すべきことがしばしば無視されるのかが明らかになり、議論に決着をつけないまでも、問題に光明《こうみょう》を投じることができる。

たとえば、人の行動から本人が優先するものを推測するうえでは、慎重になるべきだとわかる。多忙な人が子どもをほったらかしにするのを見ると、彼は子どもに仕事ほどの関心がないのだという結論を下しかねない。しかしそれはまちがいだろう。保険に入っていない農民は雨で自分の収穫が減ることをとくに気にしていない、と推論するのがまちがいなのと同じだ。多忙な人はトンネリングを起こしている可能性がある。子どもと過ごす時間をとても大事にしているかもしれないのに、急いで仕上げようとしているプロジェクトがすべてをトンネルの外に追いやってしまう。彼はあとで人生を振り返って、子どもともっと一緒に過ごさなかったことについて、深い苦悩を告白するかもしれない。これは純粋な苦悩であって、たんに社会通念に合わせているわけではない。トンネリングを起こす人は誰しも、このような落胆を感じると予想される。プロジェクトはいま仕上げなくてはならないが、子どもは明日もいる。時間やお金が欠乏しているときにそれをどう使ったかを振り返ると、きっとがっかりするはずだ。切迫する欠乏は大きくのしかかってくるので、それに関係のない大切なことが無視される。欠乏を何度も経験すると、このように看過される物事が積み重なる。これを関心がないのだと勘ちがいしてはならない。結局、本人は後悔するのだ(37)。

本章ではまず、欠乏がどういうふうに人の注意を占拠するかについて話した。そしてこの基本的メカニズムが組み合わさって、もっと大きいものになることを確認した。欠乏によって物の見方が変わり、選択の仕方が変わる。これが強みになって、その瞬間は有能になる。しかしそれには代償もともなう。のめり込んでしまうせいで、ほんとうは大切にしているものをおろそかにするのだ。

第2章　処理能力への負荷

次に紹介する三つの欠乏にまつわるエピソードは、集中がおよぼす別の影響を物語っている。

あなたは大口顧客のうちの一社から、よそと取引をするつもりだと伝えられた。そこで担当マネージャーを説得し、最後にもう一度話を聞いてほしいと訴える。相手は同意するが、明日でなければだめだと言う。あなたはすべての会議をキャンセルし、ほかの仕事をすべて先送りにする。そしてすべての時間をそのプレゼンに注ぐ。しかしどうしてもはずせない予定がひとつある。娘が今晩、市のソフトボール大会で決勝戦に出場するのだ。一瞬、それをパスすることも考えたが、善良なほうのあなたが（かろうじて）勝った。彼女にとっての投球は、あなたにとっての商談と同じくらい重要に感じられるはずだ。試合に向かう途中、娘は幸運のお守りを忘れたことに気づく。それを取りにもどる前に、あなたは彼女にきつく文句を言う。あなたは落ち着きを取りもどしたが、時すでに遅し。娘はもともと試合に向けて緊張していたのに、あなたのせいでさらに固くなってしまう。楽しいはずの時間がピリピリした雰囲気に変わる。あなたは試合を楽しめない。あなたの心はずっと例のプレゼンのことに向いている。それでも、いまそれに取り組めるわけではない。しかも試合にちっとも集中できない。心ここにあらず。ときどきこちらに視線を送る娘にもそれを悟られている。さいわい彼女のチームは勝利し、歓喜があなたのミスをカバーしてくれる。しかしその晩の行動では、あなたは親としての殿堂入りは果たせない。

ジョンは明日に試験を控えている。彼は自力で大学に通っている。両親は子どもたち全員の教育費を貯金したが、十分ではなかった。授業料がこんなに上がるとは思ってもいなかったのだ。ジョンは四人きょうだいの末っ子で、彼の番が来るころには、大学進学の資金はわずかになり、授業料はさらに上がった。それでも、彼は一流だが授業料の高い大学を選んだ。大学の学位に投資するなら、いちばん価値が高いものに投資したほうがいいと判断したのだ。そして学生ローンと大学の学資援助と奨学金をかき集めた。かなり面倒だったが、どうにかうまくやった。それはこれまでずっと賢い選択だったように思えた。ところが、自動的に更新されることになっていた二つの奨学金が突然消えてしまった。支給していた基金が不況で大打撃を受け、縮小を余儀なくされたのだ。次の学期の授業料をどう工面すればいいのか？　支払い期限まで一カ月もない。銀行はまた別に学生ローンを組んでくれるだろうか？　そんなことができる？　親戚から借金することもできるが、父がいやがるだろう。でもほかに選択肢があるのか？　地元の大学に移るべき？　ジョンはまったく集中できない。ずっとどうするべきか考えている。頭がいっぱいで、出席したかった——する必要があった——勉強会も休む。試験どころではないが、しかたがない。試験当日、彼は集中しようとするが、その心はずっと別のところをさまよっている。いくつか簡単な問題に失敗し、最終的にはいらいらが倍になる。彼は授業料で四苦八苦しているだけでなく、試験のひどい出来にいら立っている。

ファストフード店の店長が、（低賃金の）従業員の問題を嘆いている。「とにかく頼りにならない」。彼らをおだてて接客態度をあらためさせることに、ほとんどの時間をとられるとこぼす。「顧客サービスとは言葉どおりの意味だ」と彼は教える。「笑顔で、親切に。顧客が話しかけてきたら、少しおしゃべりする。いやな顧客でも、すぐに怒らない。礼儀正しく接するのがきみたちの仕事だ」。残りの時間は不注意なミスの対処に費やされる。「ポテトのMが欲しいと言われたとき、『フライドポテト』のボタンを押すのがどれだけ難しい？」と、店長は信じられないという顔で尋ねる。明らかに従業員に不満を感じている。「たぶん、彼らはまったく気にしないんだ。これがこの国の教育なのかもしれない。そういうふうに育てられたんだろうね」

三つのエピソードは、欠乏が注意を占拠することで生じる別の影響を表わしている。前章では、トンネリングがトレードオフをゆがめることを確認した。いま現在の家計をやりくりするのに集中しようとすると、保険の控除免責額引き上げが将来に与える影響を考慮しなくなる。それにひきかえ先ほどのエピソードは、差し迫った欠乏と関係のないことに集中しようとしている人々をとらえている。忙しい営業部長がプレゼンをまとめているときではなく、親であるときの姿をとらえている。学生が学費の工面をしているときでなく、試験に集中しようとしている姿をとらえている。低賃金の従業員が家で家計をやりくりしているときでなく、仕事で食べ物を出しているときのことを語っている。

これらのエピソードはある重要な仮説を説明するものだ。すなわち、欠乏への集中は無意識であり、人の注意を引きつけるので、ほかのことに集中する能力を邪魔する。営業部長は娘のソフトボールの試合に集中しようとするが、欠乏のせいで心ここにあらずの状態が続く。たとえほかのことをしようとしても、欠乏によるトンネルが人を引きずり込んで離さない。生活のひとつの分野における欠乏は、ほかの分野に回る注意や意識が減ることを意味する。

注意力が鈍くなる、いわば、「うわの空」という状態については心理学者がよく研究している。心理学での綿密な研究では、この考えをとらえるのにいくつか細かい区別をするが、[1]私たちはすべてを網羅するひとつの包括的な用語として「処理能力」を使うつもりだ。処理能力は計算する能力、注意を払う能力、賢明な決断をする能力、計画を守る能力、そして誘惑に抵抗する能力を示す。処理能力は、知能や学力検査の成績、衝動の抑制やダイエットの成功まで、あらゆることと相互に関連する。そして本章で私たちは大胆な主張をする。欠乏はつねに人をトンネルへと引き込むことによって、その処理能力に負担をかけ、その結果、人のごく基本的な能力を抑制するのだ。

ここは騒がしい

あなたは線路脇にあるオフィスにすわっているとしよう。列車が一時間に数回、大きな音を立てて通る。耳をつんざくような音ではない。会話は妨げられない。原則として、仕事を邪魔されるほど大きい音ではない。しかしもちろん仕事には邪魔だ。あなたが集中しようとすると、列車が通るたびにガタゴトいう音のせいで、やっていることから気がそれる。邪魔される時間そのものは短いが、その影響は長く続く。集中し直し、心を落ち着ける時間が必要だ。しかも、あなたが落ち着き直したとたん、また列車がガタゴトと音を立てて通る。

この話は、ニューヘイヴンの騒がしい線路の脇にあった学校の状況に酷似している。[2] 騒音が学業成績に与える影響を測定するにあたって、二人の研究者は、学校の片側だけが線路に面しているので、そちら側の教室にいる生徒はかなり騒音にさらされるが、それ以外は同じ学校のほかの生徒と同じような環境であることに注目した。そして学校の両側で著しい差があることを発見した。線路側の六年生は静かな側の六年生に学力でまる一年遅れていたのだ。それでこの研究結果に促されて市が防音パッドを設置すると、結果がさらに裏づけられた。

差はなくなったことが確認されたのだ。今度は建物のどちらの側の生徒も同じレベルの成績だった。その後も多くの研究が、騒音は集中と成績に害をおよぼすことを明らかにしている。騒音の影響は意外でないとしても、その影響の大きさ（六年生でまる一学年）には驚くはずだ。実際にこの結果は、ほんの少し気をそらされるだけで大きな影響がおよぶことを実証した多くの実験研究と一致している。(3)

では次に、静かで快適なオフィスで働いているところを思い描こう。気を散らすものも、列車もない。その代わり、あなたは住宅ローンに苦労し、フリーランスの仕事があまり来ないことに悩んでいる。あなたがた夫婦は一と四分の一人前の稼ぎしかないのに、ちゃんとした共働き夫婦レベルの生活をしている。あなたは仕事に集中しようと机に向かう。だがすぐに気もそぞろになる。「二台めの車を売ったほうがいいかな？　新たに借金をするべきかな？」すると静かなオフィスがあまり静かでなくなる。思考は騒がしい列車とまったく同じで無視できない。そしてもっと頻繁に、同じように勝手に押しかけてくる。しかもこの列車はあなたを思考の迷路に引きずり込む。「二台めの車を売るべきか？」から「そうすればいくらかお金ができるが、私ができるだけバリバリ働く必要があるというのに、移動が不便になる。いまひとつしかない安定した仕事を失うリスクはおかしたくない」になる。この思考という列車にしばらく乗ってからようやく、あなたはわれに返って再び仕事に集中する。この部屋は静かに思えても、邪魔ものでいっぱい――自分の内側から出てくる邪魔ものだ。

これは欠乏による処理能力への負荷である。人の気を散らすもの、心を占拠するものは、外から来るとは限らない。人は自分でそれを生み出し、その雑念は本物の列車よりも集中の持続を邪魔する。この思考という列車は個人的な心配ごとという轟音を響かせる。住宅ローンは重要だから、いつまでもあなたの邪魔をする。一時的な迷惑ではなく、きわめて個人的な心配ごとだ。それは人をトンネリングに追い込むからこそ、邪魔ものである。人はしつこい懸念に心を引っ張られ、のみ込まれる。外部の騒音が明晰な思考を邪魔するのと同じように、欠乏は内因性の混乱を生む。

「内因性混乱」という概念は、認知科学と神経科学ではよく出てくる。内面の思考が――頭のなかで数を数えるようなくだらないことでも――一般的な認知機能に与える多大な影響を実証した研究はたくさんある。さらに、機能的ＭＲＩの証拠を積み重ねた長年にわたる実験研究から、脳が集中したり混乱したりする状況がわかってきている。よく知られている区別は、何に集中するかを意識的に選ぶことで心の方向が決まる「トップダウン」プロセスと、なんらかの刺激に注意を引きつけられて本人にはコントロールが難しくなる「ボトムアップ」プロセスである。このことは序章で、食べ物に関係する言葉が空腹の人の注意を引きつけるという話に出てきた。あなたもこの感覚をよく知っているはず。唐突な動きや音によって、やっていたことから注意をそらされるときの、あの感覚だ。とくに注目すべきは、外部に気を散らすものがまったくなくても起こるマインド・ワンダリングである。脳が安静状態――デフォルト・モード・ネットワーク――になると、人は自分でも気づかないうちに、やっていることから離れていく傾向がある。これは文字どおり心が「さまよっている《ワンダリング》」とき、意識からの入力データなしに起こる。人はたいてい自分の脳の活動を指図できるが、このようにコントロールを失うこともある。線路脇にある学校の児童にとって、ボトムアップの気を散らすものがあっても集中し続けられるかどうかは、脳がどれくらい仕事をしているか、脳にどれだけの「負荷」がかかっているかにも左右される。行動と神経画像の研究[4]から、その負荷が大きいときには、気が散ることが多くなるだけでなく、気を散らすものの存在にかかわる脳の活動も増えることがわかっている。トップダウンの意識は、ボトムアップの侵入を防ぐことはできない。パーティー会場の向こう側で自分の名前が話に出ると、あなたがどれだけ必死にほかのことに集中しようとしても、あなたの注意はそれてしまう。

ほかならぬ欠乏も、ボトムアップのプロセスによって注意を占拠する。私たちの言う「欠乏による占拠は無意識のうちに、意識のコントロールが届かないところで起こる」とは、そういう意味だ。結果として、人はたとえ何かに集中しようとしていても、列車や突然の物音と同じように、欠乏によって注意をそらされる。

ある初期の研究では、この考えを検証するために被験者に簡単な課題を与えた。画面上に赤い点が見えたらボタンを押す[5]。ときどき点が現われる直前に、別の画像が画面上にパッと表示される。ダイエットをしていない人にとって、この画像は点が見えるかどうかに影響しなかった。それとは対照的に、ダイエット中の人に興味深いことが起こった。食べ物の画像を見た直後だと、赤い点が見えにくくなったのだ。たとえばケーキの画像をパッと表示すると、ダイエット中の人がその直後に赤い点を見る確率が下がる。まるでケーキが彼らの目を

単語探し

D	N	O	V	I	G	Z
I	T	J	M	S	F	U
Q	L	E	W	O	X	N
K	W	C	E	P	B	X
H	R	E	B	R	X	J
W	P	D	S	W	T	A
N	U	X	K	R	Z	S

STREET（通り）
TREE（木）
PICTURE（絵）
CLOUD（雲）
CARPET（絨毯）
LAMP（明かり）
DAYTIME（日中）
RAIN（雨）
VACUUM（真空）
DOOR（ドア）

図4

見えなくしたかのようだ。そうなったのは食べ物の画像だけで、食べ物でない画像に効果はなかった。もちろん、ダイエット中の人たちの目が実際に見えなかったわけではなく、ただ気を取られただけだ。心理学者はこれを「注意のまばたき」と呼ぶ。消えてしまった食べ物の画像が彼らの心にまばたきをさせる。そして点が現われたとき、まだ食べ物について考えていて、心はそこにない。すべてがほんの一瞬で起こる。速すぎてコントロールできない。速すぎて気づくことさえできない。そのことをこの研究のタイトルが非常によく表現している――「私に見えたのはケーキだけ」

注意のまばたきが起こるのは、ほんのつかの間だ。欠乏が気を散らす効果は、私たちの推測ではもっとかなり長く続く。これを検証するために、私たちは心理学者のクリス・ブライアンと研究を行ない、被験者に図4のような単語探しを行なわせた[6]。

被験者は白ヌキ表示されている単語（この場合はSTREET）を探す。見つけてクリックすると、新しい碁盤目が現われて、被験者は次の言葉を探す。第二グループの被験

単語探し

O	Q	M	V	T	W	A
J	O	R	G	T	M	G
R	M	X	H	T	D	K
N	A	R	E	E	E	C
T	O	E	K	F	P	Z
Q	X	G	T	P	I	V
J	C	A	K	E	Q	P

CAKE（ケーキ）
TREE（木）
DONUT（ドーナツ）
CLOUD（雲）
SWEETS（スイーツ）
LAMP（明かり）
INDULGE（甘やかす）
RAIN（雨）
DESSERT（デザート）
DOOR（ドア）

図5

者は同じ課題だが少しちがう単語を与えられる。たとえば図5のようなものだ。

偶数番めの単語は両グループとも同じだ。奇数番めの単語は第一グループでは中立的な単語だが、第二グループでは被験者の気を引くような単語になっている。「通り」が「ケーキ」に、「絵」が「ドーナツ」に、といった具合だ。そして私たちは、被験者が同じ単語、つまり両グループ共通の単語、偶数番めにある中立的な単語を見つけるのにどれくらいかかるかを調べた。

ほとんどの被験者では、奇数番めの単語を変えたことによる影響はなかった。しかしダイエット中の人はちがっていた。ダイエット中の人は、「ドーナツ」を探したあと「雲」を見つけるのに三〇パーセントも長くかかっている。ダイエット中の人も全体としては遅くない。「絵」のあとの「雲」は、ダイエット中でない人と同じくらいスピーディーに見つけている。問題は「ドーナツ」だ。[7] ここで起こっていることは単純明快。心理学者が「順行干渉」と呼ぶものの一種である。ドーナツという単語が出てくると、それが心のいちばん上に来る。ダイエット中でない人はそれを探し、見つけ、次に進む。ところがダイエット中の人は、なかなか次に進めない。次の言葉の「雲」を探しているあいだも、そのドーナツがまだ残っていて、通過する列車とまったく同じように心を乱し、注意を引きつける。心ここにあらずで「雲」を見つけるのは難しい。

きっとあなたも同じような経験をしたことがあるはずだ。食べ物ではないとしても、時間ではあるのではないだろうか。プロジェクトの厳しい期限に迫られているのに、関係のない会議に出席しなくてはならない。あなたはこの会議にどれだけ身が入るだろう？　会議に出席して集中しようとするが、どれだけ努力しても、例の締め切りのことばかり考えてしまう。体は会議に出ていても、心はそこにない。ダイエット中の人にとっての「ドーナツ」という言葉のように、締め切りがあなたの気をそらし続ける。

パソコンでネットサーフィンをしているとしよう。それなりに速いコンピューターなら、次から次へとページを進むことができる。しかしバックグラウンドでほかにたくさんのプログラムを開いていたらどうだろう。音楽を再生し、ファイルをダウンロード中で、ブラウザーのウィンドウがたくさん開いている。するとネットサーフィンがネット徐行になってしまう。バックグラウンドのプログラムがプロセッサー・サイクルを消費している。使える計算能力が減っているので、ブラウザーはもたつく。

欠乏は同じようなことを人の心のプロセッサーに対して行なう。心にほかの処理の負荷をかけ続けることによって、目前の課題に向けられる「心」を少なくする。これが本章の中心的仮説、つまり「欠乏は直接的に処理能力を低下させる」につながる。低下するのは個人の生来の能力ではなく、その能力のうち現在使えるものである。

この仮説を検証するために、「処理能力」の定義をはっきりさせる必要がある。心理学的には微妙に異なる構成概念がいくつかあって入念に研究されているが、私たちはそれをまとめる代用語として、この用語を使っている。実際にはかなりきわどいやり方だ。心理学者としては、さまざまな構成概念およびそれに対応する脳機能を、それぞれ区別することは大事だと思う。そして「処理能力」は、その区別をあいまいにする包括的な用語だ。しかし欠乏の影響に関心を抱く社会科学者としては、細かい区別はさておくことにやぶさかでない。人が「民主主義」や「素粒子」という言葉を、ありえるさまざまな細かい区別をはぐらかしながら使う場合があるのと同じだ。そこで妥協案として、「処理能力」という包括的用語を使って、精神機能の二つの主要な関連する要素を指すことにする。その二つをここで詳しく説明しよう。

第一は一般に「認知能力」と呼ばれるもので、人が問題解決、情報保持、論理的推論などを行なう能力の根底にある心理学的メカニズムだ。この分類でおそらく最も顕著なのは流動性知能、すなわち抽象的に考えて推論し、特定の学習や経験とは無関係に問題を解決する能力である。第二は「実行制御力」で、計画立案、注意、行動の開始と抑制、衝動の制御など、認知活動をこなす能力の根底にある。コンピューターの中央処理装置と同じように(8)、実行制御力は人が正常に活動する能力に不可欠だ。集中したり、注意を移したり、物事を記憶した

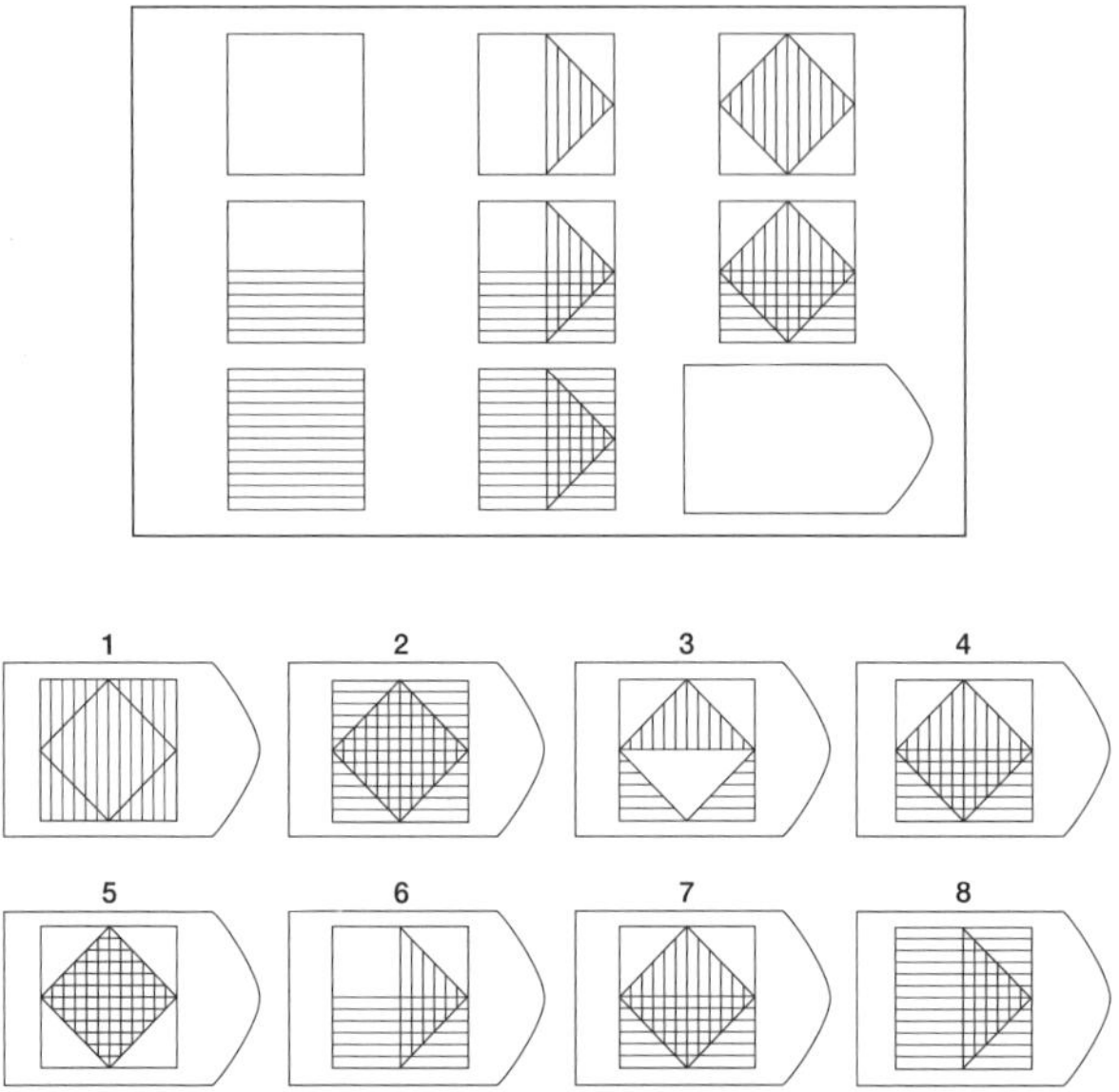

図6

り、並行作業を行なったり、自分を監視したりする能力を左右する。認知能力と実行制御力は多面的で、さまざまな意味合いを持つ。そして欠乏は両方に影響をおよぼす。

認知能力

認知能力の中心は流動性知能だ。欠乏が人の認知能力に与える影響を検証するために私たちが使うのは、最も広く知られ、広く認められている流動性知能の測定方法、レーヴン漸進的マトリックス検査[9]である。名称の由来は一九三〇年代にこの検査を開発したイギリス人心理学者のジョン・レーヴンだ。例として、典型的なレーヴン検査の項目に似た図6を見て、1から8のどれが空欄に入るかを考えてみよう。

学校時代にこのテストをした覚えがある人もいるだろう。知能テストの一般的な問題だ。[10]知能テストは複合的で多種多様だが、レーヴン漸進的マトリックス検査はとくに重要で信頼できる問題であることに、ほとんどの人が同意する。レーヴン検査には世界の出来事についての知識はいっさい必要ないし、正式な勉学もほとんどいらない。心理学者、教育者、軍隊などが、いわゆる流動性知能、すなわち予備知識とは無関係に論理的に考え、新しい問題を分析して解決する能力を測定する、最も一般的な方法だ。エンジンが始動しない理由を推理する整備士は、自動車についての予備知識と推理力の両方を使う。同じ整備士がレーヴンのマトリックスを考えるときは、専門知識のない状況で推理力を応用する。インドの農民でもレベルは同じだ。だからこそレーヴン検査は、文化の枠を超えた一般的知能の測定手段として、とくに有益である。それでも疑い深い人はいる。テストやテストを受けることに精通している人のほうが好成績を上げるはずだ。[11]幾何学の授業を受けたことのある人のほうがよくできるかもしれない。実際、学校教育にメリットがあることは知られている。学校に通っている年数の多い子どものほうが、同じ年齢でも学校に通った年数が少ない子どもより好成績を上げる。知能指数は実際に何を測定しているのかについての議論は、流動性知能についても続いている。さいわい、この議論は私たちの目的には関係ない。私たちは個人間、あるいは文化間で流動性知能を比較するつもりはない。関心があるのは、欠乏が同じ人の認知能力にどう影響するのか、である。人の「能力」がそんなに簡単に影響を受けるのはおかしいと思えるかもしれないが、そこがまさに核心なのだ――認知能力は決まったものと考えられがちだが、じつは状況によって変わる可能性がある。

流動性知能に対する欠乏の影響を見るために、私たちが大学院生のジャーイン・ツァオと行なった研究では、ニュージャージーのショッピングモールにいた人たちに、レーヴン漸進的マトリックス検査を受けてもらった。(12) まず被験者の半分に、次のような簡単な仮定のシナリオを見せる。

あなたの車に不具合があって、三〇〇ドルの修理が必要だとします。自動車保険は費用の半分をカバーします。思いきって車を修理してもらうか、もうしばらく車がもつことにいちかばちか賭けるか、決断する必要があります。このような決定にあなたはどう取り組みますか？　経済的なことを考えて、決めるのは簡単ですか、それとも難しいですか？

そしてこの質問のあとに、一連のレーヴン・マトリックス問題を出す。私たちは自己申告の世帯収入を使って、被験者を富裕層と貧困層に二等分した。この条件下で、裕福な買い物客と貧しい買い物客に、統計的に有意な差は見られなかった。もちろん、いくらかちがいはあったかもしれないが、このサンプルで見つかるほど大きいものではない。富者も貧者も等しく賢いようだった。

残りの被験者に対しては、同じ検査に少しひねりを加えた。彼らには次の質問を示したのだ（変更点を太字にして示す）。

> あなたの車に不具合があって、**三〇〇〇ドルの高額修理**が必要だとします。自動車保険は費用の半分をカバーします。思いきって車を修理してもらうか、もうしばらく車がもつことにいちかばちか賭けるか、決断する必要があります。このような決定にあなたはどう取り組みますか？　経済的なことを考えて、決めるのは簡単ですか、それとも難しいですか？

三〇〇ドルを三〇〇〇ドルに置き換えただけだ。しかし驚いたことに、この変更が両グループに与えた影響はちがっていた。富裕層にとっては、三〇〇ドルでも三〇〇〇ドルでも、その半分を工面するのはたやすい。貯金を下ろすか、クレジットカードで払えばいい。それほど裕福でない人にとっても、どうしても必要なことのために一五〇ドルを捻出するのは、それほど難しくない。欠乏や自分の懐《ふところ》具合について深く考えるほどではない。

三〇〇〇ドルの自動車費用は話がちがう。低所得者にとって一五〇〇ドルを捻出するのは難しいだろう。二〇一一年の調査で、アメリカ人のほぼ半数が、三〇日以内に二〇〇〇ドルを工面することは、たとえほんとうに必要であっても不可能だと報告している[13]。もちろん、私たちが買い物客に与えた質問は仮定の話だ。しかしそれが現実味を帯びていて、彼らは自分の懐具合について考えた可能性がある。自分の車は故障していなかったかもしれないが、金銭の欠乏を経験しているということは、金銭問題が心のいちばん上近くにあるということだ。私たちが脳のその部分をくすぐったとたん、仮定ではない現実の欠乏についての考えがあふれ出てきた。「一五〇〇ドルを工面するのは難しいだろうな。クレジットカードは最高限度額まで使っている。支払い最低額がすでにあんなに膨らんでいる。今月の支払い最低額をどうやって払う？　また支払いができないかな？　今回は給料日ローンを組むべきか？」ちょっとくすぐられただけで、脳のなかが大騒ぎになりかねない。

そしてこの大騒ぎが能力に影響した。裕福な被験者は大騒ぎを起こさず、簡単なシナリオを見た場合と同じくらい成績が良かった。一方の貧しい被験者は、成績がかなり悪かった。貧しい人たちは欠乏にちょっとくすぐられるだけで、突然、知能がかなり劣って見えるようになる。欠乏のことで頭がいっぱいになって、流動性知能の得点が低くなるのだ。

私たちはこの研究を膨大な回数行なったが、結果はいつも同じ。これはたんに三〇〇〇ドルが数学的に難しいから生まれた結果ではない。金銭と関係のない問題を出したときは、同じくらい小さい数字と大きい数字でも、影響はまったくないことがわかった。影響が見られるのは、（お金に困っている人に）大変な金策の問題を出した場合に限られていたのである。やる気がないせいでもない。同じ実験を繰り返すなかで、あるとき私たちはレーヴン検査の正解に報酬を払った。おそらく、低所得被験者のほうがうまくやろうとする意欲が高いと思われた。なにしろ彼らにとってお金は重要だ。しかし彼らの成績はちっとも上がらなかった。それどころか少し下がったのだ。臨時収入で買い物ができるだろうと思われた低所得被験者は、難しいシナリオについてじっくり考えたあと、買い物は自腹ですることになった。経済的にもっと余裕のある人たちには見られなかった影響だ。

　同じ実験すべてにおいて、効果は同じくらい大きかった[14]。その効果がどれくらい大きいかを理解するために、基準として睡眠についての研究をここで紹介しよう[15]。その研究では、ひとつの被験者グループは通常の時間に就寝させられた。もうひとつのグループはひと晩中起きているように強《し》いられた。このように徹夜をすると人は衰弱するものだ。ひと晩一睡もしなかったあとの自分を想像してほしい。翌朝、眠っていたグループが起こされ、両グループともレーヴン検査を与えられた。当然のことながら、成績は眠れなかったグループのほうがはるかに悪かった。

　それとくらべてモールで見られた影響はどれくらい大きかったかと言うと、もっと大きかったのだ。あなたは完全に徹夜したあと、自分がどれだけ冴えていると思うだろう？　翌朝、どれくらい頭が働く？　私たちの研究が明らかにしたところでは、貧しい人たちにとって、金銭にまつわる心配が生じることのほうがひどい睡眠不足になるより、認知能力を大きく損なわれるのだ。

　私たちの研究結果の大きさを理解するための方法がもうひとつある。レーヴン検査は流動性知能を測定するために使われるので、ＩＱ（知能指数）と直接類似するところがある。Ｉ

Ｑの典型的な研究は正規分布を前提としていて、平均が一〇〇、標準偏差が一五である（標準偏差は平均値を中心としたスコアの散らばり具合の尺度。正規分布では、スコアのほぼ七〇パーセントが平均から標準偏差ひとつ分以内に入る）。介入の影響は、その効果が標準偏差とくらべてどうかを見ることによって測定できる。たとえば、ある介入に標準偏差の三分の一に相当する効果があるなら、その効果はＩＱおよそ五ポイントに相当する。[16]

　この尺度によると、私たちの効果はＩＱ一三ポイントと一四ポイントのあいだに相当するものだった。最も一般的に使われているＩＱの分類で、一三ポイント上がると知能が「平均」段階から「優秀」とされる段階に移る可能性がある。あるいは、逆に一三ポイント下がると、「平均」から「知的障害との境界線」とされる段階に移る可能性がある。思い出してほしい。これは貧者と富者のちがいではない。そうではなく、同じ人が異なる状況下でどう課題をこなすかをくらべている。同じ人でも、欠乏に気を取られているときのほうがそうでないときよりＩＱが低くなるのだ。これは私たちの主張の鍵である。車の修理費用が安いとき、つまり欠乏が顕著でないとき、貧しい人は裕福な人と同じように反応した。明らかに、これは生来の認知能力の問題ではない。開かれているアプリケーションが多すぎて動作が遅くなるプロセッサーと同じように、この場合の貧しい人たちは、処理能力の一部がほかで使われているために、能力が劣っているように見えるのだ。

実行制御力

処理能力の二つめの要素は実行制御力である。前に述べたように、実行制御力は多面的なので、数多くの重要な機能のうち、とくに自制心に関与するものについて考えるところから始めよう。一九六〇年代後半、ウォルター・ミシェルらが、衝動性に関するとても興味深い（少なくとも工夫を凝らした）心理学実験を行なった。[17] ミシェルの研究スタッフが、部屋に四〜五歳の子どもをすわらせ、その前にマシュマロを置く。うっとり見つめる子もいれば、興奮してそわそわする子もいるが、とにかく全員がほしがった。そして子どもはそれを食べてかまわない。ただし食べようとすると、実験者が悩ましいことを口にする。ほんとうのところ、むしろチャンスなのだが。実験者は「僕はこれから部屋を離れるけど、僕がもどるまでマシュマロを食べないでいれば、きみはもうひとつマシュマロをもらえるよ」と言うのだ。子どもは人類が大昔から知っている問題に直面する。それは社会学者のトーマス・シェリングが「自制を求める内心の争い[18]」と呼ぶもの、すなわち自制心の問題である。

自制心は心理学研究のなかでもいまだに難しい分野のひとつだ。自制心が生まれるには多くの要素が関係することがわかっている。人が将来の重さをどう測るかに左右される。そしてその測り方には一貫性がないように思える。目の前の報酬（いまもらえる一個のマシュマロ）は目立ち、かなり重いとされる。遠い将来の報酬（あとでもらえる二個のマシュマロ）はそれほど目立たないので、あまり重いとされない。漠然とした将来のマシュマロ一個と二個を考えると、二個のほうが一個よりいい。しかしいま目の前に一個のマシュマロがあると、いきなり一個が二個に勝つ。自制心は意志の力にも左右される。意志力の機能は十分に理解

されていないが、とくに性格、疲労、注意力の影響を受ける。(19)

自制心は実行制御力に大きく依存している。人は実行制御力を用いて注意を払い、行動を起こし、直観的反応を抑え、衝動に抗《あらが》う。じつはミシェルの研究のなかで、あまり言及されないが何度も再現されている部分が、ここで非常に参考になる。マシュマロの誘惑にいちばんうまく抵抗した子どもは、そのために注意をほかのことに集中したのだ。(20)マシュマロのことを見つめて考えるのではなく、ほかのことを考えた。欲望に抵抗する必要はなく、ただマシュマロに注目しないよう努めた。ミシェルが述べているように、「意志力とは自分の注意と思考をコントロールする方法を覚えることだと気づけば、現実にそれを強められるようになる(21)」

このことから、実行制御力と自制心の明らかなつながりが見えてくる。人が注意を払って衝動をコントロールするのは実行制御力のおかげなので、実行機能が衰えると自制心が妨げられる。このつながりを実証した実験はたくさんある。ある実験では、被験者に記憶の課題を与えた。(22)二桁の数字を覚えるように言われた人もいれば、七桁の数字を与えられた人もいる。そのあと被験者はロビーに案内され、次の検査を待つことになる。その待合室では、彼らの前にケーキとフルーツが並んでいた。ほんとうに試されたのは、彼らが頭のなかで数字を繰り返しながら、待っているあいだに何を選ぶか、だった。記憶する数字が二桁で、それほど頭がいっぱいでなかった人たちは、だいたいフルーツを選んだ。七桁の数字を繰り返すことで頭がいっぱいだった人たちのほうが、ケーキを選ぶ頻度が五〇パーセント多かった。

ケーキの選択は衝動的なものだ。無意識の選択を防ぐためには意識的な行動が必要になる。心の処理能力が、何桁もの数字を繰り返すというようなほかのことに使われているとき、ケーキを食べることを控えるのに使える能力は少ない。

別の研究では、白人のオーストラリア人学生がやはり食べ物を出されたのだが、この場合は胸が悪くなるようなものだった。具体的には、鶏の足が爪もついたままの状態で料理されている中華料理だ。[23] 被験者にとっての難題は、それが中国人の実験者によって供されたので、礼儀正しく行動しなくてはいけないというプレッシャーがあったことだ。ケーキの実験のように、一部の被験者には知力への負荷がかけられた。八桁の数字を覚えるように指示されたのだ。知力に負荷がかけられなかった人たちは、なんとか冷静さを保ち、自分の考えを胸の内に収めておくことができた。認知力に負荷がかけられた被験者はそうはいかなかった。けっして悪気はなかったが、「気持ち悪い」というような無礼なコメントを口走っていた。

処理能力に負荷がかけられると、控えたいケーキを食べることにしろ、言うつもりがない言葉を口走ることにしろ、衝動を抑えるのは難しくなる。そして欠乏は処理能力に負荷をかけるので、流動性知能を低下させるだけでなく、自制心を弱める可能性もある。だからこそ、オーストラリア人学生は中国人実験者に失礼なことを言い、差し迫るプレゼンのことで頭がいっぱいの重役は娘に当たり散らし、未払いの請求書のことを考えている店員は無作法な客に暴言を吐くのだ。

欠乏が実行制御力を減じるかどうかを探るために、私たちはニュージャージーのショッピ

または

図7

ングモールで、被験者に実行制御力を測定するのによく使われるテストを行なった。まず、以前の実験と同じように、被験者に金銭にまつわる仮定のシナリオの金策が楽な場合または厳しい場合を示す。そのあと図7のような絵をコンピューター画面上ですばやく連続で見せる。被験者は両手の指をキーボードに置いて、ハートと同じ側、そして花の反対側を押す。ハートが右側に現われたら右を押し、花が右側に現われたら左を押すわけだ。

花を見たときの反射的衝動には抵抗しなくてはならない。つまりハートと同じ側を押すのは簡単で、花の反対側を押すのは難しい。うまくやるには、とっさに同じ側を押す衝動を抑えなくてはならない。実行制御力が高ければ高いほどうまくできる。このテストは、どれだけ最初の衝動を抑制して、別の反応を選択することができるかを測定するものだ。

ケーキをがまんするのも、言いたいことを言わないのも、この場合のように花に抵抗するのも、そういうことである。

この課題は、流動性知能とはまったくちがう実行制御力をテストするものだが、結果は同じだった。楽な金策に関する質問のあとは、貧しい人と裕福な人は似たり寄ったりだ。同じくらい衝動をコントロールすることができて、まちがった回数はだいたい同じである。しかし難しい金策に関する質問は、貧しい人たちの状況を大きく変えた。裕福な被験者は、楽なシナリオを示されたかのように引き続きうまくやった。それにひきかえ貧しい被験者は、成績がガタ落ちになっている。衝動で動き、まちがって花と同じ側を押す回数が多かった。楽な金策のシナリオを示されたときには八三パーセント正しいキーを押しているのに対し、難しい金策のシナリオを示されたときに正しいキーを押す確率は六三パーセントに下がった。欠乏に少しくすぐられると、いきなり衝動的になる。欠乏は流動性知能だけでなく、実行制御能力も減じるようだ。

収穫

モールでの実験は私たちの仮説を検証している。しかしある意味で、これは人為的なものだ。私たちが金策についての仮定の問題に誘導し、欠乏について考えるようしむけたとき、人々がどう反応するかを示している。しかし私たちの関心は、実験の制約に縛られない人々の日常生活にある。モールで待ち伏せして欠乏について考えさせる実験の場でなくても、欠乏は人の認知能力に負荷をかけるのだろうか？

これを明らかにすることは、私たちの主張にとってきわめて重要だ。しかし難しい。貧しい人々の認知能力や自制心が裕福な人とくらべてどうなのか、単純に調べることはできない。富者と貧者のあいだには、ほかにもちがうところが――健康、友人、教育など――非常にたくさんあるので、観察される差異を欠乏のせいにすることはできない。そのような比較は延々と試されているが、どうしてもついて回る統計的問題への明確な解決策はない。そういう込み入った要因を含まない欠乏の影響は、どうすれば確認できるのだろう？

そう考えていたところ、私たちは経済学者のアナンディ・マニとともに、インドの農業に関するフィールドワークを行なっていて、興味深いことに気づいた。農民は収穫時期に一度に多額の収入を得る。つまり、定期的に（毎日、毎週、または毎月一回）賃金を受け取るほとんどの労働者とは、経済的にまったく異なる生活を送っている。農民が収入を得るのは一年に二度、場合によっては一年に一度かもしれない。そこで、六月に収入を得る農民がいるとしよう。それから数カ月はいい時期で、手元に現金がある。しかしたとえ彼が倹約家で、この期間の出費を減らすよう努力しても、翌年の四月か五月になるころには、お金に余裕がなくなる。したがって、同じ農民が収穫後の数カ月は裕福で、収穫前の数カ月は貧しいのだ。

これは私たちが求めている状況に非常に近かった。同じ農民の処理能力を、収穫前の数カ月と収穫後の数カ月に調べることができる。富者と貧者をくらべるのではなく、同じ人がお金に余裕がないときと金回りがいいときとで、どれだけちがう行動をするか、確かめることができる。しかしひとつ難点があった。収穫月は通常月より「ものいり」なのではないだろうか？　たとえば、祭りと結婚式は収穫月によく行なわれる。まさに人々の手元に現金がたくさんあるからだ。そうなると欠乏の影響を確かめるのでなく、祝いごとの影響を理解するだけになるかもしれない。

この問題を避けるために、私たちは特異なところがあるサトウキビ農業に目をつけた。サトウキビは、茎をつぶして汁を抽出する（それを濃縮して砂糖をつくる）ために、巨大な工場を必要とする。工場が処理できる量は限られているし、作物は収穫したあとそれほど長く保存できない。そのため、サトウキビには収穫期が四～五カ月ある。一年を通じて収穫される地域もある。隣接する区画はたいてい、まったく異なる収穫サイクルになっている。ひとりの農民が収穫しているあいだ、片側の隣人は収穫後数カ月たっていて、反対側の隣人は収穫を数カ月後にひかえている。このあまり目立たない事実が、私たちに必要なチャンスを与えてくれた。同じ農民が貧しいときと豊かなときを詳しく調べ、なおかつ、暦上の収穫前の月と収穫後の月に特別なことはないと確信できる。なにしろ、同じ月がひとりの農民にとっては収穫前で、その隣人にとっては収穫後なのだ。

予想どおり、農民は収穫前のほうがお金に困っていた。[24]　七八パーセントが収穫前の月に何かを質に入れた（そして九九パーセントがなんらかの融資を受けた）が、収穫後の月に何かを質に入れたのはわずか四パーセント（そして融資を受けたのは一三パーセントだけ）だった。収穫前は通常の勘定を払うのに困っていると報告する割合も高かった。

ショッピングモールでの実験と同じように、私たちは再び実行制御力と流動性知能を測定した。農民たちにレーヴンのマトリックス検査は行なったが、ハートと花の課題はフィールドワークには不向きなので実施できなかった。そのため実行制御の課題として、よく似たストループ課題と呼ばれるものを選んだ。この課題では、被験者はFFFFのようなひと続きのアイテムを見て、その列にアイテムがいくつあるかをすばやく言わなくてはならない（この場合、答えは4）。2222を見てすぐに「4」というのは難しい。花が見えるたびに、とっさに反対側を押すのが難しいのと同じ理由だ。[25]

これらの課題で、農民たちの成績は収穫前のほうが収穫後よりはるかに悪いことがわかった。同じ人なのに、貧しいとき（収穫前）のほうが裕福なとき（収穫後）より、流動性知能と実行制御のテスト結果が悪かったのだ。モールの被験者と同じように、同じ人でも貧しいときのほうが、知能が低くて衝動的に見えるのだ。しかしこちらのケースでは、私たちは欠乏に関して考えさせたわけではなく、そんな企図はおくびにも出していない。農民たちは貧しいとき（収穫で得られたお金がわずかな額まで消えたとき）は自然に欠乏について考えていたが、裕福なとき（収穫で得たお金がまだ豊富にあったとき）には考えていなかったのだ。

そしてやはり、その影響は大きかった。レーヴン検査での正解は収穫後のほうが約二五パーセント多い。以前のモールでの研究と同じように、これをIQに置き換えると、九ポイントか一〇ポイントに相当する。モールでの実験ほど大きな差ではないが、それは予想どおりだ。なにしろこの場合、私たちはお金について考えるよう誘導していない。私たちが測定したのは、任意に選んだ時点での彼らの精神状態であり、欠乏によって処理能力に負荷がかかる潜在的傾向である。実行制御の課題では、貧しいときのほうが反応は一一パーセント遅く、まちがいが一五パーセント多かったが、これはモールでの研究にほぼ一致する。農民が貧しいときに会っていたら、能力が劣っているのを個人的な資質のせいにしたくなっただろう。しかし私たちは研究から、彼らの弱さは個人としての純粋な能力とは関係ないことを理解している。収穫前の数カ月は持ち金が少ないという状況のせいで、あまりうまく課題をこなせず、認知制御力をあまり示せなかったのだ。[26]

とはいえ、このことを私たちの説の勝利として記録する前に、いくつかの反論を封じなくてはならない。たしかに、欠乏（貧困）は収穫の前後で変化する。しかし、それとともに変わることは、ほかにないのだろうか？　もしあるのなら、それが心的変化を推進したのではないだろうか？　三つの可能性が考えられる。

まず、農民は収穫前のほうが貧しいなら、食べる量も少ないのだろうか？　もしそうなら、認知機能も低くなるという結果が出たのはそれほど意外なことだろうか？　栄養状態が悪く、とにかく空腹であることは、その人の脳を弱い状態にするおそれがある。[27]しかし被験者農民たちの場合、これは当てはまらない。彼らは金欠のときでも、食費を切り詰めなくてはならないほど貧しくはない。それどころか、収穫後のほうが食費はやや少なかった。収穫前のほうが出費は少なかったが、食費は減っていなかったことがわかっている。その代わり、ほかの大切なことに使うお金を減らしていた。たとえば、いとこに贈る結婚式の贈り物を小さいものにしている。インドのような文化では、贈り物はたんなるおまけではなく義務（過去の贈り物のお返し）なので、そのような節約はつらいことだろう。

第二に、収穫前はあまり熱心に取り組まなかったのではないだろうか？　収穫の準備はきつい仕事で、農民たちに疲れが残っていたかもしれない。身体的疲労は精神的疲労をもたらしやすい。実際には、私たちの調査は現実の収穫日よりかなり前に行なわれた（四週間は農業では長い時間だ）。そのため収穫の準備は本格的に始まっていなかった。農民たちは、収穫前の週でも収穫後の週より長く働いたり、懸命に働いたりすることはなかった。

最後に、収穫時期はお金が入るだけではない。どれだけ入るかがわかる時期でもある。農業は不安定なことで知られている。豊作のときもあれば凶作のときもある。どれだけ稼げるかわからないという単純な不安が、農民の精神状態に影響する可能性があるのでは？　たとえば米のように、それが深刻な心配ごとになる作物もある。しかしサトウキビはそうではない。自分の畑を調べれば、農民はすぐに収入を見積もることができる。作物の生長はほぼすべて収穫の数カ月前に起こる。最後の月で増えるのは収穫量ではなく、作物に含まれる糖分だ。しかしこれは工場にとって重要な要素である。農民に支払われる金額は、糖度ではなく単純に量で決まる。農民がもっと早く収穫しないのは、ひとえに砂糖工場がそれを許さないからだ。要するに、収穫の数カ月前に、農民は自分がどれだけお金をもらえるかを正確に理解している。収穫の前にも収穫後と同じくらいよくわかっている。

ほかにも論じられる小さな問題はある。[28]　しかし結論ははっきりしている。貧困そのものが知力に負担をかけるのだ。欠乏のことを思い出させる実験者が周囲にいなくても、貧困は流動性知能と実行制御力を低下させる。出発点にもどると、貧困者の認知能力をめぐる議論に、重要な展開が見えてくる。貧困者はたしかに富裕者より有効能力が低いと言える。これは彼らの能力が低いからではなく、知性の一部が欠乏によって占拠されているからである。

その他の欠乏

そのころ、私は自分の脳の一部しか使っていないのに成功しているのだと気づいた。一〇パーセントは学校のこと、一〇パーセントは娘のこと、そしてたぶん一〇パーセントは家族の危機と病気のことにあてられていたが、私の知力の残り七〇パーセントは、つねに食べ物のこと――ブドウのカロリー計算、満腹になる大量のポップコーン、偽薬としての水の賢い使い方――に注がれていたのだ。「その七〇パーセントをもっと賢く使ったら、私はあとどれだけのことができるかしら？」

――ナタリー・クッシュ「プリマドンナもふっくら女性」（"The Fat Lady Sings"）[29]

ダイエットが難しいことは誰もが理解している。おいしい食べ物をがまんするのは、誰にとっても難しいだろう。しかし処理能力への負荷は、ダイエットがたんに難しいだけではないことを示唆している。ダイエットは心に負荷をかける。ダイエット中の人は何をしているときも、心のどこかが食べ物に占領されているので、心的資源が減っていると感じるはずだ。[30]

実際、このことはいくつかの研究に示されている。ダイエット中の人とそうでない人を、心理学者が有効な認知能力を測定するのに使う、さまざまな認知力の尺度で比較しているのだ。食べることを抑制された人とそうでない人をくらべたものもあれば、同じ人を長期にわたって、ダイエット中の期間とそうでない期間でくらべたものもある。どんなやり方にせよ、同じ効果が発見されている。さまざまな認知テストのすべてで、人はダイエット中だと成績が悪い。そして心理学者は回答者に面接して、共通のパターンを発見している。ダイエット中の人たちの心のいちばん上にはダイエットに関係する関心事があって、知力を邪魔している。

このような結果は、たんなるカロリー不足が原因とは思えない。[31]（ダイエットを試みる人の多くは失敗するので）これは意外ではないが、効果は体重が減らない場合にも現われている。さらに直接的な生理学的尺度からも、栄養不足は認知機能障害を引き起こさないことがわかっている。こう考えてほしい――減量中はそれに気を取られていて、処理能力への負荷に直面する。しかし新たなバランスに落ち着くことができて、もう食べる量を抑える必要がないとなると、処理能力への負荷は消える。当然、このようなデータにけちをつけることもできる。ダイエット中の人とそうでない人のちがいは、ほかのところに原因があるのかもしれない。ダイエット中の人にかかる処理能力への負荷の大きさを定量化するために、さらなる研究が必要だが、摂取できるカロリーの欠乏にまつわる結果は、所得の欠乏を研究してわかったことと、そっくりであるのが印象的だ。

孤独な人にも同じようなことが起きている。ある研究で、孤独な被験者とそうでない被験者に、これまでとはちがう種類の処理能力測定が行なわれた。「両耳分離聴検査」という、かなりエレガントな方法だ[32]。被験者は片耳ずつ別々の音を聴くよう指示される。片耳には女性の声、反対の耳には男性の声が聞こえる。この検査は、人がどれだけうまく片方の耳を澄ませ、もう一方の耳から来る邪魔をシャットアウトできるかを測定する。この検査は、脳に関する興味深い事実に頼っている。それは脳の側性化《そくせいか》だ。大部分の人は、言語について右耳が優位であり、右耳に示される言語情報のほうが楽にしっかり聴ける[33]。指示がなければ、右耳に示される声に集中する傾向がある。事実、右耳に話されることを聴き取るように指示されたときは、孤独な人もそうでない人も、同じくらいよく聴き取った。その一方、優位でないほうの耳、つまり左耳は、処理能力を必要とする。右耳に集中する自然の傾向を無効にして、代わりに左耳でしっかり聴くためには、実行制御力が必要である。そして今度は、孤独な被験者の成績のほうがかなり悪かった[34]。自然な衝動をうまく無視することができず、右耳をオフにして左耳で聴くことがうまくできなかったのだ。言い換えると、孤独な人たちは処理能力の低下を示した——この場合、実行制御力の低下である。

　私たちがショッピングモールでやったのと同じようなことが行なわれた研究もある。被験者に性格テストとされるものを記入させ、そのあと、本人は社会にうまく適応するか、または非常に孤独になるか、どちらかを検査が示していると信じさせるフィードバックを、無作為に割り当てて与えた[35]。無作為に、そして即座に、被験者が自分は孤独になると思い込むようにしむけることで、欠乏を認識させたのだ。その情報が十分に理解されたあと、被験者にレーヴン検査を行なったところ、自分は孤独になると思い込んだ人たちのほうが、はるかに出来が悪いことが確認された。実際、被験者をスキャナーで調べたところ、自分は孤独になると思わせると、脳の実行制御領域の活動が弱まることがわかった。最後に、衝動抑制を調べる研究では、自分が孤独になると思い込んだ被験者は、チョコチップクッキーの味見をする機会を与えられると、二倍近くたくさん食べている。[36]これと同様、年配のダイエット中の人たちに関する研究は、日常生活で孤独を感じる人たちは、脂っこい食べ物の摂取量がかなり多いことを明らかにしている。[37]

最終的に、私たちは人為的な欠乏でも同じような効果を確かめた。第1章で取り上げた《アングリー・ブルーベリー》の研究を思い出してほしい。私たちは同様のゲームで、「貧民」被験者（与えられるゲームの資源が少ない人たち）は、ゲームをしたあと、ハートと花の課題の成績が悪いことを確認した。[38]たとえ（貧しいために）ゲームのプレー時間が短くても、非常に集中しているので最後には処理能力が少なくなる。ダイエット中の人、金欠の人、そして孤独な人と同じように、ブルーベリーに乏しい被験者も、欠乏によって重い負荷をかけられるのだ。

欠乏と心配ごと

もちろん、処理能力に負荷をかける可能性があるのは、欠乏だけではない。ある朝、あなたは夫婦げんかをしたとしよう。職場ではあまり生産性が上がらないかもしれない。その日は、見かけも行動も「いつもよりまぬけ」かもしれない。言ってはいけないことを口走るかもしれない。朝のけんかについてくよくよ考え、思い悩み、ひょっとすると腹を立てることに、処理能力の一部が使われているのだ。そんな場合も、ほかのことにあてられる脳は少ないだろう。この考え方からすると、誰もが頭脳に負荷をかける心配やニーズを抱えている。

　では、欠乏の何がそんなに特別なのだろう？

　欠乏はそもそも、重大な心配ごとが連続発生するものである。どこでも誰にでも起こりうる夫婦げんかとちがって、お金や時間にまつわる心配ごとは、貧しい人や忙しい人の周りに群がって、めったに消えない。貧しい人は、ひっきりなしに生まれるお金の心配と闘わなくてはならない。多忙な人は、ひっきりなしに生まれる時間の心配と闘わなくてはならない。欠乏はまずまちがいなく、ほかのあらゆる心配のうえにさらなる負担を加える。そしてまずまちがいなく、つねに処理能力に負荷をかける。うわの空になる可能性は誰にでもある。裕福な人も貧しい人も夫婦げんかをするし、裕福な人も貧しい人も上司のことで悩むことはありえる。しかし豊かな境遇の人でうわの空になるのは一部だけなのに対し、欠乏を経験している人は誰もがうわの空になる。

　この議論から、別の重要な疑問が生じる。この欠乏についての話はすべて、遠回しにストレスのことを言っているだけなのでは？　日常生活において、「ストレス」はいろいろな意味でやたらと使われる。しかしストレスの科学的理解はかなり進歩した[39]。一般的なストレス反応の生化学は、いまではかなり確実に理解されている[40]。関与するいくつかの分子――グルココルチコイド（コルチゾールなど）、ノルエピネフリン、セロトニン——とその機能まで特定されている。この知識のおかげで、ストレスは欠乏が心に影響するときの生物学的メカニズムかどうかを、より詳しく検討することができる。

私たちのデータにも、ストレスが関与していると考える理由がある。予想されることだが、欠乏を経験するとストレスがたまることはある。たとえば例の収穫の研究では、収穫後の農民のほうが収穫前より、ストレスが少ないことがわかった。ストレスの尺度としてよく使われる心拍変動が、かなり小さくなることもわかっている。

しかしその一方で、私たちが観察した影響のほとんどは、ストレスが主要因ではなさそうだ。とりわけ重要な影響のいくつかは、私たちが処理能力と呼んでいるものに欠乏が負荷をかけることと関係している。それに対してストレスは、その予想される影響をおよぼしていない。ストレスは作業記憶を高めることを確認した研究もある[41]。さらに、ストレス下で実行制御力が向上する兆候など、矛盾した証拠が見つかっている研究もある[42]。もちろん、ストレスの長期的な影響はまたちがうが、私たちが研究してきた欠乏の影響はすぐに現われる。例のショッピングモールの研究では、被験者に自分の懐具合を思い出させただけで、ほぼ即座に心的能力に影響が出た。さらに私たちは、成績向上（集中ボーナス）と成績低下（処理能力への負荷）のパターンも示したが、これは不安とストレスだけでは説明できない。

最後に、すべてをストレスや不安として考えると、もっと重大な点を見落とすことになる。処理能力への負荷は単独で見られるものではない。集中ボーナスやトンネリングによる選択の方向づけと同じ、核となるメカニズムから生まれている。ストレスだけに重点を置くと、これらの深いつながりを見落とし、最終的に欠乏の心理に対する理解を狭めることになる。

処理能力への負荷が意味すること

本章の冒頭で紹介したエピソードは、処理能力への負荷に照らすと当然に思えるかもしれない。列車がそばを通り過ぎるちょうどそのとき、店員がフライドポテトの注文を聞いていなかったとしても驚くにはあたらない。だから、今月の家賃をどうやって払おうか考え込んでいる彼女が、フライドポテトの注文を見落としても、（店長も）驚いてはいけない。彼女はそそっかしいのではない。うわの空なのだ。「思いきってもう一度クレジットカードの支払いを遅らせたほうがいい？」というような考えは、通過する列車と同じくらい騒々しいといえる。間近にプレゼンをひかえた営業部長が、娘の試合に集中しようとする。しかし自分でも知らないうちに、プレゼンのことに思いを巡らしている。学生は目前の試験に集中しようとするが、差し迫る授業料の支払いへの思いにしょっちゅう邪魔される。心に重荷があるときは、笑顔で親切にすることさえ難しい。店員は無礼な客に、そのつもりはなくてもきついことを言う。親は子どもに当たり散らす。負荷をかけられた処理能力は不注意を招く。学生は勉強会を忘れる。接客係はレジにまちがった商品を打つ。

処理能力への負荷は、人を意外なところで大きく変える。その存在だけでなく規模も意外だ。心理学者たちは何十年にもわたり、認知的負荷が行動のさまざまな側面に与える影響を記録してきた。とくに重要なのは、注意散漫や忘れっぽさから衝動の抑制まで、先ほどのエピソードに描写されている行動である。その影響の大きさに鑑《かんが》みると、処理能力への負荷があらゆる行動に潜在的影響を与えていると考えざるをえない。ふだんは「人柄」や「才能」の傘下に入る忍耐、寛容、思いやり、献身なども例外ではない。才能や人柄によるとされるものの多くが、認知能力と実行制御力に立脚しているのだ。レストランの店長は従業員の行動を説明するために、お決まりのところ——スキルの欠如、やる気のなさ、不十分な教育——に目を向ける。そして負荷をかけられた処理能力は、そういうものに見えることがある。多忙な営業部長が娘に八つ当たりをすれば、悪い親に見える。お金に困っている学生が簡単な問題をまちがえると、無能か怠《なま》け者に見える。しかしこの人たちは未熟でも思いやりがないわけでもなく、ただ重い負荷をかけられているだけである。問題は人ではなく、欠乏している状況なのだ。

バックグラウンドで開いているプログラムのせいで、動きが遅くなったコンピューターのたとえを思い出してほしい。あなたはそのコンピューターに向かっていて、ほかのプログラムに気づいていないとしよう。ブラウザーがのろのろとページを開くので、あなたはまちがった結論を出すかもしれない。ほかのタスクで手いっぱいのプロセッサーを、そもそも遅いものと勘ちがいし、なんて遅いコンピューターだと思うかもしれない。同じように、欠乏による負荷をかけられた頭脳は、もともと無能な頭脳と勘ちがいされやすい。結局、ファストフード店の店長は従業員が無能だと考えている。しかし店長とちがって私たちは、貧しい人たちの処理能力が劣っているのではないと、断固として言いたい。まったく逆だ。誰しも貧しくなると、有効な処理能力が落ちるのだと言いたい。

このことから、私たちは欠乏の概念を広げるべきであることがわかる。人は自分の持っているもの（時間、お金、摂取できるカロリーなど）がごくわずかしかないと考えるとき、欠乏の物理的な意味に重点を置く。遊ぶ時間が少ないとか、使えるお金が少ない、と。処理能力への負荷という問題があることからして、別の、おそらくもっと重大な不足があると考えるべきだろう。負荷をかけられると、少ない心的資源でなんとかやっていかなくてはならない。人は欠乏のせいで莫大な借金を抱えたり、投資しそこねたりするだけではない。生活のほかの面でもハンディキャップを負うことになる。まぬけになる。衝動的になる。使える処理能力が減り、少ない流動性知能と実行制御力で、なんとかやっていかなくてはならない――生きるのはさらに大変になる。

第2部

欠乏が欠乏を生む

第3章　荷づくりとスラック

あなたは出張に出かけようとしている。

どうやっていい具合に大きいスーツケースに荷物を詰めるか、考えてみよう。まず、必需品——洗面用具、スーツとワイシャツ、そして電子機器——をすべて入れるだろう。まだ余裕があるので、それほど必要ではないものをいくつか加えてもいい。雨が降ったときのために傘を入れる。寒かったときのためにセーターを入れる。スポーツウェアとランニングシューズも詰める（今回はほんとうにトレーニングすることになるかもしれない）。これでよし、とあなたはスペースを少し残してスーツケースを閉める。ほかにも持っていけるものはあるが、いま入れたもので問題ないだろう。

次に、同じ出張のために小さいスーツケースに荷づくりするとしよう。前と同じように、まず最低限の必需品をなにげなく放り込む。しかしそれでもう、あっという間にスーツケースはいっぱいだ。あなたはすべてを取り出して、今度はていねいに詰め直す。慎重に積み重ね、配置を決める。スペースをつくるために工夫する。靴下と携帯電話の充電器を靴のなかに詰め込み、ベルトをまっすぐ伸ばして、スーツケースの縁に滑り込ませる。これでスペースが少しあまる。セーターを持っていったほうがいいかな？　（使えるかもしれない）スポーツウェアは？　傘は？　雨にぬれるリスクをおかしてでも、体を鍛えるチャンスを残すほうがいい？　小さいスーツケースの荷づくりはトレードオフを強《し》いる。しばらく慎重に検討し、あなたはセーターを入れてスーツケースをギュッと閉じる。

大小どちらのスーツケースにも制限はある。どんな大きさのスーツケースでも、役に立つかもしれないアイテムをすべて入れることができないのは明らかだ。どちらのスーツケースでも、何を詰めて何を置いていくか、選択しなくてはならない。しかし心理的にほんとうにやっかいだと感じるのは、小さいスーツケースだけである。大きいスーツケースには気軽に荷づくりする。小さいスーツケースには慎重に真剣に荷づくりする。

これは人生のさまざまな問題のメタファーである。人は時間のスーツケースを持っていて、そこに仕事、レジャー、そして家族との時間を収めなくてはならない。家計のスーツケースに、衣食住などすべての費用を収めなくてはならない。自分に課したカロリーのスーツケースを持っている人もいて、そこにすべての食事を収めなくてはならない。

このメタファーが示しているように、欠乏を抱えた人がそれゆえ集中した意識で取り組むと、詰め方が変わる。一ドル、一時間、一カロリーをどう使うかが変わる。そして詰め方のちがうスーツケースができ上がる。大きいスーツケースはぞんざいに詰められ、スペースがあまっている。小さいスーツケースは慎重にぎっしり詰められる。

この詰め方のちがいを理解することは、どうして欠乏がさらなる欠乏を生むのかを理解するうえで非常に重要だ。

トレードオフ思考

最新型の重爆撃機一機にかかる費用で建造できるものは、三〇以上の町に近代的なれんが造りの学校、人口六万人の町に電力を供給する発電所を二基、十分な設備を備えた立派な病院を二棟、またはコンクリートの高速道路を八〇キロあまり。戦闘機一機で小麦一万四〇〇〇トン。駆逐艦一隻で八〇〇〇人以上の住宅。[1]

——ドワイト・アイゼンハワー、一九五三年

あなたはレストランで友人と夕食をとっている。ウェイターはスペシャル料理について説明してから、飲み物はどうしますかと尋ねる。あなたはふだんカクテルを注文しないが、メニューに気になるものがある。それを注文するかどうか、どうやって決めるだろう？　運転しなくてはならないときまでの時間を計算するかもしれない。友人たちの誰かが飲み物を注文するかどうかわかるまで待つかもしれない。割り勘なのかどうかを考えるかもしれない。あるいは、一〇ドルが妥当な値段かどうかを考えるかもしれない。しかし注目すべきは、頭をよぎらなかった疑問だ。あなたが自問しなかったことがひとつある。「この飲み物を注文

するとしたら、何を注文しないことになるだろう?」こう自問しないのは、それがほとんどばかげているように思えるからだ。ほかの買い物をあきらめなくても、このカクテルを買うことができるような気がする。トレードオフはないように思う。

これがいかに驚くべきことかを考えてほしい。基本的な会計の問題として、もちろんトレードオフはある。あなたがどんなに金持ちでも、持っているお金には限りがある。何かに一〇ドルを使えば、ほかのもののためのお金が(たとえそれが子どもに残す遺産でも)一〇ドル減る。その一〇ドルはどこかから持ってこなくてはならない。しかしたいていの場合、そんなふうには感じない。多くの人はトレードオフなどないかのように、一〇ドルの買い物をする。この買い物をするためだけに、ほかの買い物を犠牲にする必要はない。極端なことを言えば、予算に一〇ドル札が無限に供給されるかのように思っている。言われればそうでないことはある程度わかるが、それをわかっているような行動はとらない。

とはいえ、トレードオフを認識する場合もある。ダイエット中のときに、同じカクテルについて考えているところを想像しよう。一〇ドルの値札からはトレードオフを考えないかもしれないが、「カロリー値札」はちがうだろう。突然、その余計な三〇〇キロカロリーの会計報告が必要になる。そのカクテルを飲んだら、何かほかのものをあきらめなくてはならない。デザートをなしにする価値はあるだろうか? それとも明日の朝のベーグル? ダイエット中の人はカロリー会計士になる。帳尻を合わせなくてはならない。ひとつのものを食べることは、ほかの何かを食べないことだと自覚する。私たちが「トレードオフ思考」と呼ぶことをするのだ。

もちろん、お金に困っている人にとって、一〇ドルはダイエット中の人の三〇〇キロカロリーに等しい。お金の使い道を明らかにしなくてはならない。荷づくりのたとえで言えば、小さいスーツケースの場合、ひとつのアイテムを入れるということは何かほかのアイテムを出さなくてはならないということだと、いやでも気づく。大きいスーツケースで荷づくりする人は、スニーカーを入れることについて検討するとき、自分にはそれが入用かどうかを考えるだけだ。小さいスーツケースで荷づくりする人は、スペースをつくるために何を取り出すべきか考える。

欠乏はトレードオフ思考を強いる。満たされていないニーズが注意を引きつけ、最優先事項になる。お金に困っている人は、払わなくてはならない勘定すべてに気を配っている。すべての勘定が頭にあるので、何かほかのものを買うことを考えるとき、トレードオフがはっきりわかる。厳しい締め切りに追われている人は、やらなくてはならないことすべてが頭のなかで前面に出ている。そのため、ほかのことに一時間費やすことを考えるとき、やはりトレードオフがはっきりわかる。時間やお金がそれほど厳しくないとき、人はそれほど集中しないので、トレードオフがよくわからない。このことを踏まえると、トレードオフ思考は欠乏状態に特有の結果である。

このことをより厳密に検証するため、私たちはボストンの鉄道駅を利用する通勤者を調査した。[2] テレビの購入を検討するとき、考慮することをすべてリストアップするよう依頼したのだ。テレビの大きさ、画面の解像度、価格の妥当性など、いかにもありそうなことはすべて出てきた。そのあとサンプルを低所得者と高所得者のグループに分けると、パターンが現われた。一部の人だけが自発的に「テレビを買うためになにをあきらめなくてはならないか」というような答えを出してきて、トレードオフ思考を示したのだ。このようなことを自問したのは、貧しい人に偏っていた。[3] トレードオフ思考を示した人の割合は、貧困グループが富裕グループのほぼ二倍である（七五パーセント対四〇パーセント）。私たちが用いた所得の線引きは、欠乏の定義としてはかなり大ざっぱだったので、この差はなおさら驚きだ。私たちが富裕層に分類した人のなかには、欠乏を経験していそうな人もいた。たとえば住宅ローン、クレジットカードの負債、大学費用の借金、あるいは大家族を抱えている人がたしかにいたのだ。

同じ研究をインドで行なったとき、注目すべき問題が生じた。人が欠乏を感じるかどうかは、品物の価格と生活費の相対的な関係で決まることがわかったのだ。料理用ミキサーを買うことについて質問したところ、前の調査と同じように、トレードオフについて言及した人は富裕層で三〇パーセント未満だったのに対し、貧困層では六五パーセントだった。しかし、もっと高価な商品――テレビ――について尋ねると、富裕層も貧困層もトレードオフ思考を示した。[4] 人がトレードオフについて考えるかどうかは、生活費とくらべてその品物がどれくらい高いかによるのだ。ミキサーは貧しい人にとっては家計のかなりの部分を占めるが、裕福な人にとってはそうでない。一方のテレビは、インドの富裕層にとってもかなり高価だった。言い換えると、ミキサーは一部の人に欠乏を引き起こしたが、テレビは――誰にとっても家計とくらべて高額だったので――すべての人に欠乏を引き起こしたのだ。車の購入を検討することが、ほとんどのアメリカ人世帯にトレードオフ思考を起こす可能性が高いのと同じである。

スラック

荷づくりのメタファーから、なぜ欠乏がトレードオフ思考を生むのか、その理由が明らかになる。スーツケースが大きければ、人はいいかげんに荷づくりする。隅から隅までぎっしり詰めることはしない。あちこちに使われていないスペースが残る。私たちはこのスペースを、本来はゆるみやたるみを意味する「スラック」と呼ぶ。詰め方がゆるいので何も入らずに残る部分だ。それは大きいスーツケースに特有のものである。スラックは、余裕のあるスペースに荷づくりするときには欠乏マインドセットがないから生まれるものであり、資源がありあまっているとき特有の管理方法の結果である。スラックの概念によって、トレードオフを考える（または考えない）傾向や価格に関心を向ける（または向けない）傾向を説明できる。

大きいスーツケースで荷づくりしたあと、ひとつアイテムを追加したいとしよう。あなたはそれをただ放り込めばいい。何かを取り出す必要はない。スーツケースにはそもそも余分なスペースがあった――スラックがあった――のだから、中身を整理し直す必要はない。しかし小さいスーツケースの場合、何かを加えるには、何かを出さなくてはならない。スラックがあればこそ、トレードオフなどないと思える。一〇ドルのカクテルに払うお金はどこから来るのか？　あなたが裕福なら、別に何かを犠牲にしなくてもカクテルを買えると考える。スラックが勘定を払うのだ。スラックのおかげで人はトレードオフをせずにすむ。

時間のスラックは誰しも経験したことがあるはずだ。あまり忙しくない週にはスケジュールに空きがある。多忙なときは会議と会議の合間に手短に電話をかけたりするが、忙しくない週には一五分の空きが残る。その時間はただそこにあるだけ。家中のあちこちに眠っている小銭のようなものだ。それを使いたいという衝動は感じられない。ものをきっちり収めようとがんばらないように。同僚から一〇時から一一時までのどこかで電話をかけると言われたとき、わざわざ問い詰めることはない。三〇分の電話のためにまる一時間を予定しておくだけだ。

多くの人はお金のスラックも経験する。ある研究によると、「十分に稼いでいるのでその必要がない」から支出を記録しないと報告する割合は、高所得の買い物客が低所得者の二倍以上だったという。[5] あるオランダの研究では、富裕層は頭のなかで予算を立てないことがわかった。[6] そしてフィナンシャルプランナーはたいていスラックを前提とする。大きい項目についてはきちょうめんに明細を明らかにするが、残りはあなたが好きなように使うのに任せることが多い。たとえば、〈MSNマネー〉のリチャード・ジェンキンスは、一〇パーセントを「娯楽費」として取っておくことを勧めている。[7] それは予算のスラックであり、文字どおり遊びのお金だ。

もちろん、使えるお金を意図的に配慮して使いきらないのは、とても思慮深いと言える。予期せぬ出費のために余裕を残しておくのは、意識的で意図的、かつ賢明な戦略だろう。人生の浮き沈みに備える保険のようなものだ。空港に行くのに二五分しかかからないとしても、万が一に備えて四五分前に家を出るのと同じ。しかし私たちが「スラック」という言葉で指しているのは、予期せぬことに対処するために意図的につくった余裕のことではない。現実的に慎重に予算計上された余裕のことではないのだ。たとえばローマで買い物をするなど、あとで起こりえる事態に備えて、スーツケースに余分なスペースを空けておくこともあるだろう。しかし、それは意図されたゆとりであることに注意してほしい。ほかのアイテムを入れるときと同じように、慎重にその場所を割り振っているのだ。

私たちが使うスラックという言葉が指すのは、意図的に使わずに残したスペースではなく、豊かな環境で荷づくりしているときの副産物である。景気のいいとき、人はきちょうめんに一ドル単位でお金の使い道を明らかにすることはない。家や車を選ぶときはだいたい、生活に困らないと安心できるだけの余裕が残るものにする。どんなレストランをひいきにして、どれくらいの頻度で行くか、だいたいわかっているので、おおざっぱに予算内に収めることができる。休暇の過ごし方を選ぶとき、銀行の口座残高を計算して予算の範囲内にぎりぎりで収まるものにするのではなく、だいたい支払えるようなものを選ぶ。この態度は裕福だからこそそのものであり、スラックはその結果である。[8]

なぜ、結果として貧しい人にはスラックが少なく、裕福な人には多いのだろう？　私たちの答えを自然界のメタファーがわかりやすく示してくれる。

貧しいミツバチと裕福なドロバチ

人工の構造物にはミツバチの巣ほどていねいにつくられるものはない。[9]若い働きバチはむさぼるようにミツを吸い、ほんの少しのロウを分泌する。その交換率は極端に低い。ロウ五〇〇グラムをつくるのに必要なミツは四〇〇〇グラムで、それだけの花のミツを集めるためにのべ九万匹以上のハチが飛び回る必要がある。ロウが集まって小さい塊《かたまり》になると、ミツバチは密集して、ロウを成型できるように自分たちの体熱を使って温める。そしてタイル工事のように、ロウのかけらを少しずつ適切な場所に置いて巣をつくる。作業はバラバラに部分的に行なわれ、すべてを監督するボスはいない。砂の城をつくるのに、砂粒ひとつひとつ積み上げながら、自分がどこにいるかを確認するために手を休めることもせず、指示を与える人もいない状況を想像してほしい。しかも、それを真っ暗ななかで、何百人もの友人と一緒にやっているのだ。それでもうまくいく。ミツバチはぴったり一二〇度の角度で接する壁をつくり、見た目完璧な六角形ができ上がる。壁の厚みは〇・一ミリ未満、狂いはプラスマイナスわずか〇・〇〇二ミリ。これは許容誤差二パーセントであり、建築基準として悪くない。[10]

ちなみに、米国標準技術局は建築用加工合板の幅に一〇パーセントの誤差を許容している。[11]ミツバチと同様、ドロバチも巣をつくるが、こちらは泥でつくる。そしてクモを刺し殺し、死骸を二ダースも巣のなかに詰め込み、卵を産みつけて密封する。卵からかえった幼虫は刺殺された獲物を食べ、密封された巣のなかで冬を過ごす。ミツバチとちがって、ドロバチはエレガントな職人ではない。巣房はほぼ円筒形だが適当にくっつけられていて、ミツバチの巣のような精密さはみじんもない。

なぜ、ミツバチはそんな精密な構造物をつくり、ドロバチはそんな乱雑なものをつくるのか？　答えは欠乏だ。ドロバチが使う材料は豊富なもの、すなわち泥である。ミツバチが使う材料は乏しいもの、すなわちロウである。ミツロウは、小さいスーツケースのスペースや景気が悪いときのお金のように、節約して使わなくてはならない。下手なつくりではロウの無駄使いになるので、効率よくやらなければ、つまりうまく荷づくりしなければ、という動機づけが働く。それにひきかえドロバチには材料が豊富にあり、泥をたくさん無駄使いできる。建材が安いので、ドロバチにとってはスラックがあっても――ずさんにつくっても――差しつかえない。ミツバチの建材は高価なのでそうはいかない。

貧しい人と豊かな人にも同じようなことが起こる。スーツケースに詰める前、持っていきたいものをすべてベッドの上に並べるとしよう。いちばん大切なアイテムを左側、いちばんどうでもいいアイテムを右側にする。三日間の出張のためには、一組めの下着が左端になり、五組めが右端になる。あなたはいちばん大切なものから始めて、左から右へとアイテムをスーツケースに入れていく。かなりの数のアイテムを詰めることができて、スーツケースがいっぱいになるころには、五組めの下着のような、どうでもいいものを詰めている。豊かな人のスーツケースで未使用スペースをつくるのに犠牲になるのは、ほとんど影響のないアイテムだ。貧しい人のスーツケースは、どうしても必要なものを詰めている段階でいっぱいになってしまう。小さいスーツケースではスペースは貴重だが、スーツケースが大きいとき、その限界はあまり問題にならない。経済学者はこれを限界効用逓減《ていげん》と呼ぶ。持っているものが多ければ多いほど、ひとつ増えたときのありがたみは減るのだ。

　ここまでの話には、経済の論理に近いものがある。貧しい人には余裕があまりないからスラックがあまりできない。荷づくりの材料――スーツケース内のスペース――は、豊かな人にとっては泥のように安価だが、貧しい人にとってはロウのように高価である。そのため、豊かな人はドロバチのように、ぞんざいに非効率的に詰めてスラックができる。貧しい人はミツバチのように、きっちり詰めてスラックができない。

　そこには深い心理的な力も働く。貧しい人と豊かな人が荷づくりをひと休みするとき、それぞれスーツケースの外にアイテムが残っている。貧しい人にとって残っているアイテムはとても大切なので、彼らの不安な心を占拠する。貧しい人はそのアイテムにトンネリングを起こし、「配置をやり直して、これも入れられるかな?」と考えずにはいられない。貧しい者にとっては、取り残されるアイテムも重要なもので、荷づくりに注意を引きつけられる。豊かな人がひと休みするとき、それまで外に残っているアイテムはあまり大切ではない。加えることもできるが、残しても別にかまわない。彼らはそれほど荷づくりに熱中していないのでスラックが残る。[12]

スラックで何を買うか

家は荷物の山に覆いをかけたものにすぎない。[13]
――ジョージ・カーリン（訳注：アメリカのコメディアン）

スラックは結局どうなるのだろう？　あなたがごくふつうの人なら、自分で確認できる。キッチンに行って食品庫を見てみよう。たぶん、ずっと前に買った品物であふれているだろう。そうなっているのは、あなたの家だけではない。米国中のキッチンキャビネットは、長いあいだ使われていないスープ類、ジャム、そして缶詰でいっぱいだ。この現象はよくあることなので、食品研究者が名前をつけている。そういう品物を「キャビネット・キャスタウェイ（見捨てられたもの）」と呼ぶのだ。[14]食料品店で購入された品物一〇個に一個はキャビネット・キャスタウェイになる運命にあるという推定もある。

実際、多くの家はキャスタウェイ博物館だ。前回、引っ越しするかクローゼットを片づけるかして、「これがあることを忘れてた！」と思ったときのことを考えてほしい。そのようなクローゼット・キャスタウェイがあまりに多いと、お金ではなくスペースが乏しくなる。人は自分の持ち物をすべて収納するために、トランクルームを借りなくてはならない。毎年一二〇億ドルがトランクルームを借りるのに使われているという推定もあり、[15]これは楽曲の購入に使われる額の三倍である。実際、アメリカでは約二億平方メートルがトランクルームのスペースにあてがわれている。トランクルーム協会は「アメリカ国民全員が、同時に、トランクルームの屋根のひさしの下に立てる」と指摘している。[16]

驚くことではないが、トランクルーム産業の盛衰は、豊かさから生じるスラックに大きく左右される。ある記者がニューヨークタイムズ・マガジン誌に、次のように書いている。

「人間のものぐさはつねにトランクルーム経営者の強い味方だった」[17]と語るのは、コンサルタントグループの〈ストレージ・マーケティング・ソリューションズ〉のデレクネイラー社長である。「自分の持ち物をいったん倉庫に入れると、そこから出すのに一日を費やしたがる人はいない。経済的余裕があり、自分には経済的余裕があると思っているかぎり、入れてある物を永遠にそこに放置する」。しかし、いま［二〇〇八年に始まった大不況の時代］は「クレジットカードの請求書を前より注意して見ている人もいる。そういう人は自分が保管している持ち物に真剣に目を向け、取っておくのに月一〇〇ドル払う価値はないかもしれないと自覚しつつある。だから、ただ処分するのだ」

スラックがあれば、人は自由に好きなだけキャスタウェイをつくることができる。スラックがあれば、外国産のスープの缶詰や、リモコン操作の模型飛行機を、気まぐれで買うことができる。スラックがあると、品物がほんとうはどれだけ役に立つか、疑う必要を感じない。「最終的にあのジューサーを、無駄にならないくらい十分に使うだろうか？」とか「ズボンの代わりに買うことを正当化できるくらい、あの派手な靴をほんとうにはくだろうか?」とは考えない。トレードオフがないので、ただ「買っちゃおう」と考える。スラックがトレードオフから解放してくれるので、ほかの何かを検討することなく、それ自体が魅力的な商品を買うことが許される。

当然、その結果は非効率と無駄だ。時間がたっぷりあるとき、人はだらだらと過ごし、時間はいつのまにかなくなる。あちこちの数分が積み重なって、数時間が無駄に費やされる。結局、一日の活動時間一六時間のうち有効に使われるのは六時間。二日でできるはずの仕事を仕上げるのに一週間かかる。そして繰り返しになるが、私たちがここで話しているのは、よく考えて「重要なことは何もしない時間」に割り振った数時間ではない。そもそも何にも割り振っていない時間のことだ。自由時間があるとき、人はだらだらして、その時間をなにげなく無駄にする。あぶく銭が手に入ったとき、人は投げ捨てて忘れてしまうようなものを買う。結局、何をしたのかよくわからないまま数時間が過ぎ、キャビネットは食べないスープでいっぱいになり、トランクルームは自分でも忘れている品物であふれかえる。

しかしスラックはただ無駄を生むだけではない。私たちが大学生のグループに示した仮想の意思決定について考えてみよう(18)。

あなたはその晩、翌日に締め切りをひかえた短いレポートを図書館で書く計画です。キャンパスを歩いていると、ずっと敬服してきた作家が公開講演をする予定だと知ります。あなたはそれでも図書館に行きますか、それとも講演に行きますか？

もうひとつのグループが提示されたのも同じ問題だが、図書館をパスするようさらに誘惑する選択肢が追加されている（太字箇所）。

あなたはその晩、翌日に締め切りをひかえた短いレポートを図書館で書く計画です。キャンパスを歩いていると、ずっと敬服してきた作家が公開講演をする予定で、**しかも別のホールでは、あなたが見たかった外国映画が上映される予定だ**と知ります。あなたはそれでも図書館に行きますか、それとも講演に行きますか、あるいは映画に行きますか？

魅力的な選択肢が一つだけ、つまり講演だけの場合、六〇パーセントの人があくまで図書館に行くと答えた。しかし、魅力的な選択肢が二つの場合、もっと多く（八〇パーセント）の人が図書館を選んだ。これはおかしな結果に思える。魅力的な選択肢をたくさん与えられているのに、それでもそちらを選ぶ確率が低いのだ。その理由は選択が難しいことにある。講演と図書館のどちらかを選択するとき、その日は勉強と気晴らしのどちらのほうが重要か、判断することはできる。しかし、気晴らしの活動が二つあると選択肢が増える。どちらの気晴らしのほうが自分のためになるだろう？　このさらなる選択に直面して、人は単純にこう考える。「どうでもいいや。とにかく予定どおり図書館に行こう」。最初の計画を守ることによって選択する負担を回避するわけで、事実上、選択しないことを選択するのだ。

スラックがあれば、選択の負担を回避するのが楽になる。講演と映画のどちらかを選択しなくてはならない理由はただひとつ、使える時間が少ないからだ。もしスラックがあれば、両方に行くことができる。服の買い物をしていて、気に入ったものが二つ見つかったとき、予算が厳しければ選ばざるをえない。好きなアイスクリームの味が二つある場合、ダイエット中ならどちらか一つ好きなほうを選ばざるをえない。お金にしろ、時間にしろ、摂取できるカロリーにしろ、スラックがあれば選ばないというぜいたくができる。「両方いただくわ」と言える。ミルトン・フリードマンが理想とする「選択の自由」に反して、スラックは選択しない自由を与えてくれる。(19)

失敗する余地

スラックにはもうひとつ重要なメリットがあり、それを物語っているのが次のエピソードである。

アレックスとベンは衣料品店の前を通りかかる。二人ともレザージャケットを目にする。二人とも持っていないが、ずっとほしかったものだ。この一着は理想的。ただ値段が二〇〇ドルと高すぎるし、あまり実用的ではない。そこで取るべき行動は立ち去ることだが、長年の欲望は抗《あらが》いがたい。二人は「いいんじゃない？」と言って降参し、軽率な買い物をする。

アレックスは経済的にある程度余裕がある。帰宅してから「下手な買い物をしちゃったな」と考える。

ベンは金欠だ。帰宅してから「下手な買い物をしちゃったな」と考える。さらに「これで車を修理するお金がない。それで仕事に遅れるかもしれないし、そのせいで……」

ベンのほうがアレックスより厳しい世界に直面している。本人も認めているように、アレックスもベンも二〇〇ドルの誘惑に屈して、ばかな買い物をしてしまった。二人とも同じレザージャケットの値段を損した。しかしアレックスはその失敗をやり過ごすことができるが、ベンはできない。失敗は同じで、結果がちがう。ベンの世界のほうが販売員の押しが強いから、あるいは金利が高いから、厳しいのではない。彼にスラックがないから厳しいのだ。

二〇〇ドルの誘惑への資金はどうやって調達されるのか？　裕福なアレックスの場合、スラックが支払いをする。ばかな買い物をする前も、彼は予算ぎりぎりまでお金を使ってはいなかった。二〇〇ドルはその予備のスペースから出てくる。それにひきかえ、経済的にきついベンにはスラックがない。計画していたものか必需品と思うものを犠牲にしないと、二〇〇ドルは出てこない。彼の失敗には現実的な代償がともなう。スラックがあれば、トレードオフの必要を免れるだけでない。失敗に現実的な犠牲がともなうこともないのだ。

時間について同じような例を考えよう。ある研究で心理学者が大学四年生に、卒業論文を仕上げるのに必要な時間を推定するよう指示した。[20] 推定値の平均は三四日だった。さらに、事態が良いほうか悪いほうに転んだ場合はどうだろうと尋ねると、彼らは最短で（もし万事順調なら）二七日、最長で（悪いことが重なると）四八日になる可能性があると認めた。しかし現実には平均で五五日かかった。これはたんに経験不足の大学生が浅はかだったという話ではない。経営者から映画のプロデューサーまで、誰もが「計画錯誤」に悩まされる。人はみな将来の計画に関して楽観的すぎるのだ。一流のチェスプレーヤーでさえ、前半に多くの時間をかけすぎて、結果的にゲームの終盤に持ち時間が足りなくなる「時間トラブル」に悩まされることがある。[21]

計画錯誤は多くの人によくあることだが、誰もがそこから同じ結果を経験するわけではない。月末に期限が来るプロジェクトがあるとしよう。現実にはそのプロジェクトに四〇時間の作業が必要だが、あなたはまちがって三〇時間しかかからないと考え、それにしたがって計画を立てる。期限が近づくにつれ、あなたのまちがいははっきりしてくる。一〇時間足りない。その不足をどうやって補う？

あなたはそれほど忙しくないとしよう。その場合、時間の不足はちょっとした頭痛の種《たね》にすぎない。スケジュールを見て、時間をつくる方法を見つけよう。楽に動かせる約束や延ばしてもかまわない仕事がいくつかあるし、なにより、カレンダーのあちこちにもともと空いている時間がある。少し調整すればだいじょうぶ。必要な一〇時間を確保できた。

一方、今週はすでに予定がびっしりだとする。この場合、不足は頭痛の種どころではない。あなたはスケジュールを見て途方に暮れる。最悪だ。ぐらついているジェンガのタワーのように、何かひとつでも延ばしたり動かしたりすると、スケジュール全体が崩壊する。ほかにどうしようもないので、あなたはしぶしぶ難しい選択をする。別の（緊急度がほんの少しだけ低い）プロジェクトを後回しにするのだが、当然その影響が心配だ――しかし深くは考えない。あなたは借りをつくったわけで、それを返さなくてはならない。翌週はさらにひどい状況になるだろう。

あまり忙しくない人の場合、スラックがまちがいを吸収するので、影響は最小限にとどまる。それにひきかえ多忙な人は、そう簡単にそこから脱することはできない。追加の一時間は何かほかのものを犠牲にしてひねり出すしかない。同じまちがいでも影響が大きいのだ。

つい先ほど、スラックは無駄につながりかねないという話をした。キャビネット・キャスタウェイになる運命の品物を買い、効率の悪い時間やお金の使い方をすることになる。ところがいま、スラックがひそかに効率を向上させることを確認した。人がミスしたときにうまく立ち回り、体勢を立て直すための余地を与えるのだ。スラックがあれば失敗できる。

スラックは別の意味でも人を悪影響から守る。アレックスとベンはそのジャケットに同じ金額を払った。しかし考えようによってはベンが払った代価のほうが大きい。二〇〇ドルの出費はアレックスの収入のごく一部であり、彼のスラックのごく一部だが、ベンの収入に占める割合は大きい。同じ金額の失敗が、比率にするとベンにとってのほうが高くつく。経済学者のアビジット・バナジーが言うように、「誘惑税」は逆進税であり、貧しい人に重く課されるのだ。[22]

経済学を専攻する大学院生のダン・ビョーケグレンが、インドネシアの人々の消費パターンに関する大規模調査を用いて、この考えを検証している。まず、彼らの支出の一部を「誘惑財」に分類した。この分類はたしかに主観的なもので議論の余地がある。これからの研究では、人々に自分で誘惑財を分類するよう求めることになるだろう。しかし初めての試みとしては有意義であり、リストにあったのはタバコ、アルコール、その他の嗜好品などで、おおいに理にかなっていた。た。これらの品を買うための支出の割合を見ることによって、ビョーケグレンは誘惑税を数値化した。その結果、最も貧しいグループで誘惑税は消費総額の一〇パーセントであることがわかっ消費総額の一パーセントまで下がった。そして裕福になるにつれて税率が低くなり、消費額の一パーセントまで下がった。もちろん、裕福な人々のほうが多額のお金をそのような誘惑に費やしているが、割合としては少ないのだ。

まちがいが高くつき、失敗する可能性が高いのなら、欠乏に際して人は慎重になるのではないだろうか？　言うは易《やす》く行なうは難《かた》し、である。たいていの場合、努力だけでミスを減らすことはできない。このようなまちがいの多くは不注意から生じるのではなく、人の精神機能に深く根ざしている。努力と注意だけでは、計画錯誤はなくならないし、頭にないことを思い出すことはできないし、あらゆる誘惑に抗う鉄の意志は身につかない。脳の働きの直接的産物である心理バイアスは、事の重大さに反応するとはかぎらない。人は健康なときに一時の誘惑に負けておやつを食べることもあるが、糖尿病のときにも誘惑に負けることがある。くだらないビデオゲームをしているときに気が散ることもあるが、高速道路を運転中に気が散ることもある。心理バイアスは、もっと重大な影響があっても持続することが多い[23]。

どちらかと言うと、欠乏は人を大きなまちがいへと導く。処理能力に負荷がかかると、人はまちがいを犯しやすくなる。多忙な人はさらに大きな計画錯誤を犯しやすい。なにしろ、まだ最後のプロジェクトに対応する必要があるので、気を取られ、振り回されている――計画錯誤の道をまっしぐらだ。処理能力が低下していると、衝動に屈しやすく、誘惑に負けやすい。スラックがほとんどなければ、失敗する余地がほとんどない。そして処理能力が低下していると失敗しやすい。

このことを踏まえると、欠乏状態を新しい視点から見ることができる。延滞料は計画錯誤や忘れたことに対する罰金だが、欠乏を抱えて生きている人にさらに不利な状況を生み出す。手に入りやすいジャンクフードは、貧しい人や忙しい人に肥満を引き起こし、そのせいで彼らはさらに危険にさらされ、注意散漫になる。裕福な人やリラックスしている人にとっては、それほどの脅威ではない。低金利住宅ローンの書式に書かれている読みにくい開示情報は、家計が苦しい人にとくに誤解されやすい（そして大きな影響をおよぼす）。誤りが入り込む余地があって、その誤りがあとで不利を招くような環境は、誰にとっても大変だ。しかし欠乏状態にある人にとってとくに厳しい。

欠乏状態にあるということは、失敗できる余裕がないというだけではない。失敗する場面が多いということでもある。先ほどのアレックスとベンの話で、レザージャケットは誘惑だった——それを買うことは、二人のどちらにとっても失敗だ。しかし話が次のように書かれていたらどうだろう。

アレックスとベンは衣料品店の前を通りかかる。二人ともレザージャケットを目にする。二人とも持っていないが、ずっとほしかったものだ。この一着は理想的。ただ値段が二〇〇ドルと高すぎるし、あまり実用的ではない。金回りのいいアレックスは「買っちゃおう」と決める。もっといいお金の使い道があるわけでもない、と言わんばかりだ。お金に困っているベンは、それが軽率な買い物であるとわかっている。抵抗しなくてはならない。

この場合、レザージャケットを買うことは、ベンにとっては失敗だが、アレックスにとってはそうでない。結局、これこそ豊かさゆえにできることだ。豊かであれば、たくさんの物を買える。富は誘惑を手の届くぜいたく品に変える。同じ品物でも、貧しい人にとっては誘惑だが、豊かな人にとってはくだらないものにすぎない。ダイエット中でない人が気軽に食べるものと同じクッキーに、ダイエット中の人は手を出せない。多忙でない人がなにげなく楽しむ気晴らし——友人と飲みに行ったり、くだらないテレビ番組を見たり——を、忙しい人は避けなくてはならない。

欠乏は誤りの代償を大きくするだけではない。まちがえる場面、誤った選択をする場面を増やす。きゅうくつな予算に多くのアイテム——多忙な人にとっては時間的拘束、貧しい人にとっては支出——を慎重に収めなくてはならないので、正しくやるのが難しい。このことを確かめるために、もう一度荷づくりについて考えよう。私たち二人——センディルとエルダー——がピクニックに招待されたとしよう。センディルはフルーツサラダ用のフルーツを持っていかなくてはならず、エルダーの担当はジェリービーンズを持っていくことだ。センディルはどうすればいちばんうまく詰められるかを慎重に考えなくてはならない。スイカひとつで袋のスペースがかなり取られる。さらにパイナップルのせいでほかのものを入れるのが難しい。バナナを縁に沿わせて並べ、ブドウやイチゴをリンゴとナシのあいだに詰められるかもしれない。彼の荷づくり問題には一筋縄ではいかない細かい調整がある。最高の配置を見つけるのは難題だ。それにひきかえ、エルダーの課題ははるかにやさしい。スイカ味とオレンジ味のジェリービーンズを流し入れるだけ。袋を揺すって山を平らにしてから、またほかの味のものを流し入れる。エルダーにもトレードオフの必要があるかもしれない。好きな味をすべて入れることはできないかもしれない。しかしいったん選択したら、基本的に詰めるのは簡単だ。ジェリービーンズを詰めるのに創意工夫は必要ない。二つの課題のちがいは粒度である。フルーツはかさばる品だが、ジェリービーンズは小さくて、砂粒のようなものだ。品物がさらに細かくなれば、包装はさらに簡単になる。

実生活であなたが詰めるのは粒だろうか、それともかさばる品だろうか？　それは予算による。予算が少なければ、ｉＰｏｄはかさばるように感じられ、今月の出費の大きな割合を占める。予算が増えるにつれ、ｉＰｏｄが取るスペースはどんどん小さくなる。可処分所得に占める割合がどんどん減る。つまり粒がどんどん細かくなるのだ。予算が多くなると、決断の重要性が小さくなるだけではなく、荷づくりの難しさも減る。予算が少ないと品物はかさばり、荷づくりは難しいが、予算が多いと品物は細かく、荷づくりは簡単になる。

もちろん、予算が多くても、かなり大きい品物は詰めるのが難しい。重要な（そして長い！）刑事裁判の陪審員を務めるのは、自由時間がたくさんある人にとっても難しい。高級な別荘を買うと決めるには、裕福な人でも慎重な検討が必要だ。しかし豊かであれば、あなたが選択するものはどんどん細かくなる。予算や計画に無理がかかることはなくなる。

このことからさらなる深層が見えてくる。私たちはここで欠乏から生まれる心理に重点を置いているが、欠乏の影響は心理的なものだけではなく、数学的事実もありえる。欠乏は細かい調整が難しい荷づくり問題を生み出す可能性があるのだ。欠乏から生じる心理によって能力の低下している頭脳が、複雑な計算をしながら世渡りをしなくてはならないことになるかもしれない[24]。

欠乏とスラック

私たちは本書の冒頭で欠乏を定義した。それは、必要を満たすだけの資源がないという主観的な感覚である。「お金や時間などがこれだけしかない」という、誰もが必ず直面する現実の物理的限界にとどまらない。このちがいを荷づくりの考え方が鮮明に浮かび上がらせる。物理的な限界とトレードオフはつねにある。つまり、スーツケースはどんなに大きくても、その大きさは決まっているのだ。しかし人はそういうふうには思わない。小さいスーツケースには欠乏を感じる。トレードオフに気づき、スペースが少なすぎることを感じる。小さいスーツケースだと、欠乏が客観的に見ても対処しにくい場合がある。大きいスーツケースはスペースが多いだけでなく、欠乏感を拭い去る。人は十分なスペースがあると感じるだけでなく、トレードオフに気づきさえしない。現実には限界とトレードオフが必ずあるが、それを必ず経験するとはかぎらない。

その意味で、スラックの概念は欠乏心理の核心に迫るものだ。スラックがあると豊かさを感じられる。スラックはたんなる非効率ではなく、心のぜいたくでもある。豊かであれば、より多くの品物を買えるだけではない。そんざいに荷づくりをするぜいたく、考えなくていいぜいたく、そしてまちがいを気にしないぜいたくが許される。ヘンリー・デイヴィッド・ソローが言うように[25]、「人の豊かさは気にしないでいられるものの数に比例する」[26]

第４章　専門知識

数年前、センディルと博士課程の学生（仮名アレックス）が、インドのチェンナイ市郊外にいて、次のミーティングに行くために三輪《さんりん》タクシーを探していた。そこは三輪タクシーが少ない場所で、待ち時間が長くなる可能性があった。しかも待つのはつらい。その日は蒸し暑く、空気はほこりっぽく、砂が舞っていた。温度計が指す三七度という数字だけでは表わされない苦痛があった（南インドの夏には、北部の「風速冷却」に相当する、独自の温度補正が必要である）。ざらつく空気のなかを待つこと一〇分、一台の三輪タクシーが停まったので、センディルはほっとしたが、安心するのは早すぎたと知る。

チェンナイではすべてに交渉が必要だ。彼らのタクシー料金はふつうなら四〇ルピー（八〇セント）[1]だが、アレックスが一緒だったので、ドライバーは外国人に高い料金をふっかけるチャンスと見た。彼は一〇〇ルピーから始め、値切られて六〇まで下げたが、そこからは譲ろうとしない。センディルは乗り込もうとした。暑さは耐え難いし、出席しなければならないミーティングがある。

しかしアレックスは六〇ルピーも払わないと断固主張し、このタクシーには乗らないとセンディルに言った。「別のタクシーが来ますよ。待ちましょう」。センディルはタミル語でなく英語で交渉した自分をのろったが、口論する気力もなかったので、そのタクシーを見送った。つらい一〇分が過ぎてようやく、別の三輪タクシーが停まった。さいわい今度のドライバーは四〇ルピーに同意し、アレックスは乗り込んだ。センディルは彼の後ろに乗りながら、次はもっと気がきく学生と仕事をすると心に誓った。

なぜ、アレックスは最初の話に応じなかったのだろう？　彼が拒否したのは、ひとつには公正を求めたからだ。誰だってぼられたくはない。しかしアレックスはしばらく前からインドにいて、不当に高い代金をふっかけられるのは特別なことではなく、ごく当たり前の日常であるという現実に順応できるだけの時間はあった。彼はそういう取引を、純粋に金額の観点から見ていた。「多く払ってもいいけど、一・五倍はあんまりだ！」アレックスの選択ははっきりしていた。五〇パーセントも余計に払わないですませるためなら、一〇分以上暑さと砂ぼこりを耐えようと決めたのだ。

ここで別の状況を考えよう。センディルがこう提案する。「アレックス、きみには一〇分間、服を着たままサウナに入ってほしい。きみの耳元で車のクラクションを鳴り響かせる。ああ、それから、私がきみの顔にときどきほこりを投げつけるよ。でもお礼として五〇セントあげるから」。アレックスが受け入れるとは思えない。きっと新しい指導教授を探しただろう。しかしこれは彼がチェンナイで受け入れたトレードオフである。彼はただ受け入れただけではなく、それを強く求めたのだ。なぜだろう？

センディルは別の機会にたまたま、ある外国人の代わりに別の三輪タクシーのドライバーと数ルピーをめぐって交渉した。そのときドライバーは英語からタミル語に切り替えて言った。「なぜこの金額を値切っているんです？　これっぽっちのお金は彼にとってなんでもないでしょう！」もちろん、ある意味でドライバーは正しい。そんなはした金は裕福な人にとってたいした意味はないはずだ。しかしある意味で彼はまちがっている。人は――少なくともときどき――そんなはした金が重要であるかのようにふるまう。

判断と意思決定を研究する心理学者にとって、アレックスの行動は十分に予測可能なものであり、もちろん、インドに行かなくても見られる。人がどうやって選択するかに関する研究では、昔から変わらず、このアレックスの行動と符合する結果が出ている。その例を挙げよう。被験者は次の二つのシナリオのどちらかを提示される。

あなたは一日かけて買い物をするとします。(2)探している品物のひとつはDVDプレーヤーです。その日の終わりに、手に入れたいブランドのモデルを一〇〇ドルで売っている店にいます。これは妥当な値段ですが、今日見たもののなかで最安値ではありません。一家に帰るのに三〇分遠回りをしなくてはならない店では、六五ドルで売っています。一〇〇ドルのDVDプレーヤーを買って家に帰りますか、それとも六五ドルで買うために別の店まで遠回りをすることにしますか？　あなたならどうするか考えてください。

あなたは一日かけて買い物をするとします。探している品物のひとつはノートパソコンです。その日の終わりに、手に入れたいブランドのモデルを一〇〇〇ドルで売っている店にいます。これは妥当な値段ですが、今日見たもののなかで最安値ではありません。家に帰るのに三〇分遠回りをしなくてはならない店では、九六五ドルで売っています。一〇〇〇ドルのノートパソコンを買って家に帰りますか、それとも九六五ドルで買うために別の店まで遠回りをすることにしますか？　あなたならどうするか考えてください。

どちらのシナリオも、三〇分をかけて三五ドルを節約する機会について語っている。そしてわかるのは、ほとんどの人がDVDプレーヤーのためには遠回りするが、ノートパソコンのためにはしない、ということだ。これは経済学の標準モデル、すなわち時間とお金の交換レートは一定であるはずだという考えと矛盾する。ここではそれが大幅に変わっているのだ。このことを明確にするためには、いくら節約できれば遠回りをするかを明示してもらい、人々が（暗に）自分の時間にどれだけの価値を置いているかを計算すればいい。その結果は衝撃的だ。シナリオに出てくる品物の値段によって、一時間の価値は五ドル六四セント（三ドルのペンの場合）から一三六四ドル（三万ドルの車の場合）まで変わる可能性があるのだ。(3)これでは倹約したつもりが倹約にならないことになってしまう。人は小さい品物にはけちけちするのに、大きい品物では浪費するのだ。その結果、倹約はほとんど無駄になる。一五〇ドルの靴で五〇ドル節約するために何時間もネットサーフィンをする。ところが二万ドルの車で二〇〇ドル節約するには二〜三時間の検索もしないのである。

この研究結果が重要なのは、経済学者の言う「合理的」人間行動の標準モデルを人がいかに日常的に逸脱するか、それを実証しているからだ。人が一ドルにつける価値がそんなに簡単に変わるのなら、従来の経済行為の分析はかなり曲げられることになる。このような研究結果が、経済学モデルに心理学を組み込む試みである「行動経済学」の進歩を促した。その成果が広く応用できることから、行動経済学のもたらしたインパクトには多大なものがあった。アレックスのインドでのおかしな行動だけでなく、大学生、MBA、プロのギャンブラー、そしてあらゆる種類の経営者の行動も説明がつくのだ。[4] 私たちは以前からずっと、この基本的な研究結果は万人の行動に関する事実だと考えてきた。

欠乏の影響

博士課程の学生のクリスタル・ホールとともに、私たちはノートパソコンとDVDについて質問する研究の別バージョンを行なった。[5]

あなたの友だちが電化製品を一〇〇ドルで買いに行くとします。その店の値段は手ごろですが、店員が友だちに教えて言うには、行くのに四五分かかる店で同じ品物を五〇ドル安い値段で売っているとのこと。あなたは友だちに、一〇〇ドルの買い物で五〇ドル節約するために、ほかの店まで行くようにアドバイスしますか？

パソコンとDVDの質問の場合と同じように、私たちは被験者に提示するものを操作した。一部の人には電化製品は一〇〇ドルだとし、ほかの人には五〇〇ドルとし、さらにほかのグループには一〇〇〇ドルとしたのだ。節約できる金額はつねに同じ（五〇ドル）。まず、比較的裕福な人のサンプルから始めた。この調査をニュージャージー州プリンストンの駅にいる通勤者に行なったとき、以前に行なわれた多くの調査と同じことがわかった。電化製品の値段が一〇〇ドルのとき、ほかの店に行くよう勧める人は五四パーセント、五〇〇ドルのときは三九パーセント、そして一〇〇〇ドルのときはわずか一七パーセントだった。本体の価格が高くなればなるほど、五〇ドルの節約は小さく見える。高額商品の場合は努力に値しないように思える。

しかしそのあと私たちはまったく同じ調査を、二〇キロ離れたニュージャージー州トレントンの炊き出し所で行なった。アメリカのほとんどの炊き出し所がそうだが、ここを訪れる人は年齢、性別、人種はじつにさまざまだが、共通する特徴がひとつある。お金に余裕がないことだ。そのため私たちは、彼らのほうがお金を節約するために喜んで足を延ばすだろうと予測した。実際、そうであることがわかった。一〇〇ドルの商品の場合、今度は七六パーセントの人が五〇ドルを節約するために足を延ばすべきだと考えた。一〇〇〇パーセントでないことには、さまざまな理由が考えられる。時間の余裕もないのかもしれないし、ほかにやるべきことがあるのかもしれない。貧しい人の多くは車を持っていないので、余分な足の負担には気乗りがしないのかもしれない。炊き出し所にいる人々も——ほかの人と同様——時間にある程度の値打ちを見いだしているのだ。

しかしこの研究で注目に値するのは、本体の価格を上げたときに起こったことである。電化製品の値段が五〇〇ドルのとき、移動をいとわない人の割合はほとんど変わらず、七三パーセントだった。そして一〇〇〇ドルに上がったとき、この足の負担をいとわない人の割合はじつは少し増えて八七パーセントになった。このわずかな増加は、それだけたくさんのお金を使うときは、ほんとうに節約の努力をしなくてはならないという気持ちが原因かもしれない(6)。

たいがいの人にとって、五〇ドルの節約は一〇〇ドルのDVDプレーヤーでは大きい(五〇パーセント引き!)が、一〇〇〇ドルのノートパソコンでは小さい(たった五パーセント)。しかしトレントンの炊き出し所にいる人は、このようなことには動じないようだ。彼らの反応はほとんど変わらなかった。どうして欠乏——この場合はお金の——は従来の研究結果を覆《くつがえ》したのだろう?

それを理解するためには、回り道をして知覚の心理物理学を知る必要がある。

知覚について少し

実験心理学の創始者の一人と目されるエルンスト・ヴェーバーというドイツ人医師は、人の感覚がどう働くかについての重要な事実を発見した。彼の先駆的実験のひとつで、目隠しをされた被験者がおもりを載せた皿を片手に持たされ、金属の削りくずが静かに足されるので、重さの変化に気づいたら合図するように言われた。[7] 人が変化を感知するには、どれだけ重さが加わる必要があるのだろう？

「ちょうど気づく差」はどれだけなのか？ ヴェーバーは、ちょうど気づく差はもとの量に対して一定の比率であることを発見した。重さの場合、その定数は約三〇分の一である。したがって、一〇キロのおもりを持っている場合、三三三グラムが足されるまでは変化に気づかない。

ヴェーバーが示したのは、知覚がまさしく相対的なものであることだ。たとえば、目は露出計ではない。明るさを背景とくらべて判断する。暗い洞窟のなかに立っているとき、マッチを一本するだけで、周囲を照らすのに十分な強さの明るい光が生まれる。同じマッチを晴れた日の午後に戸外のカフェですっても、光はほとんど見えないだろう。相対的な大きさの知覚に見られる同様の効果は、しばしば日常生活にも現われる。洗濯用洗剤のメーカーはかなり前に、人は容器のキャップが大きいほうがたくさん洗剤を使うことに気づいた。[8] 小さいキャップの場合、ほぼ満杯まで注ぐので満足する。大きいキャップだと、分量の線は利用できるスペースの途中についている。人は絶対量より相対的な量に心を動かされるので、その分量では少なすぎるように見える。そのためもう少し注ぐので、洗剤がたくさん売れるのだ。

お金についての判断も、少なくともある程度は、背景とくらべて下される。だからこそ、二〇ドルの本の四〇パーセント引きのほうが、一〇〇〇ドルの冷蔵庫の一パーセント引きより気になる。チェンナイでアレックスは、目がマッチを見るのと同じように、料金を単純に背景と比較して見ていた。公正な料金が四〇ルピーのとき、六〇ルピーは高すぎるように見えたのだ。

相対的な知覚は、元来、頭脳による情報処理の一環だが、経験と知識があればそれを超えることができる。心理学者のシモン・グロンダンとピーター・キリーンが行なった研究で、二つのグループ――一方は音楽家でない人たち、他方は音楽教育を一一年から二三年受けてきた音楽家たち――が、六秒、一二秒、一八秒、二四秒間の音を再現するように言われた。(9) 音楽家でない人たちの行動は予想どおり。まちがいは時間の長さに比例し、音が長ければ長いほど正しい長さとの差が大きかった。彼らは時間の長さを相対的に測っていたのだ。それとは対照的に、音楽の訓練を長く受けてきた被験者では、時間の相対的ばらつきが少なく、長い音のほうが割合からするとまちがいが小さかった。彼らは絶対的な尺度に近いもので判断しているようだ。

このことからわかるのは、専門知識として単位に関する深い理解があると、知覚が変わる可能性があることだ。時間間隔のエキスパートである音楽家は、頭のなかに計器を持っていて、直観による試行錯誤的な推量には頼らない。ベテランのバーテンダーは注ぐのがうまくて、一定量を注ぐように言われたとき、ボトルの高さに影響される可能性が低いことも、研究で明らかになっている。[10]

欠乏も人をエキスパートにする――「荷づくり」のエキスパートだ。スラックというぜいたくがないと、スーツケースの一センチのスペースの価値がわかるようになる。貧しい人は一ドルの価値を知っているはずであり、多忙な人は一時間の価値、ダイエット中の人は一カロリーの価値を知っている。

マーケティング研究者はこの専門知識を、非常に具体的に研究している。スーパーから出てくる買い物客を引きとめて、簡単なアンケートを行なう。[11]買い物客のレシートを見て、「いま買ったクレストの歯磨き粉はいくらでしたか？」というような質問をする。裕福な買い物客はこの質問にうまく答えられない。「クレストの歯磨き粉の値段？　三ドルくらい？五ドル？」たいていの人は合計いくら使ったか、数分前に支払ったばかりの勘定書の金額さえもわかっていない。しかし低所得の買い物客はわかっている。どれだけ使ったかも、自分が買った品物の価格も、正確にわかっている。このことを私たちは、経験の頻度と切り離して、知っているかどうかがわかるように工夫した、独自の調査で確認した。ボストンの通勤者にタクシーの初乗り料金を尋ねたのだ。[12]裕福な人で正しい答えを出したのはわずか一二パーセントだったのに対し、裕福でない人の正答率はその三倍だった。金持ちのほうがタクシーに乗る頻度ははるかに高いにもかかわらず、この結果である。

価格を知るには、値札を読むだけでは不十分なことが多い。支払う金額が見かけとちがうことが多いので、用心が必要だ。たとえば、タバコにかかる税は二種類ある。物品税は表示価格に含まれるが、売上税は含まれずにレジで加算される。表示価格だけを見ていると、売上税を見逃す。物品税――目に見える価格――が変わると、貧富にかかわらず喫煙者は反応する。[13]どちらも喫煙量を減らす。売上税――隠れた価格――が変わった場合はそうはならない。反応するのは低所得の消費者だけである。低所得者だけが売上税と物品税を同じように重く見る（そうしなくてはならないからだ）。彼らは価格に注意するだけではなく、総額が表示されている額より多いことを把握するのが得意である。[14]

低所得の消費者は、ほかの点でも抜け目ない。スーパーで、たとえば袋入りチップスやツナ缶の買い物をするとき、大きいパッケージを買うほうが単位当たりの値段は安いはずなので節約になると、私たちは自然に思い込む。しかしそれがまちがいであるとわかることも多い。大きいパッケージのほうが単位当たりの値段が高く、「大量購入割増」がありえるのだ。ある調査で、二種類以上のサイズを提供するブランドのうち二五パーセントのブランドでは、大量購入するとなんらかの割増になることがわかった。[15]この割増はまちがいではない。コンシューマー・レポート誌はそれを「消費者製品の卑劣なトリック」と呼んでいる。[16]このトリックがいちばん効果を発揮するのは、価格にあまり注意を払わず、大きいパッケージのほうが得だとひたすら思い込んでいる消費者だ（あなたはどうだろう？）。どのスーパーがこのトリックを「実践」しているか調べた研究でわかったことは、本書のここまでの議論から予測されるとおりである。つまり、低所得者層の近隣のスーパーは大量購入の割増金をふっかけられる可能性がいちばん低いのだ。[17]一ドル一ドルを最大限に活かすことに気を使っている人に、ごまかして多く支払わせるのは難しい。

要するに、貧しい人は一ドルの価値のエキスパートである。彼らは一ドルの価値を評価するための独自の尺度を頭のなかに持っている。いくら払うべきか見きわめるのに、周囲には頼らない。最優先の差し迫ったニーズが、彼ら独自の心の物差しをつくり出す。このように頭のなかに尺度があるということは、熟達した音楽家の正確なビートのように、状況にあまり影響されないということである。炊き出し所の被験者は、チェンナイのアレックスや多くの高所得被験者のようなバイアスを示さなかった。なぜなら、彼らはお金の価値を決めるのに、状況によって変わる要素を用いることが少ないからだ。

これがどれだけ驚異的かを考えてほしい。これらの研究では、貧困者のほうが「合理的に」ふるまっている。この場合、彼らのほうが合理的な経済学のモデルに近い。「経済人《ホモ・エコノミクス》」に近いのだ。これでわかるのは貧困に関することだけではない。行動経済学についてもわかることがある。お金の価値は相対的に決まるというのが、行動経済学の典型的な結論であり、おそらく万人の思考の特徴であると考えられている。しかしここで私たちは、この典型的な結論が欠乏によって覆される——少なくとも弱められる——のを確認した。それどころか、欠乏によってほかのさまざまな研究成果も変更をよぎなくされている。

ほんとうのところ、いくらかかるのか？

センディルが大学生だったころ、彼はウォークマンを買うことを考えていた（それが何か知らない人のために言うと、ｉＰｏｄに似ているがカセットテープ用のものである。カセットテープが何か知らない人は、まあ、気にしないで）。値段は七〇ドル。ウォークマンは七〇ドルの価値がある？　買うべき？　たしかに価格は適正だ。ほかを探したが、それより安く手に入るところはなかった。しかしどちらが手元にあるほうがいいのか、七〇ドルの現金か、それともウォークマンか？　実際のところ七〇ドルとは何だろう？　現実に一ドルにどれだけの価値があるのかはわかりにくい。センディルはこのような判断を下すためのテクニックを開発していた。当時、彼の主な食べ物（現実には唯一の食べ物）は、メキシコ料理のファストフード店〈タコベル〉の豆のブリトーだった。ドルのことはよくわからなかったが、ブリトーのことはわかっていた。そのため、すべてを豆のブリトーの尺度で測ることにしたのだ。ウォークマンか七〇ドルか、どちらがあったほうがいいかを問う代わりに、ウォークマンか七八個の豆のブリトー、どちらがほしいかを自問すればいい。ブリトーのほうがドルより、わかりやすくリアルに思われる。

なぜ、七〇ドルの意味を理解する方法として尺度をつくる必要があるのか？　原因はスラックだ。豊かであればトレードオフは必要ない。豊かなときに何かを買う場合、ほかの何かをあきらめなくてはならないと感じない。心理的にこれは気持ちがいい。しかしそのせいで判断が下せないおそれがある。何をあきらめることになるのかわからないと、買おうとしているものの代価はどれくらいなのか、それだけの価値があるのか、つかみづらい。スラックがあってトレードオフがないということは、ものの価値を測る直観的で簡単な方法がないということなのだ。

もちろん、ブリトーの物差しはセンディルにとってあまり役に立たなかった。しかしそれに近いことを提案する専門家もいる。意思決定の研究をしているある心理学者は、似たようなことをするiPhoneアプリを勧めている。「たとえば『私の好きなものはバハマでの休暇、靴、カフェラテ、本』と言う。そうすると何かを買いたくなったとき、その何かがあなたの好きなものに換算される。つまり『この商品はバハマでの半日と靴二足とラテ一杯に相当します』と教えてくれるのだ[18]」。「時間価格」を使うことを勧める専門家もいる。あなたが仕事で時給二〇ドル（交通費や税金などを引いたあとの手取り）を稼ぐとしよう。八〇ドルのアイスクリームメーカーを買うと、仕事を四時間すると約束したことになる。六〇ドル高いケーブルテレビの月額セットを申し込むと、これから毎月三時間の仕事を約束したことになる（毎日スキニーラテのトールを買うと、一年におよそ五〇時間の勤務が必要になる）。

センディルはウォークマンについて検討しているあいだに、この論法がいかに誤解を招きやすいかに気づいた。自分はすでにほしいだけのブリトーを食べている。ウォークマンを買わないことにするとしよう。でも、出かけてさらに七八個のブリトーを食べたりはしない。七八個のブリトーの代わりにウォークマンをあきらめるわけではないのだ。節約したお金が何に使われるかがわからないと、この考え方は役に立たない。豆のブリトーに消えるのでないことはたしかだ。何かを買うのをやめても、バハマ旅行に行かないのと同じ。トレードオフを具体的にするには、節約されたお金をたどって、どう使われるかを理解する必要がある。これは前述のほかの提案にも言える。わかりやすく比較するには、どうやって比較対象を選ぶべきなのか？

人は同じような値段の品物と比較したがる傾向にある。しかし、これはまちがいにつながりやすい。そのような品物の多くは、いずれにしても買わないようなものだろう。同様に、時間価格（「これは四時間分の仕事に相当する」）もまちがいにつながりやすい。なぜならたいていの場合、たとえ買うのをやめても仕事の時間を減らす選択はできないし、それを買うつもりでも仕事の時間を増やすことはないからだ。お金の最善の使い道を考えるのも、同じようにまちがいを誘う。私がすばらしいディナーに四〇ドル使うとして、四〇ドルの出費はすべて同じ喜びを感じさせてくれるはずだと言うのは無理がある。たとえ正しい使い道だとしても、このすてきな買い物に匹敵する四〇ドルの出費はめったにない。そうは言ってもすてきなディナーを一日に何回食べられるだろう？　収穫逓減《ていげん》の原則によれば、私が最後に使う四〇ドル――慎重に検討している四〇ドル、トレードオフをしようとしている四〇ドル――は、とてもそこまでの喜びは生み出しそうにない。

このような尺度すべての問題点は、それが現実ではないことである。スラックがあるのにトレードオフを考えるのは、矛盾するものを両立させようとするようなものだ。実際にトレードオフをすることはめったにないので、ほとんど絵空ごとのままである。トレードオフがなければ、わずかな額の価値は実際に頭を悩ます必要があるものではない。もしあと二〇ドルあったら、これまで買わなかった何を買うだろう？　経済的に余裕があれば、この疑問に実際に答える必要はない――というより、この疑問を考える必要さえない。もしその小さいものがほしければ買っていただろう。

このような問題が生じるのは、人は豊かな状況にあるとき、一〇ドルにどういう価値があるのか実感しないからだ。そしてこのあいまいさのせいで、ごまかされやすくなる。うまく比較することで、買い物を魅力的にもそうでなくも見せることができる。バカンスで部屋をアップグレードするのは、使用料として払うものの一部だと考えれば、ごくわずかな金額だ。しかし、代わりに食べられるおいしいデザートに換算して考えると、大金に思えるかもしれない。広告代理店は――非営利団体も――この戦略を使う。アフリカの子どもを支援する、または掃除機を買うのに、必要なのは一日に数セントだ。スラックがあれば、当然その数セントはどこからともなく現われるように感じる。

私たちには裕福で倹約家の友人が何人かいる。私たちがこの研究について話すと、彼らはたいていうんうんとうなずく。「僕もそうだよ。お金のことばかり考えている」。しかし倹約しても欠乏を経験するわけではない。倹約家はお金について筋の通った実直さを持っている。貧しい人はトレードオフに用心しなくてはならない。買い物をするとき、倹約家は値段が「妥当」かどうかを考える。それに対して貧困者は、その金額を払うために何をあきらめなくてはならないか、自問しなくてはならない。倹約家は、裕福な暮らしをしているすべての人と同様、現実のトレードオフをしないので、一ドルの意味をなかなか理解できない。だから状況に頼る。アレックスと三輪タクシーがそのいい例だ。彼が自分の時間をあんなに安く（しかも一貫性なく）売ったのは、背景に照らして三輪タクシーの「妥当」な料金を決めたからだ。アレックスは倹約家だったが貧しくはなかった。

やはり行動を研究している私たちの友人が最近、三ドルでコニャック入りトリュフを買った。[19] 三ドルの価値があったかと訊かれて、彼はほかに何が買えたかを考えた。「スニッカーズを六本、スポーティング・ニュース誌を一冊、または夕食の一杯のワインをグレードアップ」。あるいは貯金することもできた――大金ではないが、ほかのものも犠牲にすれば、来年にはもっと大きなアパートに移れるかもしれない。さらに彼は、衛星放送に毎月四九ドルかかっているが、最近はほとんどテレビを見ていないことを思い出した。四九ドルを節約すれば、ほしいだけトリュフを食べられただろう。最終的に彼は認めた。「わからない」。豊かさのせいで、人は一ドルの価値を知ることができない。

行動経済学によって明らかにされたバイアスや矛盾の多くは、じつは一ドルの意味を理解するのに苦労している人々の問題だ。前述のホールとの研究の被験者たちは、五〇ドルの節約の価値をどう測ればいいかよくわかっていないので、基本の価格を参考にして五〇ドルの価値を測った。それにひきかえ貧しい人たちは、現実に五〇ドルのトレードオフに直面しているので、五〇ドルにどれだけの価値があるかを測るエキスパートの尺度（たぶん大ざっぱなもの）を頭のなかに持っている。だから矛盾することが少ない。この解釈を踏まえると、豊かに暮らす人にはわからない物事の価値を、欠乏のおかげで貧しい人が感じ取る状況があ

図8

るはずだ。そしてはっきり価値がわからないとまちがうことが予測されるなら、そういう状況では豊かな人が犯すまちがいを貧しい人は犯さない。

解釈

人がどうやって不確かな価値を理解するのかについて、知覚の研究は別のヒントも与えてくれる。知覚において、脳は状況から得られるたくさんの手がかりを使って、視覚データを解釈する。そして人はひとたび脳が使う手がかりを理解すると、それを多少操作できるようになるので、そこから妙な結果が生まれることもある。マサチューセッツ工科大学のテッド・アデルソンによる「チェッカーシャドー錯視」[20]は、この知識を利用する私たちのお気に入りの錯視だ（図8）。

この驚くべき錯視では、四角Aが明らかにBよりも暗く見える。なぜ錯視かと言うと、AとBはまったく同じ色合いのグレーだからだ。あなたはたぶん信じないだろう。私たちでさえ、まちがっているように思えるので再度チェックせずにはいられない。もし私たちの言葉を信じたくないなら、紙を一枚持ってきて、四角AとBだけが見えるように穴を二つ開けてみよう。二つの四角がまったく同じ濃さであることがわかる。なぜ、人の目はこんなにもだまされるのだろう？

ここで視覚系は、状況をとらえるために画像の背景にある手がかりを利用している。背景の手がかりは、前景のアイテムがどう見えるかに影響する。四角Bは四角Aと異なる背景にある。暗い色の四角に囲まれているだけでなく、円柱の見かけの影のなかにある。影のなかにあるものは暗く見えるので、目は影を補正して、アイテムが明るく見えるようにする。知覚される色は、知覚される距離と同様、周囲の手がかりに頼っている。そして知覚される価値も同じであることがわかる。

経済学者のリチャード・セイラーがかつて報告した古典的実験は、この錯視と同じことをお金で行なったものだ。私たちはアヌジュ・シャーとともに、この実験を再現した。被験者に二つのシナリオについて考えてもらったのだが、二つは［　］内の言葉だけがちがう。一方では食料品店、もう一方では高級リゾートだ。

暑い日、ビーチで寝ころんでいるところを想像してください。[21] 飲み物は氷水だけ。あなたはこの一時間、キンキンに冷えたお気に入りブランドのビールがあったらどんなにうれしいか考えています。友人が電話をかけるために立ち上がり、近くでビールを売っている唯一の場所である「小さなさびれた食料品店」「高級リゾートホテル」で、ビールを手に入れてくると提案します。友人は「ビールの値段は高いかもしれない。いくら払う気がある？　きみの指定する値段以下だったら買うよ。でも、もしその値段より高かったら買わない」と言います。あなたは友人を信用していて、バーテンダーとの値段交渉の可能性はありません。あなたはいくらまでと彼に言いますか？

裕福な回答者は、もともとセイラーの報告にあったとおり、典型的な意思決定バイアスを示した。同じビールに対し、高級リゾートで買うほうが多く払うのだ。払ってもいい金額のちがいは、アレックスの行動と同じように矛盾している。ビールはビールだ（そして同じビーチで同じビールを飲もうとしている）。そのビールは、食料品店のものでもリゾートのものでも、等しくあなたの喉をうるおす。しかし裕福な人は、どれくらい払うべきかよくわからないので、状況を踏まえて値段を考え出す。

貧しい人はまったくちがうふるまいを見せた。彼らが払ってもいいと言った金額は、二つの状況でかなり近かった。彼らの金額のほうが多いとか少ないということではない。ただ、一貫した答えを出したのだ。ここで被験者が問われているのは、自分が払うと思う金額ではない。それを問われれば貧者も富者も同じ答えを報告する。もちろん、リゾートのほうが高い金額を要求する。両グループがちがうのは、自分が払ってもいい金額だけである。この結果は私たちの予想どおりだった。貧しい人のほうが、いくら払うべきかをよくわかっている。状況に心を動かされることなく、自分の頭のなかにある一ドルの価値の尺度を信頼できる。

このことから、従来の行動経済学の研究成果を「覆す」ために、どこを見るべきかのコツのようなものがわかる。従来の研究成果とはつまり、恣意的で偏った観点からの価値解釈を根拠にしているものだ。この線に沿った説として、人はお金を別々の口座に区分けされたものと考えることが示されている。たとえば、ガソリンの価格が上がると、人は質の悪いガソリンで代用することが研究で明らかになっている[22]。増えたガソリン費が実質的には予算全体に影響しないときでさえ、「貧しくなった」かのようにふるまう。しかも、まるで「ガソリンが」乏しくなったかのようにふるまう（考えてみてほしい――もしお金が問題なら、もっと安いクッキーを買ったり、ゴルフの回数を減らしたりして、簡単に節約することができる）。なぜこうなるかと言うと、お金が区分けされた口座に入っているからだ。ガソリン口座へのマイナスの衝撃（価格上昇）は、その口座をけちる（そして質を落とす）ことにつながる。このメンタル・アカウンティング（心の会計）という考えは示唆に富んでいる。たとえば、そのせいで人は税金の還付金二〇〇〇ドルと持ち株の価値が上がった二〇〇〇ドルとでは、まったくちがう使い方をする。どちらの場合も二〇〇〇ドル裕福になるのだが、二つの口座（「自由なお金」と「年金口座」）を別々のちがうものとして扱い、二つの口座からの消費傾向がまったく異なることが多い。貧しい人にはこのような影響を示す傾向が少ないは

ずだ。(23)

機会費用

人は豊かなときにはトレードオフをしないので、そしておそらくトレードオフのやり方さえ知らないので、物の価値を取りちがえる。これを直接調べるために、私たちは被験者に、次のシナリオを想像するように依頼した。

あなたはひいきのスポーツチームのシーズンチケットのセットを買います。セットには、日程の決まっている八試合分のチケットが入っています。各試合のチケット一枚は三〇ドルですが、シーズンチケットのセットは一六〇ドル、つまりチケット一枚二〇ドルです。あなたはチケットセットに入っている試合が気に入ったので、買うことに決めます。

では、シーズンが終盤を迎え、見られる試合がひとつしか残っていないとしましょう。じつはこの試合はかなり評判になっていて、現在チケットは街なかで七五ドルの値がついています。あなたは試合に行くつもりです。その試合を観戦する費用について、どう感じるか想像してください。(24)

被験者は、次の二つの文章それぞれが、試合を観戦する費用に関する自分の気持ちをどれくらいとらえているか、評価するように言われた。

その費用は七五ドル、つまりチケットの現価であり、売ることを選んでいたら得られた金額だと思います。

その費用は二〇ドル、つまりチケットに自分が払った金額だと思います。

この場合、正しい答えはどちらだろう？　経済学者は七五ドルを実際の費用だと考える。もし試合に行かなければ、チケットを売って七五ドルを手に入れられる（時間のトレードオフは入っていなくてもこれだけの代価だ）。経済学者はこれを機会費用と呼ぶ――トレードオフをしていたらあなたが使えていた金額である。裕福な人はこれをまちがえる。彼らは二〇ドルと答える可能性のほうがはるかに高い。第三の選択肢を選ぶ人も大勢いる。チケットの元はすでに取れているのだから〇ドルだと言うのだ。[25]裕福な人がそのように感じる理由はわかる。スラックがあるとき、ほぼまちがいなく〇ドル（あるいは選択肢にあるので二〇ドル）が「正しい」と感じられる。スラックがあれば、観戦するために何かをあきらめることにはならない。そのチケットを売っても、現実には買っていなかったものを買うわけではない。

それとは対照的に、貧しい人は七五ドルで何ができるか、はっきりした考えがある。その結果、貧しい人はチケットの費用は七五ドルのように感じると報告する率がはるかに高いことがわかった。またしても、貧困者のほうが経済学のモデルにはるかに近いようだ。

毎年、世界各地から大勢の経済学者が一堂に会して、研究を発表する（面白そう？　チケットはまだ手に入りますよ）。二〇〇五年、ポール・フェラーロとローラ・テイラーの二人の経済学者が、立場を逆転させることにした。(26) 彼らは、前述のものと同じような質問を、二〇〇人以上の経済の専門家にぶつけたのだ。その反応は（うすうす予想がつくとおり）経済学のモデルとはほど遠かった。経済学者のアレックス・タバロックがブログに書いているように、「こんなことがありうるとは信じがたいが、経済学者の七八パーセントがまちがった答えを出したのだ！　これは難問ではない。ひっかけもない。機会費用は経済学の要《かなめ》だ。質問されたのは世界有数の経済学者であり、その大半が経済学入門を教えたことがあるのに、正しい答えはいちばん人気がなかった(27)」

世界一流の経済学者が物事をそういうふうに考えていないのは、それほど意外なことだろうか？　しょせん彼らは高給取りであり、予算にスラックがたっぷりある。小さなトレードオフに慣れていないのだから、小さな機会費用を計算する傾向があるはずがない。経済学の教科書に照らすと、経済学者たちはまちがった答えを出した。しかし日常的な人間の行動に照らせば、経済学者たちは正しい答えを出していたのだ。多くの富裕者は、その経済学者たちも含めて、トレードオフのことなどちっとも考えない。

人は貧しいとプロの経済学者より経済学が得意になると、私たちの研究結果が示唆していると解釈することもできる。経済学者はもっと収入が少なければ、経済学が得意になると結論づけたくもなるかもしれないが、少なくとも著者の一人はこの結論に反対だ。

行動経済学が生まれたのは、人はたびたび経済学の基本的予測を裏切るという経験的観測からである。人は機会費用を考慮しない。品物の代金を払ってもいいという気持ちはうつろいやすい。しかし経済学は希少性《スケアシティ》の論理をたどることを意図している。それなら、その予測が実際に欠乏マインドセットを持っている人たちのほうに当てはまるのは、理にかなっている。

もちろん、私たちは貧しい人のほうがつねに合理的だと主張しているのではない。彼らが持っているのは特殊なスキルである。その日のやりくりをすることに長《た》けているのだ。彼らは一ドルを有効に活用する。お金の価値のエキスパートになる。この専門知識のおかげで、ある種の状況では彼らは合理的に見え、矛盾しない傾向にある。しかしこの局所的な専門知識は足かせにもなる。専門知識をもたらす集中はトンネリングをともなう。そしてトンネリングはさまざまなマイナスの影響をともなう。

第5章　借金と近視眼

最低限の生活必需品を手にするのにたえず悪戦苦闘しなくてはならないと思うと、将来を考える意欲はいっさいわかず、努力する意欲を奪われるばかりだ。[1]

——ジェイコブ・リース『住む世界がちがう人たちの暮らし（*HOW THE OTHER HALF LIVES*）』

略奪的貸付から一般市民を守る非営利団体の〈センター・フォア・レスポンシブル・レンディング〉による最近の報告書は、サンドラ・ハリスの話を大きく扱っている。

かつて、低所得家族向け育児支援プログラム「ヘッド・スタート」の学生だったサンドラは、ニュー・ハノーバー郡のヘッド・スタート運営委員会の一員として働くまでになった。彼女はノースカロライナ大学ウィルミントン校で、その仕事ぶりによって二〇〇三年の最優秀職員に選ばれ、ウィルミントンの住民にはFM局WMNXのラジオパーソナリティーとして知られている。しかしサンドラにとって、すべてが順調だったわけではない。彼女の夫は総料理長の職を失ってしまった。毎月の家賃と請求書をいつもきちんと払ってきた夫婦だが、気づくと財政危機に陥っていた。自動車保険の支払い期限が来ているが、サンドラは支払うことができない。[2]

そしてサンドラは解決策を思いついた。給料日ローンだ。考えは単純。いま現金を手に入れて、二週間以内に給料が入ったら手数料とともに返済する。まさに彼女に必要なものだ。彼女は融資を受け、保険料を期日までに払った。そして給料日、サンドラは少額のローンと手数料の五〇ドルを返済するつもりでいた。

「ご存じでしょうが、延長もできますよ」と係員に言われ、まだ払っていない電気料金の請求書のことが頭に浮かんだ。サンドラは考えた。「そうね、私には必要だわ」

サンドラは連鎖を始めてしまった。次の月もけっして楽ではなかった。家計はさらに苦しくなり、手数料のせいで彼女の借金はさらに膨らむ。それから毎月、彼女はローンを借り換えた――前のローンを返すために新しいローンを借りるのだ。手数料の支払いを延期する月もあった。

ひとしきり借り換えを続けたところで、最初の金融業者からローンを全額支払うよう要求された。サンドラは支払えなかったので、別の給料日ローン業者、〈アージェント・マネー・サービス〉に行き、最初の業者に返済するために融資を受けた。彼女はどんどん深みにはまっていく。六カ月後には、六種類の給料日ローンの借り換え手数料を払っていた。二〇〇三年六月、サンドラと夫は六年間住んでいたアパートから立ち退かされそうだった。サンドラはこう書いている。「基本的に、私たちはひとつのローンを返済するために別のローンを利用する羽目になり、毎月手数料を四九五ドルから六〇〇ドル払うことになり、借入金そのものはまったく返済していませんでした」

これが六カ月以上続いた。このお金はぜいたくなライフスタイルを支えるものではなかった、とサンドラは言う。「身分不相応な暮らしをしているのだと世間は考えます」。しかしサンドラは服を買うのではなく、生活費の支払いをしていたのだ。家計が苦しいとき、家族の生活費をなんとか支払うためにこつこつと働いていた。

サンドラの小切手は不渡りになった。車は担保に取られた。請求書の支払いに回すお金を増やすために税額控除を増やし、結局、滞納税を何千ドルも抱えることになった。彼女はついに心が折れ、ラジオ局で番組の合間に涙をぬぐった。

「私には泣くのも大変なのです」と彼女は言った。

データによると、サンドラの物語はけっして珍しくない。二〇〇六年、アメリカには給料日ローン業者の支店が二万三〇〇〇店以上あって、[3] マクドナルド[4]（一万二〇〇〇店）とスターバックス[5]（約九〇〇〇店）を合わせた数より多かった。サンドラのような借り換えと手数料の累積もよくある。給料日ローン全体の四分の三は借り換えで生じたものであり、最終的に手数料は毎年三五億ドルに上る。[6]

なぜ、お金に困っている人たちが、返済できないような行きすぎたローンを組むのだろう？ なぜ、あえてそのような滑りやすい坂を下り始めるのだろう？ こういう疑問はたいてい、自己責任の重さや、低所得者を食いものにする無節操な業者などについての議論につながる。貧困者の近視眼と金融教育の議論に火をつける。消費者団体は、給料日ローン産業が搾取していると嘆き、そのようなローンの禁止を求める。ほんとうに必要なときには、どんなに高くついてもローンはないよりあったほうがいい、と指摘する人もいる。私たちがこの例を挙げたのは、この議論に参加したいからではない。この例をとおして欠乏について知ることができるからだ。

問題は給料日ローンだけにとどまらない。お金に困っている人は、給料日ローンだけでなく、さまざまなかたちで借金をする。請求書の支払いを遅らせることで「借金」する。低所得世帯（最底辺の二〇パーセント）のおよそ六分の一は、一年に一件は請求書の支払いを滞《とどこお》らせている。その極端な結果が「再接続」手数料だ。ある研究によると、最貧困層では一年以内に電話回線を切られたことのある世帯が一八パーセント、電気や水道を止められることのある世帯が一〇パーセントあるという。[7] 料金を期限内に払えず、あとで電話回線を再接続するために四〇ドル支払うのは、そもそも回線を切られないように借りるローンの手数料四〇ドルを支払うのと似たようなものだ。一九九七年のある研究は、貧困者の年収の五パーセント近くが再接続の付帯サービスと延滞料に費やされていると推定しているが、[8] その数字はそれ以降急増しているのではないかと、私たちは考えている。サンドラ・ハリスも、最初は源泉徴収額を減らすことによって、その後は税金を滞納することによって「借金」している。世界中の貧困者は、給料日ローン業者とまったく同じ（またはそれ以上に）極端な金利を請求する、いわゆる闇金から借りることが多い。[9] しかも貧しい借り手はそのような金利を一度だけでなく継続的に払い、借り換えの場合と同じ滑りやすい坂を転げ落ちていく。

この現象は貧しい人だけのものではない。忙しい人たちは、しばしば同じように高い利率で時間を借りる。期限が迫っているプロジェクトのために、多忙な人はほかの仕事を先送りにすることによって時間を借りる。そして給料日ローンと同じように、返済期限は来る。後回しにした仕事をやらなくてはならないのだ。そして借りた時間にもたいてい「手数料」がかかる。仕事を先送りにすると、やり終えるのにかかる時間が増えるのだ。納税申告書を配達証明郵便で送るのは数分ですむ仕事だが、期限最終日には郵便局に長蛇の列ができる。差し迫る締め切りのせいで、取材の手書きメモをワープロで清書するのを後回しにすると、あとでメモを解読しなくてはならず、取材が記憶に新しかったときよりも時間がかかる。そして給料日ローンの借り手と同じように、多忙な人は負債を借り換える。昨日から今日に延ばしたことのせいで、今日やろうとしていたことを先送りにしなくてはならない。最終的に片づく前に、何度も後回しにされる仕事がいくつあるのだろう？　そうなる理由は似たり寄ったり。次にやろうとしたときに前より時間がたくさんあるわけではないのだ。
借金と欠乏は手に手を取って進んでいく。

トンネリングと借金

なぜ人は何かが欠乏した状況に直面すると借金をするのだろう？　トンネリングを起こすからだ。そして借金をすると、将来的にはさらに深みにはまる。今日の欠乏が明日の欠乏を生む。

サンドラの例をとろう。彼女が払えなかった最初の請求書は欠乏を生んだ。すると彼女はその月の家計をやりくりすることにトンネリングを起こした。そのトンネルのなかでは、給料日ローンはとても魅力的に映る。そのメリットだけがトンネルの内側にあるように見える。その月を切り抜けるのに役立つからだ。そしてローンのコスト——返済と手数料——はすべてトンネルの外だ。ローンは彼女が取りつかれていた問題の解決策を提供してくれるように思えた。

私たち独自の定性的実地調査は、トンネリングが給料日ローンをとくべつ魅力的に見せるという見解を裏づけている。借金するときに借り手に「どうやって返済する計画ですか？」と尋ねると、「えっと、一週間後に給料が入ります」というようないい加減な答えが返ってくる。さらにちょっと探る――「でもほかにも出費があるのでは？」――と、まるでこちらがわからず屋であるかのように憤慨する。「わかりませんか？　私は今月家賃を払わなくてはならないんです！」言外の意味は「私はいまやらなくてはならないことに集中しているんです！」ということ。次の月の予算は現実感がなく、あとで注意を向ければいい。病院に急いでいるときは立派な目標などどうでもいいのと同じように、給料日ローンの長期的な経済的意味は、その瞬間にはどうでもいい。だからこそ給料日ローンはとても魅力的なのだ。火を消すことにトンネリングを起こしているとき、人はそれに頼る。そしてローンの最高にいいところは、この火をすばやく効果的に消してくれることだ。最悪の部分――火は将来おそらく大きくなってもどってくること――は見えない。

もちろん、これは給料日ローンやお金だけのことではない。メールへの返信を後回しにすることを考えてみよう。このように時間を借り入れるとき、人はそのメリットに集中している。「いますぐやらなくてはならないことがほかにある」。わざわざ「どうやってあとで時間をつくる？」とじっくり考えはしない。代償が見えないわけではないが、あまり注意を払わない。

ここには、人が何にトンネリングを起こすかについての重要な仮説が隠されている。サンドラは今日お金が不足していて、来月もお金が不足すると予想される。ずっと忙しい人は今週も来週も忙しい。欠乏を経験する人は、いま経験するだけでなく、たいていあとでも経験する。それでも、人は差し迫った欠乏にトンネリングを起こす。来月空腹になると知ることは、今日空腹であることと同じようには、人の注意を引きつけない。いま支払わなくてはならない請求書は脅迫的な督促につながるが、期限が二カ月ある請求書は目に入らない。たとえ明日の欠乏について慎重に考えたとしても、現実にはぼんやり「知っている」だけのことだ。それを感じることはなく、そのため同じように心を占拠されることはない。なぜそうなるかと言うと、ひとつには処理能力への負荷のせいだ。現在は自動的に人にプレッシャーをかける。将来はそうではない。将来に気を配るためには処理能力が必要であり、それには欠乏が負荷をかける。欠乏によって処理能力に負荷がかけられると、人はいっそう、いまこの場に集中する。将来のニーズを推し測るには認知資源が必要であり、現在の誘惑に抵抗するには実行制御力が求められる。欠乏が処理能力に負荷をかけるため、人は現在に集中してしまい、借りをつくることになる。

私たちはこの仮説を裏づけるデータをすでに見てきた。第1章の期限の研究を思い出してほしい。学生グループのひとつは課題を仕上げるのに三週間与えられたが、もうひとつのグループは毎週締め切りに追われた。第二グループの成績が伸びたのは、集中ボーナスのおかげだと私たちは考えた。しかしもちろん、第一グループにも締め切りはあったわけで、一週間先ではなく三週間先だっただけだ。このことから、三週間の期限はあまりプレッシャーにならないことがわかる。実際、一週間ごとの締め切りも最初はそれほどプレッシャーには感じられなかったかもしれない。しかし、そのあと起きたことは想像がつく。締め切りは近くなってはじめて重要になるのだ。それまではどうでもいいことであり、欠乏マインドセットを引き起こさない。しかしそのマインドセットが、締め切りが一週間後だった人たちには三回生じたのに対し、三週間後だった人たちには一回しか生じなかった。ちなみに、みなさんには、これもどこかで聞いた話のはずだ。最初から決まっていた締め切りの直前になると、生産性が急上昇する理由である。

このようなトンネリングは、借金へのバイアスを生む。[10] いちばん差し迫った欠乏だけがトンネルのなかに入るので、ローンはとくに魅力的なのだ。

もちろん、借りることが悪い選択とは限らない。ほんとうに次の週のほうが時間に余裕があるのなら、先送りにすることはたしかに賢明だ。立ち退きを迫られている場合、すぐに給料が入るのなら、家賃を払うために借金をするのは賢明かもしれない。今日の資源――時間またはお金――のほうがほんとうに将来よりも大きな利益を生むのなら、借りることは名案である。しかし人はトンネルを起こしているとき、そのような費用対効果の計算結果とは関係なく借りてしまう。欠乏に直面すると、長期的に理にかなっていてもいなくても、借金をするのだ。

《ファミリー・フュード》

借りをつくることについてのこの説明は、ありきたりのものとはちがう。貧しい人が返せもしない借金をする理由を説明するのに、金融教育の欠如や、強引な金融業者の貪欲さや、自分に甘すぎる性向を持ち出す必要はない。多忙な人が物事を先送りにしてさらに遅れる理由を説明するのに、自制心の弱さや、理解不足や、時間管理スキルの欠如を持ち出す必要はない。借りをつくるというのは単純にトンネリングの結果である。この考えを検証するために、私たちのお気に入りのツールを使おう。実験室内で人工の欠乏をつくり出すのだ。

今回私たちは、アメリカのクイズ番組《ファミリー・フュード》（訳注：日本版は《クイズ一〇〇人に聞きました》）を利用する。その番組について、同僚のアヌジュ・シャーが妙にくわしかった（当時、時間に追われるプリンストン大学の博士課程の学生だった彼にしては意外なことだ）。《ファミリー・フュード》の出場者は、たとえば「バービーが急いでお金を工面しなくてはならないとして、オークションで売ることができるものは？」というような設問に答える。番組に先立って、任意に選ばれたアメリカ人一〇〇人がこの設問を見せられ、自分の好きな答えを出す。いちばん多くの人が答えた回答を、出場者は言い当てなくてはならない。人気のある回答を当てればポイントをたくさん稼ぐことができる。「バービーのドリームカー」という回答は、一〇〇人のうち三五人が答えたので三五ポイントになる（バービーのボーイフレンド「ケン」は二一ポイント）。おおかたのクイズ番組は、視聴者が出場者は趣味で年鑑を読んでいるのかと思ってしまうほどの難しい、知識を必要とする雑学的な問題を出す。それにひきかえ《ファミリー・フュード》の問題には正しい答えはなく、あるのはあくまで大勢が支持した答えなので、わかりやすくておもしろい。真実を民主化する初のポストモダン・クイズ番組と呼べるかもしれない。

シャーは《ファミリー・フュード》の出場者が欠乏を経験することに気づいた。考える時間がごく限られていて、時間のプレッシャーを受けながら答えなくてはならない。ふつうの雑学問題に必要なのは答えを思い出すことであり、解答者はそれを知っているか知らないかのどちらかだ。《ファミリー・フュード》で問題が求めるのは、別の種類のもっとクリエイティブなアプローチである。「バービーが売るものは何でしょう」と訊かれたとき、あなたは候補となるさまざまな答えを選び出す。バービーと関係するものを考えて、そのうちどれが売れるかを考えることもできるし、人が一般に売る品物を考えて、それをバービーが持っているかどうかを考えることもできる。どちらの道をたどっても、「ケン」から「車」まで、さまざまな答えが導き出される。しかしその答えはたんなる推測だ。そのあと、それぞれにどれくらい人気があるかを考えなくてはならない。時間のプレッシャーがあるということは、たどれる道が少ないということであり、答えそれぞれの可能性の推量に割ける時間が少なくなる。日数や時間数で欠乏を測る多忙な人たちとはちがって、《ファミリー・フュード》の出場者は欠乏を秒単位で測っている。まずどのプロジェクトに取り組むかを決めるのとはちがって、すばやく頭を働かせて、いちばん人気のある答えを見つけ出さなくてはならない。

　私たちは実験者の監督下で《ファミリー・フュード》をやってくれるプリンストン大の学生を募集した[11]。参加者は決まった時間で数ラウンドをプレーするのだが、割り当てられる時間が「富」の指標になる。「富豪」は時間がたくさんあり、「貧民」は時間が少ない。ラウンドごとに新しい問題が示され、すべてのラウンドが終わったところで、貯めたポイントの総数がドルに交換される。

富豪と貧民をつくったうえで、私たちはほんとうに関心のある要素を加えた。利子つきで時間を借りられるオプションをもうけたのだ。一ラウンドで一秒よけいに使うたびに、合計時間を二秒引かれる。さらに彼らは「貯金」もできる。一ラウンドを早く終えた場合、残り時間が合計時間にもどされて積み立てられるのだ。

貧民の参加者は集中して取り組んだ。一秒当たりでは富豪よりも効率よく、たくさん解答し、たくさんポイントを稼いだ。後半のラウンドで合計時間がなくなりかけてくると、なおさらだった。貧民のほうが一秒当たりの解答数が五〇パーセント多く、一回の解答で稼ぐポイントも多かったのだ。富豪も貧民と同じくらい集中していたら、はるかにたくさんのポイントを稼げただろう。富豪には三倍の秒数を与えたので、彼らは三倍のラウンドをプレーして、三倍のポイントを稼げたはずだ。しかし彼らは貧民の一・五倍しか稼がなかった。さらに分析したところ、原因として考えられること、たとえばプレー時間が長かった富豪のほうが飽きてしまったとか、いちばんポイントの高い解答が各ラウンドの初めのほうに出た、といったことでは、この結果の説明がつかなかった。

貧民のほうが効率的にふるまったのは、トンネリングを起こしたからだ。その結果、彼らは富豪よりもはるかにたくさん借り入れた。トンネルのなかでは、高い利率でもローンはとても魅力的に見える。外で見るよりはるかに魅力的だ。そのため貧民は、いまの困難を切り抜けるために借りるという手段にたびたび訴えた。しかし結果的にそれで損をしていた。時間の借り入れができない――各ラウンドを精いっぱいプレーして、次のラウンドに移る――

ようにすると、貧民が稼ぐポイントは六〇パーセント増えたのだ。富豪はこのような影響を受けなかった。

この実験の別バージョンで、私たちはサンドラの経験とよく似た給料日ローンの罠を再現した。《ファミリー・フュード》の貧民は、給料日ローンの借り手と同じように、負債を借り換えたのだ。彼らの負債はまず次のラウンドで返済され、次のラウンドは少し短くなる。あとのラウンドはどんどん短くなり、被験者はもっとたくさんの秒数を借りる必要を感じる。初期の借りが貧民にとっての悪循環を生む。時間のプレッシャーを受け、点を稼げる解答をしようとあせって、さらに借りをつくる。彼らの時間の大半は、初期の借り（と利子）を返済するために消える。そして前の実験と同じように、貧民は借りることを許されたときのほうが、許されなかったときよりはるかに成績が悪かった。この影響は富豪には見られなかったものだ。

この研究は、欠乏下における成功と失敗の密接なつながりを示している。《ファミリー・フュード》の出場者がいちばんたくさん借りたのは、いちばんたくさん解答しているとき、いちばん熱中しているとき、もっと時間が必要だと心から感じたときだ。ある意味で、彼らは借りて正解だった。その追加された秒数が利益を生む見込みは十分にあった。しかし別の意味で借りるのはまちがっていた。その利益は負った利子の額に見合うものではなかったからだ。彼らがトンネルのなかで気づいたこと——追加の一秒がいまはほんとうに役立つこと——は正しかった。彼らのまちがいは、トンネルの外にあるもの、すなわち追加の一秒があとでどれだけコストを生むか、を無視したことだ。注目すべきは、とくに答えをたくさん思いついてあせっているときに借りるというパターンを、富豪も貧民も示したことだ。ただ、持ち時間の少ない貧民のほうが、そういう状態になることがはるかに多かった。

では、なぜ貧民のほうがたくさん借りたのだろう？　この結果はトンネリングのせいなのか、それともほかに原因があるのか？　ひょっとすると、時間のプレッシャーのせいでパニックになって借りたのかもしれない。なにしろ、一五秒以内に問題に答えなくてはならない状況は、日常的なことではない。私たちはこの実験結果を、ほかのさまざまな場面で再現している。第1章で話した《アングリー・ブルーベリー》の研究でも、ブルーベリーを借りられるようにした。そしてブルーベリー貧民の被験者は時間のプレッシャーには直面していないが、たくさんブルーベリーを借り、借りられるせいで損をした。ここでも集中がカギを握っていた。毎回のショットに長く時間をかける人のほうが借りる傾向が強く、熱中すればするほどたくさん借りた。私たちはこれを多くの同じようなゲームで試したが、結果は一貫している。どんなかたちであれ、欠乏がつねに借り入れにつながる。

さもなければ、私たちの実験結果は、何かにつけ目先のことしか考えない態度のせいかもしれない。たとえば、人が「いま、ここでのこと」を優先する傾向は研究によって実証され、「双曲割引《そうきょく》」または「現在バイアス」と呼ばれている。[12] 人は目先の利益を過大評価して将来の利益をおろそかにする。だからこそ、貯金をしたり、ジムに通ったり、早めに所得税の確定申告をしたりするのは難しい。当然、現在バイアスも借金を生む。貧しい人が借金をするのは、ただ現在バイアスが強いからとも考えられる。実際、この論法で世界中の現実の借金を説明しようとした人もいる。私たちのデータで注目すべきは、被験者は貧民になるよう無作為に割り当てられていることだ。コインの表裏のほかに「富豪」とのちがいはなかった。当然、この研究では富豪と貧民どちらのグループも、同じだけの現在バイアスを示すはずだ。もっと言えば、裕福な人と貧しい人の個人差――現在バイアスの差であれほかの差であれ――のレベルで近視眼的な考えを分析しようとする試みは、私たちが実験でつくった現在の状況、つまり富豪と貧民が無作為につくられているために互いにとてもよく似ている状況で、どうして欠乏が借金につながるかを、どうにかして説明する必要があるだろう。

私たちが行なった研究は、世界に関する私たちのもっと一般的な仮説を裏づけている。貧しい人が借金をする理由は貧困そのものなのだ。理由を説明するのに、近視眼ややりくり下手を持ち出す必要はない。略奪的金融業者はたしかにこの種の借金を促進するかもしれないが、それが理由ではない。借りたいという強い衝動、高利で悪循環になりかねない借金を求める行動、滑りやすい坂につながるいかにも軽率に思えるような行動は、トンネリングの直接的な結果なのだ。

欠乏が人を借金に導き、さらなる欠乏の深みへと突き落とす。

将来を無視する

あなたは厳しい締め切りに追われて仕事をしているとしよう。何週間も思案していたが、気づけば締め切りが明日に迫り、報告書はまだ仕上がっていない。ひと晩中奮闘し、できるかぎりのことをするが、探し出せない参考資料が二つある。いずれにしろ明日には間に合わない。そこであなたはうまくいくように願いながら、報告書をそのまま上司に提出する。そして別の差し迫った問題に移る。翌週、重要な出張の数時間前、あなたは上司からメモを受け取る。「報告書に欠けている参考資料がある――いますぐ必要だ！」やっつけ仕事がブーメランのように自分のところにもどってきた。しかも最悪のタイミングで。借金と同じように、このような行動はトンネルのなかでは魅力的に見えるが、外では悪循環を招きかねない影響をおよぼす。あなたをさらなる欠乏の深みに追い込むおそれがある。

このことを二人の組織研究者が、スチールコード製造会社の話で解説している。

> 機械の動作可能時間は重要なので、会社はメンテナンス技師に、故障にはできるだけ迅速に（傍点は引用者）対応するよう促した。それでも全体の業績は上がらなかった。技師一人一人ではなく、マシン一台一台の記録をつけて分析するようになってはじめて、会社は［理由に］気づいた。技師は……応急処置をして、次のマシンに移る。ひとつの故障が……最終的に解決されるまでに三回も修繕されていた。[13]

ある意味で、技師は言われたとおりにやっていた。問題を迅速に解決していたのだ。経営陣はありがちなまちがいをしたのだと、あなたは考えるだろう。組織の研究者が言うように、彼らは「Aの給料を支払いながらBを望んでいた」。彼らはスピードを求めながら、スピードと品質を望んだ。しかし、これは単純に報酬が見合っていなかったケースではない。この場合の技師は、たとえ自営で仕事をしていたとしても、この応急処置を行なっていた可能性がある。物事を迅速に仕上げようとしているとき、技師はトンネリングを起こす。トンネルの内側では、必要なのは応急処置だ。工程を省くことは理想的な解決策であり、その代償はあとになってはじめて明らかになる。高金利ローンのように、急いで継《つ》ぎを当てる解決策は、トンネルのなかでは魅力的に見える。将来的に高いつけが回っても、今日は節約になる。そしてその時が来ると、やることが増える。修理するべきものが増え、払うべき請求書が増える。継ぎ当ては借金とよく似ていて、いま仕事がきちんと完了するように資源を投じるのを怠ることだ。

　お金に困っている人たちも、短期的な解決策を継ぎはぎする。洗濯機が必要だけど、お金が足りない？　いちばん安いものを買おう。もちろん耐久性は低いが、その問題はトンネルの外に出てしまう。タイヤがパンクしたとき、新しいタイヤを買うのではなく、文字どおり安い継ぎ当てを選ぶこともできる。継ぎを当てたタイヤは新しいタイヤより賢明ではないし、安全ではないし、耐久性もないことはわかっている。しかしそれもトンネルの外だ。いま現在トンネルのなかでは、継ぎ当てをするほうが生活ははるかに楽になる。いま時間を節約する応急処置のように、今日お金を節約する応急処置がある。そしてそういう継ぎが積み重なるにつれ、技師にとって、報告書を書く人にとって、そして貧しい人にとって、長期的な代償も蓄積されていく。

作家のスティーヴン・コヴィーは、重要かどうかと緊急かどうかで、課題を分類するのが役立つと考えている[14]。そして多忙な人は緊急で重要な課題に時間を使う、と指摘する。これが締め切りに取り組むことの意味である。人は重要でしかも期限がすぐ来る課題に取り組むとき、爆発的に生産性が上がる。私たちはこれを集中ボーナスと呼ぶ。

コヴィーの主張によると、その一方で多忙な人は重要だが緊急でない課題をほったらかす傾向があるという。それはつねに後回しにできる課題だ。そして人はそうする。これがどこよりはっきり現われるのは、オフィスや自宅の状態だ。目が回るくらい忙しいと、自宅やオフィスは散らかり放題になる。片づけより差し迫ったことがつねにある。片づけがほんとうに緊急になることはないのだ。もちろん、人は散らかったところで生活しようと意識的に決断はしない。そうではなく、緊急のことに注意を払っているあいだに、散らかった環境が「発生する」だけだ。散らかった自宅やオフィスは、一連の小さい選択、ほとんどが受動的でなにげない知らぬまの選択の結果である。会議に急ぐとき、書類の山の上に手紙の束を放り投げる。電話に出るとき、読みかけの本を開いたままソファーの上に置く。たくさんの小さいことが積み重なって、最終的に散らかった状態になる。それは緊急ではないが重要だ。散らかった空間で仕事をしたり生活したりするのは、生産性が悪いし、快適ではない。

重要だが緊急でない活動を後回しにするのは、借金に似ている。それをしないことで、今日は時間が浮く。しかし将来につけが回る。あとでそれをやる時間（おそらく長い時間）を見つける必要がある。そうこうしているうちに、それをやらないことの代償を払うか、それをやれば得られたはずの利益を失うかもしれない。オフィスが散らかっていると、仕事の生産性がはるかに落ちる。手紙の下になっている書類を見つけるのに、やたらと時間を無駄にする。あなたは日々、小さい代償を払う。その代償は、締め切りのように緊急と思えるほどには大きくない。その代わり、放っておかれたオフィスのせいで、あなたはたくさんの切り傷から血を流す。

人は欠乏し、とりわけトンネリングを起こすと、放置しても平気な重要だが緊急でないこと——オフィスの掃除、大腸内視鏡検査、遺書の作成——を先延ばしにする。それをやることで受ける損失は目の前に大きく迫ってくるし、先送りにするのは簡単だ。それをやることで得られる効果は、トンネルの外にあって見えない。だから緊急のことがすべて終わるのを待つ。将来得られる利益がかなり大きくなる可能性があっても、人はそういう小さい投資をしない。

重要だが緊急でない選択を先延ばしにする傾向は、時間だけでなくお金にも現われる。ひとつ例を挙げよう。インドのくず屋は、捨てられているが再利用品として売れる古着や布きれを探して、町中を移動する。ご想像のとおり、それは低所得の仕事だ。典型的なくず屋が一日に稼ぐ金額は一ドルに満たない。しかし投資のいらない仕事でもある。労働力以外、必要な備品は手押し車だけで、それは三〇ドルで売られている。しかも大部分のくず屋は自分の手押し車を持っていない。ひと月五ドルから一〇ドルで借りている。ほとんどのくず屋は手押し車のために貯金をしたいと思っているが、なかなかそれができない。

手押し車への投資は重要だが緊急でない行動だ。オフィスをきれいにしておくのと同じように、将来のメリットはあるが、つねに後回しにできる。いますぐどうしても、というわけではない。皮肉な話だが、もしくず屋が手押し車を持っていたら、当然ひとつ出費（賃料）が減って、ほかの急を要する出費に対応するのが楽になる。もちろん、それはあなたのオフィスにも当てはまる。もっときちんと整理されていたら、時間の節約になって、結果的に急ぐことが少なくなる（そしてオフィスをきれいにする時間も増える）。手押し車は一例にすぎず、貧困に関する研究者はほかにいくらでも例を挙げられる。たとえ見返りが大きくても、誰よりもその見返りを必要とする貧困者が投資をしない。その行動を、金融機関が頼りにならないことや本人のスキルの欠如では説明できない。

もしこういう話になんとなく覚えがあるなら、政治の世界で論じられているのを聞いたことがあるからかもしれない。同じように、重要なことを犠牲にして緊急のことに集中する状況は、昔から政府の仕事に見られる。何十年にわたる財政難のなか、政府はインフラへの投資を削減してきた。たとえば、橋の維持費はきわめて重要な投資だ。しかし、予算が厳しくて削減が必要なとき、後回しにされやすい投資でもある。老朽化した橋の問題は重要だが緊急ではないので、米国土木学会が発行した二〇〇九年の報告書によると、アメリカ合衆国の⑮地方にかかっている橋の四本に一本、都市にかかっている橋の三本に一本に欠陥があるという。

計画できない

前述のさまざまな行動に共通する明らかな特徴がひとつある。人々は目先のことしか見ずに行動しているのだ。このことが、トンネリングの最も基本的な意味合いにつながる。いま家計のやりくりをすることに集中すると、将来の計画がおろそかになる。もちろん、計画は誰にとっても頭痛の種《たね》であることは、研究で明らかになっている。しかし欠乏はこの問題を大幅に悪化させる。(16)

こう考えてみよう。余裕のある日には、あなたはまずカレンダーを見て、少しのあいだ今日は何があるかを考え、さらにはその週に何があるかまで把握するだろう。何が来るかわかっていると、そのための心の準備ができる。難しい会話を予想したり、細かいことを思い出したりすることができるので、いきなりミーティングに入ることはない。それにひきかえ忙しい日には、いきなり飛び込むことになる。一歩下がって一日全体を見渡したりしない。ミーティングに誰が出るのか、何について話しあうのか、よくわかっていない。それは時間が足りないせいだけではない。取り組む時間が少しはあるかもしれないが、片づけなくてはならないいろんなことで頭がいっぱいなので、視界がぼやけている。最初のミーティングのあとに来るものまで見通せていない。

いま現在から一歩退いて先を読むには、広い視野と認知能力が必要とされる。来月に支払い期限が来る請求書や、期待できる別の収入源、生じるかもしれない新たな時間的拘束などについて考えるには、認知能力が残っていなくてはならない。現在の欠乏に心が集中していると、トンネリング税のせいで先のことを考えることもできなくなるおそれがある。

これを《ファミリー・フュード》でも再現できるだろうか？　前と同じように、被験者は数ラウンドをプレーするように言われた。そして再び、富豪（一ラウンドのプレー時間が多い人）と貧民（プレー時間が少ない人）がつくられた。しかし今回、私たちは被験者にちょっと先を見る機会、将来のラウンドに備える機会を与えた。半数は、次ラウンドの問題の予告を見せられたのだ。彼らは現在の問題を考えるのと並行して、その問題について考えることができる。それを見て使うべき時間を考え、貯めるか借りるかを決めることができる。

この予告は役に立った。正確に言うと、富豪には役に立った。彼らは先を読み、情報を活用し、たくさんポイントを稼いだ。一方の貧民は、予告があっても成績は変わらなかった。彼らは現在のラウンドに集中しすぎているので、先を読むことに必要な心的資源を費やさなかったのだ。欠乏のせいで現在に縛りつけられていたため、先のことを見て得をすることができなかった。

さまざまなかたちのトンネリング税すべてにまたがる、共通のテーマがひとつある。欠乏は目先のことしか見ない行動を生む。人は忙しいとき、外食が（将来）健康にもたらす代償を無視する。お金に余裕がないとき、給料日ローンを（将来）返済することの意味について考えない。締め切りに追われているとき、オフィスをきれいにしておくことの（将来の）メリットを考えない。もちろん例外はある。どこにいても気になることだ。一年先の自分の結婚式について考えているとき、今日のミーティングについて忘れてしまうかもしれない。それが人の心のいいところでもある。しかしだいたいにおいて、欠乏の問題は人を今日に縛りつける。明日も（時間またはお金が）乏しいかもしれないが、それは別の問題であり、別の日まで放っておく。人の心を占拠する欠乏はいまのことであり、それがトンネリング税を生み、人を近視眼的な行動に導く。

しかしこの説明で注目すべきは、近視眼は個人の怠慢ではないことである。トンネリングは個人の特性ではない。結局のところ、サンドラを近視眼と言うのは乱暴だろう。彼女はヘッド・スタート・プログラムから身を起こし、ノースカロライナ大学ウィルミントン校で年間最優秀職員に選ばれ、ヘッド・スタートの運営委員にもなった。同様に、私たちは知り合いの多忙な人たちを近視眼とは表現しない。私たちの実験研究に参加した学生たちが近視眼だったら、プリンストン大学まで来なかっただろう。時間を借りる超多忙な人の多くは、努力の必要なキャリアに何年も投資し、どうやって出世するかを慎重に計画してきた人たちだ。実際、個人的資質に関するかぎり、この人たちは近視眼にはほど遠い。誰しも欠乏を感じる状況に置かれると、近視眼的行動に追い込まれるのだ。

トンネルは万人の視野を狭くする。

第6章　欠乏の罠

時間があればどこだって徒歩圏内だ。(1)

――スティーヴン・ライト

インドのチェンナイにあるコヤンベドゥ市場は壮観だ。広さ一六万平方メートルにおよぶその市場には二五〇〇もの店がひしめいていて、マンゴーからマリーゴールドまで、あらゆるものが売られている。何万人という買い手が色とりどりの陳列品のあいだを縫うように歩き、まるで地下鉄のラッシュアワーのようだ。目を引くものはたくさんある。しかしおそらく最も興味深いものは、いちばん見過ごされやすいものでもある。

夜明けの数時間前、露天商たちが市場に到着する。世界の比較的貧しい町に行ったことがある人なら誰しも、露天商を見たことがあるだろうし、おそらく露天商から何かを買っているだろう。チェンナイでは彼らは道路わきに陣取る。小さい屋台をかまえることもあるが、たいていは毛布を広げるだけで、野菜や果物や生花を売る。そのビジネスモデルは単純だ。典型的な露天商は朝におよそ一〇〇〇ルピー（二〇ドル）の品を仕入れる。(2) 一日でおよそ一一〇〇ルピーを売り、一〇〇ルピー（二ドルあまり）(3) の粗《あらり》利益《えき》を得る。彼女のビジネスに投入されるものは二つ、自分の労働力と毎日の仕入れに必要な一〇〇〇ルピーだ。自分のお金を一〇〇〇ルピー持っている露天商もいるが、大部分（私たちのデータでは六五パーセント以上）はこのお金を借りる。そして金利は安くない。平均的な露天商は借りた金額に対して一日五パーセントを払う。つまり、一日の終わりに一〇〇ルピーの粗利益の半分が金利の支払いに消える。これが、すなわち露天商が借金のために払う金利が、おそらくコヤンベドゥで最も興味をそそられる話だろう。

金利という単語とそそられるという言葉を一緒に使うのは経済学者くらいのものだと、あなたは思うかもしれないが、こう考えてほしい。ほぼすべての露天商は家計にほんの少しスラックがある。切り詰めることができる部分だ。一杯の紅茶、ドーサ（訳注：インド風クレープ）のようなちょっとしたおやつ、あるいは子や孫のためのキャンディー。そのような品物に毎日たとえば五ルピー使う代わりに、その五ルピーを商品の仕入れに使うとしよう。そうすれば彼女が借りるお金は毎日五ルピー減る。この方法で露天商が一〇〇〇ルピーの借金から解放されるには、二〇〇日必要に思えるかもしれない。実際には五〇日しかかからない。これが複利の力だ（とくに金利が高いときは大きい）。一日五パーセントがどんどん複利計算される。

その影響の大きさは驚異的だ。ほんの少し切り詰めることによって、五〇日で露天商は借金がなくなる。借金がなくなることによって、それ以降、働く日の収入は倍増する。一ヵ月で収入を倍にする貧困者のための社会プログラムなど仰天ものであり、にわかには信じられない。それでも、すべての露天商がこの「プログラム」を利用できるのに、彼らはそれを利用しない。かたくなに利用しない。私たちのサンプルでは、典型的な露天商は九・六年間借金をしている。

そういう露天商は罠にはまっている。しかしとくに興味深いのは罠にはまる経緯である。欠乏は与えられた現実の一部と考えられがちだ。そして場合によっては、それが真実である。発展途上国の一日一ドルで暮らす人と、先進世界の一日一〇〇ドルで暮らす人のちがいは、本人の行動とはほとんど関係がなく、生まれた場所の地勢とおおいに関係がある。しかし一部の欠乏は──借金する露天商の場合のように──ある程度人間の行動の結果である。もしちがう行動をとっていれば、露天商はそれほど貧しくないかもしれないのだ。

この露天商の状況は、私たちが「欠乏の罠」と呼ぶものの一例だ。本人の行動が欠乏の一因となっている状況である。この露天商のように欠乏の罠にはまっている人は、自分の力ではどうにもならない欠乏の要素を受け継いでいるかもしれない。もし露天商がニューヨークに生まれていたら、彼女ははるかに裕福だっただろう。しかし私たちがとくに興味を持っているのは、行動から生じる欠乏の部分だ。そしてもっと興味を持っているのは、行動を生む経緯、人が欠乏マインドセットにあるときにとる行動によって、欠乏が継続し、しばしば増幅する経緯である。

二人の学生、フェリックスとオスカーがいるとしよう。フェリックスは毎週末が締め切りの勉強にかなりの時間を使い、期限内に宿題を提出する。彼は忙しいが余裕がある。一方のオスカーは同じように優秀で、同じ授業を受けているが、時間に追われている。彼のほうが長い時間勉強していて、急《せ》かされている感じで、毎週遅れて大急ぎで宿題を提出する。どうしてオスカーのほうがそんなに忙しいのだろう？　彼のほうが授業をたくさん受けているわけではない。生産性が低いわけでもない。そうではなく、オスカーはただ一歩遅れているだけなのだ。彼は前の週の宿題をやっている。フェリックスは講義を聴いたばかりなので、その内容が鮮明に頭に浮かぶのに対し、オスカーの場合、前の週に授業でやったことを思い出して、その朝の講義を混同しない（でも忘れない）ようにするために、余計な時間をかけている。オスカーのほうが必死にやっているのに、やり終えることは多くない。オスカーは一歩遅れているのだ。

お金についても遅れをとることがある。今度はフェリックスとオスカーが農場主で、毎シーズン同じ作物を植えていると考えよう。フェリックスは自分の貯金を使って種《たね》と肥料を買い、収穫期までの生活費をまかなっている。オスカーは同じ目的でお金を借りる。学生のフェリックスは余裕がありそうだったのと同じように、農場主のフェリックスのほうが裕福に見える。オスカーのほうが使えるお金が少ない。フェリックスもオスカーも同じ収入を稼いでいるのだが、オスカーの収入の一部は借金の利子を払うのに消えてしまう。ここでも問題は、オスカーが一歩遅れていることだ。フェリックスの収入は次のシーズンへの投資に回る。オスカーの収入は前のシーズンの借金返済にあてられる。

二つのシナリオは、欠乏が物理的な資源だけの問題ではないことを具体的に示している。どちらの例でも、フェリックスとオスカーは同じだけの利用できる資源を持っているが、オスカーは欠乏を経験しているのに、フェリックスはしていない。最初の例で、フェリックスとオスカーで勉強と時間の量は同じ。二番めの例では、二人の土地と収入は同じ。二人の結果がちがうのは、資源の活用方法がちがうからだ。

フェリックスとオスカーのこの対比で、私たちが欠乏の罠という言葉で意味することがはっきりする。どちらにもたしかに制約はあるが、オスカーは自分の行動のせいで欠乏の罠にはまっている。もっと一般的に言えば、欠乏の罠はたんなる物理的な資源の不足ではない。その根っこにあるのは、事実上の不足が発生するような誤った資源の使い方である。それはつねに一歩遅れることであり、つねに前月の費用を支払うことである。自分の持っているものが少ないように見えたり感じたりするような、管理と利用の仕方である。最初の欠乏が、それを悪化させる行動によって、いっそうひどくなる。(4)

人が世間の欠乏を観察するとき、この点を見逃しがちである。農場主オスカーがいつも借金しているのを見て、「彼は支出が多すぎる。倹約できないのだ」と思うかもしれない。学生オスカーが長時間勉強して締め切りに遅れるのを見て、「彼は勉強しすぎだ。ペースを落としたほうがいい」と思うかもしれない。しかしひとたび罠の論理を理解すると、同じくらい安易に「オスカーは支出が少なすぎる（思い出してほしい、彼は同じ土地を所有しているフェリックスより使うお金は少ない）」とか、「オスカーは勉強を十分にこなしていない（彼のほうがたくさん勉強しているが、やり終えたものはフェリックスと同じ）」と言ってしまうかもしれない。問題はどれだけ使われているかではなく、どう使われているかである。いつも借金をしている人は、ほしいものにはたくさん使っていない。収入の多くは借金返済に消えている。いつも遅れている人は、物事をやり終えるのに使っている時間が少ない。遅れを取りもどすために割く時間が多いのだ。もっと具体的に言うと、人は露天商を見て、貯金をするには持ち金が少なすぎると考えるかもしれない。収入が少なすぎると思うかもしれない。これはもちろんそのとおりだ。しかし露天商が罠にはまるのには別の理由もある。

この章では欠乏の罠について、それがどう作用し、なぜ人はそれにはまってしまうのかを説明する。さらに、一日五ルピーを貯金に回さない露天商のように、人が欠乏の罠から脱け出すためのことをしないのはなぜか、その理由も探る。

ジャグリング

人が罠にはまったままである理由を理解するには、まず、欠乏の罠の見逃されている特徴を理解しなくてはならない。私たちが独自の研究で初めてそれに遭遇したのは、経済学者のマイケル・フェイと、インドのタミル・ナドゥ州の農村で宝石ローンに関するプロジェクトを行なっていたときのことだ。このローンは宝石を質入れするのと同じである。私たちは、年利一三パーセントで宝石ローンを提案している貧しい村の銀行と協力していたのだが、驚いたことに、顧客は決まって、はるかに高い七〇パーセント以上の金利を課す地元の金貸しと取引するほうを選ぶことがわかった[5]。村には、宝石ローンは緊急事態のときに使うもの、「最後の」手段だという考えが浸透していた。そして金貸しはつねにそこにいる。いつでも対応する。週末でも彼の家のドアをノックしてお金を借りられるが、銀行は平日と土曜半日しか開いていない。しかしもちろん、緊急事態には待つことができない。いったんトンネリングを起こしたら、あなたも金利の高い金貸しから借りるだろう。少なくとも最初は、理解できる話だった。

しかしそのあと、私たちは正確に何が緊急事態とされるかについてのデータを見た。リストの第三位は妥当に思われた。医療費だ。しかし第二位と第一位は合点がいかない。学費と種の購入費である。学費をいつ支払うか、植えつけのためのお金はいつ必要か、かなり前もってわかりそうなものだ。どうしてそれが緊急事態になりうるのだろう？　じつはさらに掘り下げると、医療費のなかにはほんとうは緊急でないものもあった。白内障や出産のような計画的手術に使われたお金もあるのだ。なぜ、このような出来事にぎりぎりになってようやく対応しているのか？　なぜ、あらかじめ決まっている出来事を、まるで突然の出来事であるかのように受け止めているのだろう？

あなたもこういうことを経験したことがあるはずだ。今週を切り抜けることに集中していると、次の週に何があるのか、細かいことまで気がまわらない。そして次の週になると、予想しておくべきだったことが起こって、びっくりすることになる。ずっと前から必要だとわかっていた航空券の一週間早割を逃したり、ずっと前にぜひ行こうと同意していたショーのチケットが、もう手に入らないと妻におずおず報告したりする。仕事では、必死にひとつのプロジェクトを終わらせたあと、別のプロジェクトに取り組む時間が二日しか残されていないと気づいて呆然とする。ついこのあいだには、締め切りは何週間も先だった。ずっと「わかっていた」ことが、突然の驚きになる。

これが続くと、やがて私たちが「ジャグリング」と呼ぶものになっていく。それは緊急の課題を曲芸並みに次から次へとやりくりすることである。ジャグリングはトンネリングの論理的帰結だ。人はトンネリングを起こすと、問題をその場しのぎで「解決」する。いまできることをやるのだが、それが将来の新しい問題を生む。今日の請求書のために借金をすると、それが将来的に別の（少し高い）請求書になる。安価な治療はしばらく効くが、あとでもっと高額の医療が必要になる。空中にたくさんのボールが上がっているが、トンネリングを起こしているとき、人はいままさに落ちようとしているボールに集中する。問題が完全に解決することもある。しかしたいていはボールをぎりぎりでキャッチして再び空中にほうり上げるだけだ。

ジャグリングは、予測可能な出来事にショックを受ける原因である。ジャグリングをするとき、いままさに落ちてくるボールにトンネリングを起こし、空中高いところにあるボールのことは気にしない。その空中のボールが「突然」落ちてくると、トンネリングを起こしているジャグラーにとってそれは不意打ちであり、言うなれば衝撃的な出来事である。傍観者はだいぶ前からボールが降下しているのを見ているかもしれない。第三者には学費の支払いが近づいているのが見える。しかし家計をジャグリングしている貧しい人にとって、目前に迫ってはじめて現実になる。

こんなふうに欠乏に対処していると、めちゃくちゃなバランスシートができ上がる。いちばん緊急の問題にいちばん手近な解決策を講じることを繰り返すうちに、その応急処置のせいで、さまざまな契約がだんだん複雑にからまっていく。その結果が資産と債務のひどい継《つ》ぎはぎだ。忙しい人の場合は、序章で話したような、予定を詰め込みすぎてパンパンのスケジュールを意味する。やるべきこととダブルブッキングの山が「いまにも崩れそう」だ。貧しい人の場合は、複雑な家計のやりくりを意味する。『最底辺のポートフォリオ』（大川修二訳、みすず書房）という興味深い本に記されている詳細な研究に、貧困者は平均およそ一〇種類の金融商品を利用することが示されている[6]。バングラデシュでは、ある商品――短期無利子ローン――を四二世帯が一年間に三〇〇回以上利用した。調査対象の貧困者はつねに借金をしていて、しかもいろんなところから借りている。何カ月も、何年も、そのとき最も差し迫っている問題にトンネリングを起こしてきたことで、その場しのぎの継ぎはぎ細工ができ上がったのだ。

新しい買い物であれ、新しい投資であれ、意思決定をするには、このますます複雑になる継ぎはぎ細工をうまくやりくりしなくてはならない。以前の選択の後遺症で新しい選択がさらに難しくなる。人はジャグリングすることによって――自分自身の行動によって――問題をさらに複雑にしてしまう。欠乏の罠にはまってできためちゃくちゃなバランスシートは、やりくりをさらに複雑で難しいものにするのだ。

　ジャグリングの問題は時間に追われることではない。貧しい人がいくつも仕事を掛け持ちして、ほんとうに忙しい場合もある。しかし、自由時間はたっぷりあるのに、それでもジャグリングしている場合もある。農業では、収穫サイクルの最後がいちばんジャグリングの多い時期である。前回の収穫からの収入が尽きる時期だ。私たちの研究では、この時期に人々は流動性知能の低下と実行制御力の衰えを見せた。しかし同時に、農民にとっては作物の準備が整うのを待つこと以外、やることはほとんどない。時間の使い方のデータによると、この時期にはわずかな時間しか働いていない[7]。それでもジャグリングが多く発生する。ジャグリングの問題は時間に追われることではなく、考えるべきことがたくさんあることだ。処理能力の多くは、いままさに落ちようとしている空中のボールにあてられることになる。

　これまで話してきた二つの特徴――一歩遅れとジャグリング――が、欠乏の罠をずばり言い当てている。欠乏の罠にはまっている生活の問題は、持っているものが本来持てるはずのものより少ないことだ。遅れを取り戻さなくてはならないことであり、ボールが地面に落ちる直前に処理しなくてはならないことであり、その結果生じるめちゃくちゃな継ぎはぎ細工である。そしてその多くは欠乏下での行動の結果なのだから、当然の疑問が起こる。なぜ？　一定の資源を管理する方法がいくつかあるのなら、なぜ、人はそんなに効率の悪い方法に引っかかるのだろう？　なぜ、罠から脱出しないのだろう？

脱出

人が欠乏にはまったまま動けないおもな理由のひとつを、私たちはすでに見てきた。トンネリングが人を借金に導くのだ。そして露天商の場合のように金利が高いとき、このごく基本的な衝動がさらなる欠乏を生む。これは露天商だけの話ではない。第5章のサンドラと給料日ローンの話も同じだ。このメカニズムが強力であるにしても、欠乏の心理が罠からの脱出を難しくする理由はほかにもある。

欠乏の罠から脱け出すには、まず計画を練る必要があるが、これは欠乏マインドセットには難しいことだ。計画を立てることは重要だが緊急ではない。まさしくトンネリングで無視されるものである。計画するには一歩退く必要があるが、ジャグリングのせいで人は現状にはまり込んでいる。落ちようとしているボールに集中するせいで、どうしても全体像を見ることができない。遅れを取りもどそうと躍起になるのをやめたいのはやまやまだが、やるべきことがありすぎて、どうすればいいかわからない。いまは家賃を支払わなくてはならない。いまはあのプロジェクトの期限を守らなくてはならない。長期的な計画は明らかにトンネルの外だ。

そして当然、おそらくいちばん重要なことだが、将来の計画を立てるには処理能力が必要なのに、欠乏がそれに重い負荷をかける。コヤンベドゥの露天商は、毎日、いろいろなことで頭がいっぱいだ。野菜や果物それぞれをどれだけの量、どれくらいの品質で仕入れるべきか？　どんな品物が売れ残っている？　この在庫を明日の朝までもたせることはできる？　なぜ今日は売れ行きが悪いのか、このままの状態が続くの？　事業主は誰しもこのようなことを考える。たまに不運があっても許される裕福な事業主は、決断を下して次に進む。しかし露天商にとって、このような考えごとがなかなか消えない。彼女の処理能力に負担をかけ、本人はもう選択したと思ったあとでも、その脳裡にもどってくる。ほんとうに来週の祭りのために仕入れを増やすべきだったのかしら？　大きなリスクをおかしているのでは？　このような考えがどうしても気にかかる。これまで見てきたように、それがきわめて現実的な処理能力への負荷を生む。そのような状況で、欠乏の罠から逃れるための計画を練ることに集中するのは難しい。

さらに事態を悪化させるのは、必要とされる実際の計画は、私たちが大まかに述べた単純なものより、はるかに込み入っていることだ。毎日五ルピーを蓄えるのが正しい戦略なのか？　日によってはもっとたくさん蓄えるべきでは？　ほんとうにそのお金が必要な日についてはどうする？　例によって、これは露天商だけの話ではない。私たちは序章で、センディルとショーンが追及から逃れるための単純な「計画」を説明した。新しい約束や新しい買い物はすべて却下する、という方法だ。しかし現実に計画を練るのははるかに難しい。ショーンはほんとうに新たな出費をすべきではないのか？　歯の定期検診や車の新しいタイヤのような、長い目で見ると節約になるかもしれない出費はどうだろう？　どの借金を最初に返すべきか？　いちばん差し迫っているもの？　いちばん古いもの？　いちばん大きいもの？　ジャグリングと欠乏の罠のせいで負債のめちゃくちゃな継ぎはぎ細工ができている。脱け出す最善の方法を解明するのは、けっして容易ではない。

あげくに、たとえ計画を練っても、実行が難しいこともある。これまで見てきたように、どんなに固い決意も実現しないことが多い。いざというとき、とくべつ魅力的なプロジェクトや商品を目の前にすると、抵抗できない場合が多い。計画をやり抜くには処理能力と認知制御が必要であり、欠乏はその両方を低下させる。

ジャグリングのせいで脱出はさらに難しくなる。思いがけないことが起こるのだ。ようやく這い出す計画を立てたところで、突然、車検証の期限切れのために違反切符を切られる。再登録を先延ばしにして、空中に投げ上げたたくさんのボールのひとつだった。それがいま地面に落ちてしまった。やることがまたひとつ増えて、あなたは欠乏の罠に逆もどりだ。

スラックがないために、さらに面倒なことになる。露天商は来る日も来る日も、ほぼあらゆる浪費を賢く避けるとしよう。彼女は慎重に自制して、前述のとおりに現金を蓄えている。そして何日も経過したある日、彼女はうっかりひとつ衝動買いをしてしまう。気が散ってい て、計算をまちがって、それはとても価値があるように見えた。なんだかんだ言ってお金はある。これで数週にわたる精神的努力と肉体的自制がすべて水の泡だ。欠乏の罠を逃れるには、ときどき用心するだけでは足りない。たえず延々と用心する必要がある。ほぼあらゆる誘惑に、ほとんどつねに抵抗しなくてはならない。

では、意志力は実践で鍛えられないのだろうか？　意志力をつねに発揮しなくてはならない貧困者は、それを強化できないのだろうか？　意志力が使われることで強くなるという説を示す証拠はほとんどない[8]（一般論を考えると、この説がどれだけ皮肉なことか考えてほしい。貧しい人のほうが強い意志力を持っているとは！）。それにたとえ貧困が意志力を強めたとしても、貧困者に求められるのはほぼ絶対確実にまちがえないことであり、それには足りないだろうと考えるのが妥当だ。いずれにせよ、正反対のことを示すかなり有力な証拠がある。

最近の研究で、自制心はじつは使ううちに消耗する可能性があることが明らかになっている。たとえばある研究では、ダイエット中の人がとても魅力的なおやつ（コーンチップ、グミ、マーブルチョコ、塩味のピーナッツ）が用意されている部屋に案内され、コンピューターを用いる課題を与えられた[9]。おやつがすぐそばのテーブルの上によく見えるように置かれていた被験者もいれば、忘れてしまうくらい遠くに置かれていた被験者もいた。コンピューターの課題を終えたところで、被験者は大きなカップに入ったアイスクリームを食べていいと言われた。おやつのそばにすわっていて、ずっと誘惑に抵抗していた人たちは最終的に降参した。遠いところのおやつにそれほど誘惑されなかった人たちより、かなりたくさんアイスクリームを食べたのだ。この分野の研究者は意志力を筋肉になぞらえる。使うと疲労するのだ。この説明からすると、つねに誘惑に抵抗しなくてはならないと、意志力は消耗し、欠乏の罠から逃れるのがさらに難しくなる。

問題の根

欠乏の罠がとりわけ苦しいのは、たった一回「点滴」があれば、たった一回すべての借金が帳消しになれば、悪循環から自由になれるという気持ちがあるからだ。つねに遅れている人は「もうちょっと時間がありさえすれば、やるべきことを片づけて、そのあとは遅れずにいられるのに」と嘆く。例の露天商の場合、もし果物を仕入れるためのお金を（ほんのわずかずつ貯金しなくてはならない代わりに）手に入れられさえすれば、借金の罠から脱け出して、収入が倍になるだろう。どちらのケースでも、一回の資源投入が問題を解決するように思える。

どうなるかを知るために、私たちはコヤンベドゥの露天商に必要な現金を渡すことにした。経済学者のディーン・カーランと協力し、何百人という露天商を調査した。半数は一年間ただ追跡してその経済状況を記録し、残りの半数には罠を脱け出す方法を与えた。借金をすべて肩代わりしたのだ。ひと晩で借金を抱える人から貯金のできる人に変えたわけだ。するとその収入はみごとに倍増した。

私たちは欠乏の罠ができる経緯と理由を理解したかった。たとえば、なぜ露天商は気づくと借金の罠にはまっているのか、よくある説明をいくつか考えてみよう。ひとつ考えられるのは、貯めたお金をしまっておく安全な場所がないから、貯金するのではなく借金する、という説である。彼女たちは銀行口座を持っていなくて、身の回りに現金を置いておくと、盗まれたり、家族に取り上げられたりしやすいので、心配なのかもしれない。もしそうなら、私たちが現金を渡した場合、そのお金ですぐに何か丈夫で安全なものを買って、そのあとまた借金をするはずだ。それではやがて欠乏の罠に逆もどりだろう。

もうひとつ考えられるのは、露天商はたんに近視眼だという説である。将来についてよく考えないから、借金の罠にはまり込むのだ。この考えは彼女たちの性分には合っていないように思える。露天商たちは朝の三時に起きて、ぎゅう詰めの三輪《さんりん》タクシーに四五分もゆられて、商品を仕入れに行く。そして一日中炎天下で過ごす。これは近視眼的な人の行動とは思えない。とはいえ、少なくとも家計については将来にほとんど注意を払わない、と主張できるかもしれない。もしそうなら、私たちが現金を渡したとたん、そのお金は散財されるだろう。近視眼の人があっという間に多額のお金を使ってしまうことは想像に難《かた》くない。露天商はすぐに借金の罠に逆もどりだろう。

三番めの説明として、露天商はたんに複利計算の力を理解していないとも考えられる。なにしろ、借金ゼロになるのに五〇日しかかからないという事実――利子の支払額がどれだけ早く積もり積もっていくか――には、私たちでさえ驚いた。露天商にとっても驚きだっただろう。むしろ借りるほうを選び、借金の累積的なコストを理解していない露天商にとって、日々の借金は実際より安く見えている。露天商に現金を与えてもその複利計算の認識は変わらないので、彼女は相変わらず借金が安いと考え、すぐに借金の罠に逆もどりするだろう。

露天商が借金の罠から脱け出すのに必要な「点滴」を一回行なうだけで、わかることがたくさんあると私たちは考えた。そして、借金のなくなった露天商の行動を一年にわたって追った。

最初の数ヵ月、借金のなくなった露天商は借金の罠に逆もどりしなかった。軽率な出費で現金を浪費することはなかった。安全のためにほかのかたちで蓄えようともしていない。再び借金を始めることはない。彼らは借金の罠の危険性をわかっていて、そこに足を踏み入れまいとがんばっているかのように見えた。これはおおむね定性的データと一致する。露天商たちは一歩遅れるとコストがかかることを十分に理解しているようだった。やるべきことが遅れている多忙な人と同じように、欠乏の罠にはまって生きることには法外な代償がともなうことを、十分に認識しているようだった。

しかし話はそこで終わらない。その後の数ヵ月で、露天商たちは少しずつ借金の罠に逆もどりした。厳密には、一人ずつ逆もどりした、と言ったほうがいい。一年の終わりまでに全員が、放っておかれた露天商たちと同じ額の借金を抱えていた。したがってデータは、露天商はすぐに逆もどりするという標準的な説明を裏づけてはいないが、欠乏の罠にはまっている人たちは一回の点滴さえあれば借金から脱け出せるという考えを立証してもいない。

この行動をどう説明できるのだろう？　なぜ、露天商は最終的にもどってしまうのか？　収入を倍にするための十分なお金を与えられたあとでさえ、生活が再び変わってしまうほど、欠乏の罠の何がそんなに強烈に作用するのだろう？

ショック

問題の核心はスラックがないことだ。私たちが現金を投入したあとでも、露天商は一日二ドル未満で生活している。それでも、彼女は自分が食べてさえいければいいわけではない。そんなぎりぎりの生活をしているとき、ちょっとした問題にぶつかったとしよう。たとえば親戚の結婚式が開かれて、彼女は贈り物を買わなくてはならない。インドのような土地では、社会的慣習として十分に大きい贈り物を買う必要があるので、この小さな問題にどう対処するかは、露天商が借金サイクルにいるか、貯金サイクルにいるかで決まる部分もある。

借金サイクルにいるとき、露天商は難しい問題に直面する。トレードオフをしなくてはならないのだ。贈り物を買うために何をあきらめよう？　あるいは、ただ小さい贈り物を買うのかもしれない。彼女はトンネリングを起こすが、信用取引は選択肢にはない。すでに果物と野菜を仕入れるために金貸しを利用しているのだ。彼女は自分にできるわずかな犠牲を払って、困難を切り抜ける。贈り物を買うために何かを犠牲にしなくてはならないつらさを感じるかもしれないし、自分が貧弱な贈り物しか買えないことを恥じるかもしれない。

次に、私たちが借金を肩代わりしたあとの貯金サイクルにいる露天商を考えよう。急遽《きゅうきょ》贈り物を買う必要性に迫られたとき、彼女もトンネリングを起こす。彼女はこの緊急の必要性に対処しなくてはならない。そして彼女にとって、「楽な」解決法が手近にある。あまっているお金があるのだ。もちろん、それを使えるのは緊急事態のときだけだが、これは緊急事態だ。運転資金は借りて、手元の現金は結婚の贈り物を買うのに使える。今度の借金サイクルからはどうやって出る？　その代償は？　その答えは私たちにはもうわかっている。「それをいま心配している場合ではない」。そのような心配ごとは完全にトンネルの外だ。

そう考えると、露天商が欠乏の罠に逆もどりするのは、受けるショックを切り抜けるだけの予算のスラックがないからである。彼女のスラックより大きいショックは、彼女を欠乏の心理に押しもどす。そしていったんそうなると、最初に犠牲になるのは貯金だ。その直接的な証拠はないが、露天商からのデータはこの解釈を支持している。露天商たちはすぐに逆もどりするのではなく、だんだんに、一人ずつ、まるで狙い撃ちされているかのように、逆もどりしていく。ショックが散発的に露天商たちを襲っているにちがいないと考えられる。多くの場合、露天商は新たな借金と最終的な転落のきっかけとして、ショッキングな突発事があったことを報告している。

これを時間に当てはめて考えると、よく知っている話になるはずだ。とても忙しくていつも遅れをとっている人に、時間の贈り物をするとしよう。締め切りを過ぎた仕事はなくなり、目立った時間的拘束は解決する。前はにっちもさっちもいかずに困惑していたが、今はただとても忙しいだけなので、しばらく遅れをとらずにいられるだろう。しかしやがて彼女もへまをする可能性がある。大きなプロジェクトで予想外のミスが起きたり、病気かけがで仕事を休んだり、あるいはたんにやる気が出なくて瞬間的に生産性が落ちたり――すると突然、また遅れをとるのだ。

欠乏の罠に落ちるか落ちないかぎりぎりの生活にとって、どんなわずかなぐらつきも脅威になる。なぜなら、それを吸収するためのスラックがほとんどないので、ほぼ確実に感じ取れるからだ。『最底辺のポートフォリオ』で著者は、貧困層の生活は不安定と突発的なことだらけであり、一日二ドルで生活する人たちは、毎日二ドルを手に入れることができないと述べている。[10] 三ドルの日もあれば一ドルの日もある。最底辺の生活は安定しない。アメリカなど先進諸国ではその不安定度は低いかもしれないが、それがあることははっきり伝えられている。貧困者はさまざまなところから安定しない収入を得る。たいてい複数の仕事を掛け持ちするが、どれもいつ切られるかわからない。仕事の多くは時間制で、勤務時間は大きく変動する。そしてもちろん、失業はつねに現実にありえる。突然の出費——車の故障や病気——も問題だ。次の話はニューメキシコ州のコミュニティ・カレッジで行なったインタビューからの引用である。

「車の」修理自体は予想外の出費だ。回答者は数百ドルの修理代の請求書について述べている。それは彼らが報告した月収の大きな割合を占める額だ。修理費を払うために、回答者は友人や親戚からお金を借りるか、資金援助を求めるか……学資援助のような期待される一時払いの「棚ぼた」金を待つ。[11]

とくに重要なのは、次々に降りかかる突発事《ショック》を乗り切るために使えるスラックである。だからこそ不安定が大きな影響をおよぼすおそれがあるのだ。十分なスラックがなければ、車が故障したときに修理するお金はどこから手に入れるのか？　いつでも下ろせる預金があれば、それを使うだろう。裕福な暮らしをしているなら、週末に予定している高価なディナーを見送るなど、ほかの支出を抑えるだろう。セカンドカーを持っているなら、この車を修理するお金を慎重に確保するまで、修理を先延ばしにするだろう。すべて楽な方法や安上がりな道だ。しかし預金もセカンドカーもなく、キャンセルできるディナーもなければ、これは深刻な難題になる。どこでお金を手に入れよう？　その瞬間、あなたはトンネリングを起こす。そして借金をする。欠乏の罠にもどる道を進み始めるのだ。

このことから、私たちは欠乏の概念をもっと深めるべきだとわかる。欠乏は平均的な資源と欲求の隔たりではない。露天商の場合のように、たとえスラックのある日が何日もあっても、問題なのは欠乏する日である。欠乏の罠に陥らないためには、平均的に欲求より多くの資源を持っているだけではだめなのだ。いつなんどき現われるかもしれない大きいショックに対処するのに十分なスラック（または何かほかのメカニズム）を持つことが、同じくらい重要である。社会科学者――そしてとくに経済学者――はだいぶ前から、不確実性が成果におよぼす影響の重要性を理解していた。利益の不透明感は投資を抑制する可能性があり、不安定な収入は不安とためらいを生むおそれがあることはわかっている。しかしここでの議論は、欠乏状態における不確実性と不安定性に新たな視点を与える。欠乏の期間に誘発される行動が、人を結果的に欠乏の罠に引き込むのだ。そして欠乏の罠にはまると、たまに欠乏するだけで本来は裕福であるはずの期間が、あっという間にたえず欠乏する期間になりえる。

ちなみに、すべてのショックを乗り切るのに十分な富を持つことが、欠乏の罠を避ける唯一の方法だということではない。露天商の問題を解決するには、もっとたくさんお金を与えるしかないということではない。むしろこの議論で浮き彫りになっているのは、ショックを和らげるクッションとなるツールの必要性だ。緊急事態のときだけ利用できる、低金利ローンか流動性貯蓄口座があれば、露天商はスラックのない危機的瞬間に必要なスラックを手に入れられる。同様に、このようなショックに備える保険も問題を解決する。もちろん、そのようなクッションのメリットを認識している人は大勢いる。しかしそのメリットは、私たちが期待していたよりはるかに大きいようだ。それはリスクに対応するためのクッションになるだけではない。欠乏の罠に再び落ちないための防波堤でもある。

ごちそうと飢餓

露天商が欠乏の罠に逆もどりしたのを、彼女に降りかかったショックのせいにすることはできるが、クッションがないことに目を向けることもできる。不安定な環境に直面していることはわかっているのだから、なぜ、もっと調子のいいときに、用心のためにお金を取っておかないのだろう？　もちろん、このまちがいを犯すのはインドの露天商だけではない。世界中の貧困者は流動性貯蓄があまりに少ない。前にも触れたように、研究が報告しているところでは、アメリカ人の半数は緊急事態になっても三〇日以内に二〇〇〇ドルを用意できないと言っている[12]。そしてデータによると、もっと多くのショックにさらされる貧困層は、流動性貯蓄がさらに少ない傾向にある。

　このように考えると、露天商の問題はショックのずっと前に始まっている。欠乏の罠の種は、少なくとも比較的豊かな期間にまかれているのだ。そして同じ力が、時間についても働くと考えられる。あなたはプロジェクトを仕上げるために熱心に仕事をするが、遅れをとっていて、生活はみじめで、二度とこんなことをしないと誓う。締め切りが過ぎるとようやくひと息つける。次の締め切りは数週間後だ。ありがたいことに、これでリラックスできる。二〜三週間後、あなたは時間がどこに消えたのかと不思議に思う。再び半狂乱で時間と闘う。露天商の欠乏と同様、あなたの欠乏は比較的豊かだった期間に犯したまちがいから生まれているのだ。

　豊かな期間、人は時間やお金を無駄にする。ゆるみすぎるのだ。第2章の収穫の研究で農民たちは収穫前に貧しかったが、それが必然だったわけではない。収穫後にもっとうまくお金を管理していたら、収穫サイクルの終盤に足りなくなることもなかっただろう。収穫の直前に貧しかったのは、ひとえに、まだ豊かだったときの家計管理をまちがえたからだ。これは貧しいときに借金する問題とはちがう。お金がたくさんあるときの無駄使いの問題だ。その結果、豊かな期間のあとに切迫した欠乏期間が来るのを繰り返すサイクルが生じるが、これは避けることができる。

　私たちはこれまで、欠乏マインドセットによって起こる問題に焦点を合わせてきた。人はトンネリングを起こし、ほったらかす。処理能力に負荷をかけられ、長期的な視野に立てず、衝動的になる。これで私たちはうかつにも、人は豊かな期間には完璧に計算して将来を見通すのだと、におわせてしまったかもしれない。もちろん、そうではない。数十年にわたる研究によって、順調なときでも――というより、順調なときはとくに――人はぐずぐず引き延ばし、いまに集中しすぎ、あいまいな楽観主義に陥る傾向があることがわかっている。やる必要のある仕事を先送りにする。貯めるべきお金を浪費する。豊かな資源の配分をまちがえ、来るかもしれない欠乏から身を守れるほどには、お金を貯めたり仕事をやり終えたりしていない。もちろん、これは富裕者にも貧困者にも当てはまる。しかしスラックがある富裕者は結果的に問題ないのに対して、貧しい人たちや多忙な人たちはスラックが少なすぎるまま進み続けて、ひとつショックを受けると欠乏の罠へと落ちてしまう。

欠乏の罠を避けるのに必要なのはたんなる豊かさではない。使いすぎたり先延ばしにしたりしても、ほとんどのショックをなんとかできるだけのスラックを残せるくらい、十分な豊かさが必要だ。ぐずぐず引き延ばしても、予想外の期限に間に合わせられるだけの時間がちゃんと残るくらいの豊かさが必要だ。欠乏の罠にはまらないためには、世間がもたらすショックや自分で背負い込むトラブルに対処できるだけのスラックが求められる。

これらをすべて考え合わせると、欠乏の罠は、核となる欠乏マインドセットまでさかのぼる複数の原因がからみ合って生まれることがわかる。人はトンネリングのせいで借金をするため、同じ物理的資源を非効率的に使うことになり、そのせいで一歩遅れる。トンネリングを起こすせいでほったらかし、気づけばジャグリングする必要に迫られている。欠乏の罠は面倒な事態を招く。遅れた約束に短期的な解決策で継ぎを当てるが、それにはしょっちゅう再検討と見直しが必要で高くつくのだ。この罠からの脱出を計画できるだけの処理能力がない。そして計画を練っても、誘惑に抵抗してやり通すのに必要な処理能力が足りない。さらに、スラックがないということは、ショックを吸収する能力がないということだ。そして貴重な豊かな期間に将来のための緩衝をつくらないことで、事態はさらに悪化していく。

異なる種類の欠乏の罠

誰かが新しく越してきた町にいるとしよう。昔なじみの町には友人が大勢いるが、この新しい町では誰も知らない。数日後、孤独が彼に重くのしかかり始める。故郷にいる友人と電話で話すが、いままでと同じではない。独りで外食するのに気おくれして、テレビの前で食事をする。人はどうやって人と出会うのだろう？　彼は出会い系サイトを試すことにして、いくつかメールをやり取りしたあと、デートの約束をした。しかしその日が近づくにつれ、だんだんに神経が高ぶり、デートに対してこれまでに経験がないほど緊張してきた。デートの始まりはかんばしくない。彼はジョークを言おうとするが、話し方がぎくしゃくし、その晩はちっとも受けない。次に何を言うかで頭がいっぱいで、相手が言うことになかなか注意を払えない。自分が一生懸命やろうとしすぎていることに気づく。デートはさんざんだ。

この人は、人づきあいの欠乏の罠にはまっていると言えるかもしれない。孤独のせいで新しい友人をつくるのが難しくなり、孤独を長引かせるような行動が生まれる。しかしこの欠乏の罠はこれまで考えてきたものとちがう。借金がない。ショックを吸収する貯蓄の不足という話もない。その代わり、問題は——ジョークの落ちを台なしにしたり、相手の言うことを聞かなかったり——好かれようと一生懸命になりすぎること、欠乏に集中しすぎることから生まれる。

研究によると、孤独な人は集中しすぎる。(13) ある研究では、自分を孤独だと評価した人がレコーダーに向かって話すように言われた。具体的な課題はない。ただ自分のことを説明し、おもしろければそれでいい。彼らにわかっているのは、誰かがあとでそれを聞き、評価するということだけだ。予想どおり、孤独な人たちが言ったことを聞いた評価者は、あまり感動しなかった。そして、孤独な人たちは孤独でない人たちよりも、興味深さでかなり劣ると評価した。これはけっして意外ではない。あなたは「だからこそ、彼らは孤独なのではないか」と言うかもしれない。

しかし実験の別バージョンから、この解釈は重要なことを見逃しているとわかる。こちらのバージョンでは、孤独な被験者がレコーダーに話しかけるとき、ひとつ重要なちがいがあった。今回、彼らは誰かがそれを聴いて評価するとは思っていなかった。ただ自分で話しているだけだったのだ。この録音では、評価者は孤独な人たちも孤独でない人たちと同じくらい興味深いと評価した。孤独な人たちの問題は、退屈であるとか、魅力に欠けるとかいうことではない。彼らの問題は、大事だと思うとうまくいかないことなのだ。知識の不足でもない。序章で触れた研究を思い出してほしい。孤独な人たちは他人の感情を読み取るのがうまいが、それは集中ボーナスのおかげだった。しかし重要な勝負になると、彼らはそのスキルをうまく使えない。孤独な人たちは緊張して失敗するのだと言える。舌がもつれる気がしたり、自分をひどく無能だと感じたり、そんな状況を思い起こしてほしい。たいていの人なら、とくべつうまくやりたいからこそ失敗してしまった、人づきあいの場面が記憶にあるだろう。

もちろん、緊張して失敗するのは孤独な人だけではない。それがいちばんわかりやすいのはスポーツだ。バスケットボールで、フリースローはとくに簡単なシュートだ。ゴールから遠くないし、自分のペースでできるし、邪魔する敵もいない。「自由に投げる《フリースロー》」という名称そのものが、いかに容易かを暗示している。世界記録では、七二歳の男性が連続で二七五〇回のフリースローを決めている。[14]原理上、九〇パーセント以上シュートを決めるのは、練習を積んだ人になら難しくないはずだ。それでも、それがことさら難しいと感じる選手もいる。プロバスケットボール選手のブルース・ボウエンの二〇〇二～三年シーズン[15]がこの問題の典型である。その年、彼はフリースローを四〇パーセントしか成功させなかった。ボウエンにとっての問題はスキル不足ではない。なにしろ彼はもっとはるかに難しいシュートでもこなせる。そのシーズン、彼はスリーポイントシュートの成功率四四パーセントでリーグトップだった。スリーポイントシュートはもっとはるかに遠くから、たいてい変な角度で打つ。すばやく打たなくてはならないし、たいてい別の選手が目の前にいたり、こちらに走り寄ってきたりする。それでもそのシーズン、ボウエンはスリーポイントシュートをフリースローよりうまく決めていた。

どんなスポーツのファンも、緊張で失敗する選手の話をいくらでも知っている。試合の勝利を決める単純なフリースローを沈めるのに失敗するバスケットボール選手。いちばん大事なときになぜか簡単なパットがまちがった方向に行ってしまうゴルファー。それまでのプレーがどんなにすばらしくても、そういう瞬間にはつねに不安がある。みんなが緊張による失敗を心配するから、あるいはひょっとすると期待するからこそ、ドラマは盛り上がる。

緊張による失敗の心理は、かなり理解されるようになった。スポーツにおける行動の多くは、意識的にも無意識でも行なわれる。あなたはフリースローのシュートをしながら、自分の腕の動きについて考えることもあるだろう。ゴルフではスイングのフォロースルーの動きに集中することもありえる。あるいは、無心で自動的にやるだけかもしれない。プロのアスリートにとって、このような動作はあまりにも習慣的なので、無意識にやるのがとてもうまい。それどころか、無意識にやったほうがうまい[16]（次に階段を駆け下りるとき、両足の動きについて考えてみよう。でも、つまずきそうになっても私たちの責任にしないでほしい。たとえあなたがプロの階段ユーザーでも、その動作について考えると、いきなり下手になるのだ）。初心者の場合、フリースローでひじを内に引く（あるいはテニスのショットで振り切る）のを忘れないことで、パフォーマンスが向上する。意識的に注意することが役に立つ。しかしプロにとって、このような動作はすべて無意識にやるべきものだ。プロのスキルレベルでは、よけいなところに集中すると、筋肉の協調が最も迅速かつ自然に生じる妨げになる。アスリートは集中するから緊張で失敗する。

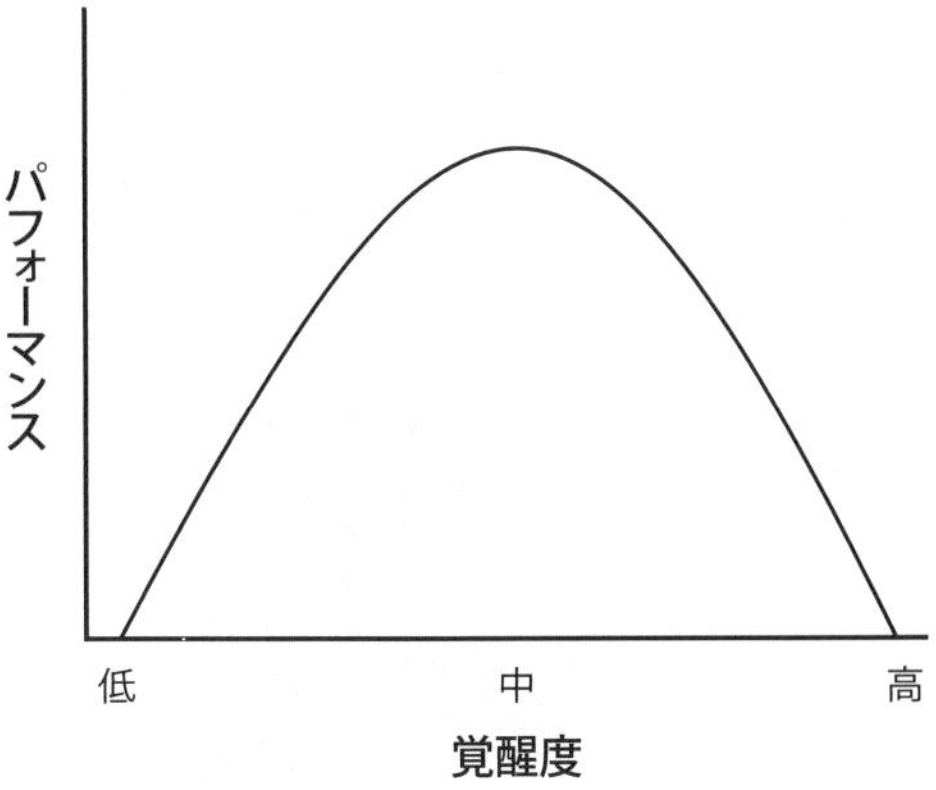

図9

緊張による失敗は、ずっと広範な現象の一角である。心理学者はさまざまな課題で、注意または覚醒レベルとパフォーマンスの関係が、逆U字曲線を描くことを発見している[17]。注意が少なすぎるとパフォーマンスは上がらない。注意の向けすぎと過剰な覚醒もパフォーマンスを下げる（図9）。

頂点よりずっと左側にある課題の場合、もっと注意を払うほうがいい。曲線の反対側にあって、注意を払いすぎている課題もある。プロ選手にとってのフリースローシュートの場合がそうだ。一部の優秀な選手がフリースローを苦手とするのは、集中しすぎるからである。ブルース・ボウエンにはスリーポイントシュートについて考える時間がなかった。しかしフリースローでは考える時間がはるかにたっぷりある。さらに悪いことに、そのことを考えないようにすればするほど、考えてしまう。心理学者はこれを皮肉過程と呼ぶ。[18] シロクマのことを考えるなと言われると、ほかのことをほとんど考えられなくなるのだ。

孤独な人の話にもどると、これで彼らがなぜあれほどひどい結果になるのか、その理由がわかる。まさに欠乏が集中させてしまうからこそ、緊張して失敗するのだ。会話にも逆U字曲線がある。気が散っていて会話に集中していない人はおもしろくない。集中しすぎている人はしつこいとか、愛情に飢えているように思われかねない。孤独な人は、自分の孤独をどうにかすることのほかは何も考えられないからこそ、うまくいかない。逆U字の頂点を過ぎているから、うまくいかないのだ。相手の言うことに耳を傾け、世間話をする代わりに、「私は気に入られているかしら？」とか「これがいちばんおもしろい話かな？」ということに注意を集中してしまう。エキスパートはフリースローにあまり集中しないときのほうがうまくシュートできるように、孤独な人は人づきあいの必要性にあまり集中しないときのほうがうまくできるかもしれない。ところが欠乏がそれを妨げる。欠乏が孤独な人たちの心を、避けなくてはならない場所に引き寄せてしまう。

ダイエット中の人も同じような問題に直面する。ダイエットの最大の難関は自制することだ。衝動に抵抗するいちばん容易な方法は、そもそも衝動を覚えないことである。特定のごちそうのことが頭をよぎらなければ、避けるのは簡単だ。もし頭をよぎったら、それを頭から追い出すのが早ければ早いほど、抵抗するのも楽である。おいしいデザートのことを考えると、事態が難しくなるだけだ。ダイエットは摂取できるカロリーの欠乏を生み、その欠乏のせいでデザートがしっかり心のいちばん上に来る。研究によると、食べ物は結局ダイエット中の人の心のいちばん上に来るが、それは空腹のせいだけではなく、彼らが直面する欠乏のせいでもある。ある研究で、チョコレートを食べたばかりのダイエット中の人は、食べ物への執着が強くなっただけだった。生理学的にはたくさんカロリーを摂取し、心理学的にはトレードオフの必要性が深刻になったのだ。ダイエットが難しいのは、まさに本人が避けようとしていることに心が集中してしまうからである。

どちらのケースでも、人の注意をとらえるという欠乏の重要な特徴が障害になっている。ダイエット中の人や孤独な人が欠乏に苦しむ理由は、まさに、欠乏のせいで細かいところに集中してしまうからなのだ。

希望の兆し

貧しい人は貧しいまま、孤独な人は孤独なまま、忙しい人は忙しいまま、そしてダイエットは失敗する。欠乏は欠乏を持続させるマインドセットを生む。これでは夢も希望もないと思うなら、こんな考え方はどうだろう。貧しい人はスキルがないから貧しい。孤独な人は好かれないから孤独である。ダイエット中の人には意志の力が欠けている。忙しい人は生活をきちんと計画する能力がないから忙しい。この考え方では、欠乏は深刻な個人的問題の結果であり、変えるのは非常に難しい。

それにくらべて欠乏マインドセットは状況の結果であり、改善を受け入れやすい。個人的な資質というよりむしろ、欠乏そのものによってもたらされる環境条件の結果であり、たいてい対処できる状況の結果である。欠乏がどういうふうに人間の心に作用するかを理解すればするほど、欠乏の罠を避ける方法、あるいは少なくとも和らげる方法を見つけられる可能性も高くなる。

第7章　貧　困

誰かを批判する前に、その人と同じ境遇を体験するべきだ。そうすれば、冷静に相手の立場をわかって批判することになる。(1)

――ジャック・ハンディー、《サタデー・ナイト・ライブ》放送作家

貧困が最も広まっている最も重要な欠乏の例であることはまちがいない。現代世界における貧困の広がりと深さは深刻だ。ユニセフの推定によると、一日に二万二〇〇〇人の子どもが貧困のせいで死んでいるという。(2)自分の名前も書けないほど字を知らない人が一〇億人近くいる。(3)世界の子どもの半分が、国際貧困ライン以下の生活をしている。(4)およそ一六億人が電気なしで生活している。アメリカ合衆国のような国でさえも、貧困からは逃れられない。アメリカの子どもの五〇パーセントが、一度は生活保護者向けのフードスタンプをもらう。(5)アメリカ人世帯の一五パーセントは、一年のうち一度は家族を食べさせるのに苦労している。(6)

私たちはこれまで、さまざまな欠乏をまるでどれも同じであるかのように扱ってきた。ダイエットから深刻な貧困、そして時間のプレッシャーへと、差異にはほとんど配慮せずに、転々と話題を移してきた。つまるところ、これが私たちのテーマだ。何の欠乏であっても、欠乏が特異な心理を引き起こすのなら、さまざまな欠乏を同じように扱うことができる。共通する欠乏の心理があるのなら、貧しい人たちについて観察されることはすべて、忙しい人やダイエット中の人にも当てはまるはずではないだろうか。

しかし、異なるかたちの欠乏に共通する要素があるからと言って、それが同じような結果を生むわけではない。化学では、同じ基本元素でも割合によって異なる化合物ができる。炭素と酸素は、生命のサイクルにとって欠かせない材料である二酸化炭素を形成する場合もあれば、致命的な汚染物質である一酸化炭素を形成する場合もある。[7] 同じ材料で、まったくちがう結果が生まれる。私たちの欠乏分析がたどる論理も同じだ。トンネリング、借り、スラックの欠如、処理能力への負荷など、共通する要素はある。しかしこれらの要素は、状況によって異なるふるまいをする。お金の欠乏の場合、借りは顕著な特徴だ。ところが孤独の場合、借りが何を意味するのかさえはっきりしない。一酸化炭素と二酸化炭素を区別するひとつの酸素原子のように、借りという要素は孤独な人の場合には見当たらない。貧困を構成する要素はとくに、欠乏マインドセットにとって厳しい状況をつくり出す。[8]

裕福な専門家がとても忙しくしている場合、たくさんのプロジェクトを引き受けたからそうなったのだ。もし引き受けたプロジェクトがもっと少なければ、それほど忙しくなかっただろう。事実上、彼はもっと欠乏を少なくすることを選べた。彼の欠乏の度合いは、ある程度自分の裁量に任されている。

この自由裁量は重要な安全弁となり、欠乏によるストレスと悪影響を制限してくれる。必死になって一週間でイタリアを観光しようとする旅行者は、時間が足りないとカッカするばかり。しかしどこかの時点で、「まあいいや、コロッセウムはまたの機会にしよう」とか「もう一日ローマに滞在して、南部の観光は減らそう」と言うこともできる。この安全弁は欠乏の罠の損失と深刻さに歯止めをかける。自由裁量がある人にとって、欠乏の罠は脅威だが限りがある。いろんなことに首を突っ込みすぎの人は、締め切りを二つ三つ守らなくてもなんとかなる。ダイエット中の人はダイエットをひと休みすることもできる。忙しい人でも休暇を取れる。

人は貧困から休暇を取ることはできない。ほんの少しのあいだでも、ただ貧乏人をやめると決めることは選択肢にない。ダイエット中の人が肥満のまま生きようと決めたり、忙しい人が自分の野心をいくつかあきらめたりするのと同じようなことは、貧困の世界にはない。インドの農村の貧困層に、ただ欲求を抑えることでお金の欠乏に対処するべきだと提言するのはばかげている。服を着たい、病気から身を守りたい、小さなオモチャで子どもを喜ばせたいという基本的な欲求は、振り捨てるのがとても難しい。欠乏を強制されているのは貧しい人だけではない。深刻な疾患があってダイエットしている人、心から孤独な人、そして家賃を払うために仕事を掛け持ちしなくてはならなくて忙しい人、この人たちはみな選択の余地がない。自由裁量がないと、欠乏はとくに極端なかたちをとる。

この議論から、私たちの言う貧困の意味が明確になる。私たちが意味するのは、自分がほしいものや必要だと思うものを別のものに替えることが現実的に不可能な、経済的欠乏のケースである。このような他に替えられないニーズには、自給農民の空腹のような生物学的なものもあれば、社会的に構成されたものもある。何を必要と感じるかは、他人が持っているものや自分が慣れているものに左右される。たとえば屋内トイレは、現代の先進諸国の人にとってありがたがるほどのものではないが、一九世紀半ばすぎまでは想像もできないことだったし、いまでも多くの場所では夢である。自給農民にとってはぜいたく品であり、ニュージャージーの住民にとってはあって当然、なくてはすまされないものだ。車を運転することは、一九五〇年代にはステータスシンボルであり、いまだにそうである地域が世界にはたくさんある。しかしそれがいまや生活に必要不可欠となっている地域もある。ここで深く難しい疑問が生じる。これらのニーズをくらべると、ほんとうのところどうなのだろう？　ちゃんとしたトイレを手に入れる余裕のない貧しいアメリカ人は、シャツを買う余裕のない貧しい農民や、車を買う余裕のない貧しいヨーロッパ人と、ほんとうに同じ気持ちなのだろうか？　証拠が少ないので、この二つのかたちの――絶対的と相対的――貧困が、心理学的にどれくらい同等なのかはわからない。私たちの目的にとっては、どれも貧困の実例である。

貧困は別の意味でも極限である。新生児の親を考えよう。彼らはいきなり時間が足りなくなる。さらに、彼らには「多くを望まない」という選択肢はない。赤ん坊を医者に連れて行き、ミルクを与え、おむつを替え、抱きしめ、風呂に入れ、（延々と）揺らして寝かしつける必要がある。ジャグリングしなくてはならない自由裁量でない活動が、とにかくたくさんある。しかしもしあなたがお金のある親なら、時間の欠乏を別の方法で緩和することができる。子守や家政婦を雇ったり、料理をせずに出前を注文したり、会計士を使ったり、庭師を雇ったりすることができる。そのすべてが自由時間を増やす。同様に、もしあなたがダイエット中でお金をふんだんに持っていたら、おいしくてヘルシーな食べ物を買える。お金は交換可能なので、ほかのかたちの欠乏を補うのに使うことができるのだ。

その逆、つまりお金の欠乏を緩和しようとするほうがずっと難しい。たしかに数時間多く働く努力をすることはできるが、たいていの場合、あなたが差し出せるものはそれほど多くないので、追加される収入は限られていて、あなたはもっと忙しくなり、もっとくたびれてしまう。お金が少ないということは、時間が少ないということだ。お金が少ないということは、人づきあいをするのが難しいということだ。お金が少ないということは、低品質の健康によくないものを食べるということだ。貧困とは、生活のほぼあらゆる側面を支える生活必需品そのものの欠乏を意味する。

私たちは共感の懸け橋として、欠乏の心理を使ってきた。ひとつのかたち（たとえば時間）の欠乏経験を用いて、ほかのかたちの（たとえばお金の）欠乏経験を連想してきた。どうしても時間がもう少し必要だというのがどういう状況かわかると、お金がもう少し、あるいは友だちがもっと、是が非でも必要であるのがどういうことか、想像できるようになるかもしれない。私たちはこの懸け橋を使って、納期前の時間不足を心配する多忙な経営者と、家賃を払うための資金不足を心配する金欠の人の関連性をとらえてきた。

しかしこの共感の懸け橋が役に立つのはここまでだ。つまるところ、経営者は「もうどうでもいい。あんまりがんばらないで、ワークライフ・バランスを変えましょう」と言えるが、お金が必要でストレスを感じている人は、単純に「もうどうでもいい。しょせん住むところなど必要ない」と言うわけにはいかない。したがって、時間もお金も処理能力に負荷をかけるが、その負荷の大きさ――重さ――は、まったくちがう可能性がある。

みんな見て見ぬふりの問題

貧困に関する話し合いのほとんどは、誰もが気づいている問題に触れない。世界中で二億八五〇〇万人がかかっている糖尿病を例にとろう[9]。これは昏睡、失明、手足の切断、そして死につながりかねない深刻な病気だ。さいわい、いまではコントロールできる。定期的な薬の投与――錠剤の場合もあれば注射の場合もある――で重症化を防ぐことができる。それでも糖尿病はやはり大きな問題だ。ひとつは薬理学的問題である。薬で糖尿病は完治しない。しかしもっと大きいのは心理学的な問題だ。薬が効くためには、人はその投与を受けなくてはならない。しかし糖尿病患者は処方された薬の五〇から七五パーセントしか服用せず[10]、薬の効果が大幅に低下する。

これがどれだけ驚くべきことか、考えてみよう。何十年にもわたる医学研究のおかげで、命にかかわる消耗性の病気がコントロール可能になった。しかし人は最後の最後で、錠剤を飲むか注射を打つというごく小さな一歩でつまずく。この最後の一歩が、多くの医療にとって悩みの種《たね》だ。二〇年前、人々はHIV治療のための抗レトロウイルス薬ができたことに有頂天になった。それなのに、何百万もの人が薬をきちんと飲まなかったせいで死亡している。結核の場合、問題があまりにも大きいので、発展途上国における標準的な投薬プロトコールであるDOTS（直接服薬確認療法）が、この問題に取り組むためだけに考案された。患者が錠剤を飲むのを見守るために、毎日誰かが来るのだ。結核の投薬治療を行なえない国もある。薬が高価だからではなく――薬は安価な抗生剤――DOTSのコストが高すぎるからだ。

目覚ましい医学的業績が次々と、怠薬《たいやく》という気まぐれな人間の行動につまずいている。

怠薬は大勢の人に見られるが、とくに多い集団がひとつある。貧困層だ。どんな所得レベルの人も服薬を怠る可能性があるが、その頻度がいちばん高いのが貧困層なのだ。HIV、糖尿病、結核、次から次へとさまざまな病気で、同じパターンが繰り返される。地域、薬の種類、副作用に関係なく、共通することがひとつある。貧困層のほうが薬をきちんと飲まないのだ。

まったく異なる状況だが、農業生産高の例を考えてみよう。土地一区画で栽培できる作物の量は、社会全体に影響する。食料価格、世界貿易、環境への影響、そして地球の受け入れ可能な人口さえも左右する。それは誰よりも農民にとって重要だ。農民の全収入が収穫高で決まる。薬と同じように、品種改良、農業技術、そして有機農法と、テクノロジーは収穫高と持続可能性の向上にすばらしい進歩を見せた。それでも前述の医師たちのように、この問題に取り組む農業科学者たちも、つねにひとつのことに手こずっている。それは農民の行動だ。

何千年も前から、農民は除草が作物の収穫高を劇的に上げることを知っていた。雑草は主要作物から栄養分と水分を吸い取ってしまう。除草に必要なのはスキルや機械ではなく、退屈な作業だけだ。それでも世界の最貧困層の農民たちは除草をしない。アフリカの一部の地域では、除草をしないことによる損失が全収穫高の二八パーセントを超えると推定する人もいる。[11] アジアでは、野放しの雑草の生長がコメの総生産高の五〇パーセントもの損害を与えていると推定されている。[12] このような推定値は大きすぎるかもしれない。しかし収穫高が一〇パーセントでも増えれば、数日間の退屈な作業に対する見返りとしては上々である。おまけに、除草は支出や耕地を増やさずに成果を増やすので、収穫高が一〇パーセント増えるということは、所得が二〇〜三〇パーセント増えるということで、莫大な金額になる。にもかかわらず、多くの農民は定期的な除草や十分な除草を怠ることで、このお金を手に入れそこねる。そしてそのような地域のなかでも、最大の違反者はやはり最貧の農民である。

さらに別の例として、子育てについて考えよう。研究者は現在かなりの時間を割いて、人々がどうやって自分の子どもを育てているかを研究している。親は不必要に声を荒らげるか？　必要なときに愛情や応援を示すか？　ルールの適用に一貫性はあるか、それとも場当たり的で気まぐれな要求をするのか？　子どもがうまくやったときにはほめるか？　テレビの前にすわらせるのではなく、子どもとどれだけかかわっているのか？　宿題を手伝うか？

数十年にわたるこの研究から、ひとつの大きなテーマが浮かび上がっている。貧しい人のほうが悪い親なのだ。彼らは子どもにつらく当たり、一貫性がなく、関係が薄く、したがって愛情が少ないように見える。[13]彼らのほうが自分の怒りを子どもにぶつける可能性が高い。[14]あることで子どもを叱る日があるかと思えば、次の日には正反対のことで叱る。実質的に子どもとかかわることがない。[15]宿題を手伝うことが少ない。本の読み聞かせをするより、テレビを見させる。[16]何が良い家庭環境をつくるのかについて最近ではよくわかってきているが、それを提供する可能性が低いのが貧しい親なのだ。

貧しい人はいろいろと達成できない。アメリカの貧困者は太りすぎだ。[17]大半の発展途上諸国では、貧困層はあまり子どもを学校に通わせない。[18]貧しい人は十分な貯金をしない。貧しい人はあまり子どもに予防接種を受けさせない。[19]村の最貧困層は、手を洗ったり、飲み水を処理したりしそうにない人たちだ。[20]貧しい女性たちは妊娠したとき、正しい食事をしたり、妊婦健診を受けたりする可能性が低い。[21]例はいくらでも挙げられる。

このような事実は、（T・S・エリオットの詩を借りれば）悪意を秘めたくどくどしい議論のように果てしなく続く。この場合のとてつもない難問は、古くて陳腐とも言えそうなものだ。なぜ、貧しい人たちはそれほどひどく、それほどいろいろなことを怠るのか？

これは「みんな見て見ぬふり」の問題である。

みんな見て見ぬふりの問題と向き合う

やっかいな事実と向き合うとき、まずその解釈に疑問を投げかけるのは当然だ。貧しい人は薬の服用を「怠っている」のではないかもしれない。薬の値段が高すぎるだけかもしれない。彼らはなぜ除草しないのか？　忙しすぎるからだ。なぜもっと良い親にならないのか？　同じような環境で育ったので、親としてのスキルを教わっていないからだ。たしかに、入手手段、コスト、スキルの問題はある程度関与している。しかしデータを見ると、このような要因だけでは説明できないことが多い。たとえば、アメリカのメディケイド（低所得者向け医療費補助制度）対象者の貧しい人たちは、薬の代金を支払わなくてよいが、それでも定期的に薬を服用しない。農村地帯の貧困層は、収穫と収穫のあいだには時間がたっぷりあると報告しているが、それでも除草をしない。この怠慢はたんに環境のせいで片づけられない。その中心には行動の問題がある。

事実そのものに疑問を投げかけたくなるのも、直観的な反応としてはもっともだ。貧しい人たちが怠っているかどうかは、じつは見る人次第である。彼らは怠っているのではないかもしれない。データをつくった人に先入観があるのかもしれない。そのような主張を裏づける確かな心理学研究はたくさんある。たとえばある研究では被験者が、小さい女の子ハンナがテストを受けるビデオを見る。[22]　彼女の成績はなんとも言えない。難しい問題を正解することもあれば、簡単なものをまちがうこともある。ひとつの被験者グループは、ハンナが貧しい家庭の子であるという背景で彼女を見る。もうひとつのグループは、上流中産階級の家庭の子だという背景で見る。どちらのグループも、彼女がテストを受けるのを見てから、彼女の成績と能力を評価する。「貧しい」ハンナを観察した人たちのほうが、「金持ちの」ハンナを観察した人たちよりも、たくさんのまちがいを確認し、彼女は出来が悪いと判断し、レベルが低いと評価した。

貧困者に関するデータの解釈には、バイアスがかかりやすいようだ。貧困者は本質的に不出来（彼らは貧しい！）とされ、非常にネガティブな固定観念を持たれているなら、個人的怠慢が本人のせいにされるのは自然だ。であれば、恵まれない人たちが怠っていると研究者が「見なす」のも驚きではないだろう。残念ながら、もっと詳しく調べると、みんな見て見ぬふりの問題はそれほど単純ではない。これらのデータの大半はバイアスのかかった知見ではなく、純粋な相関関係なのだ。

データを研究者の政治的バイアスの結果だと片づけることもできない。たいていの場合、データを集める研究者に意図はなく、あったとしてもそれと反対のことが発見されることも多い。研究者が探究していたわけではないことが、研究に付随してたまたま見つかることもある。農学者や医学研究者は大量のデータを集めていて、所得はその変数のひとつにすぎないし、さまざまな相関関係のひとつとして報告される。彼らは貧困者についての発見を求めていたわけでもなければ、それを吹聴するわけでもない。さらに、最終的に研究者が貧困に焦点を合わせるときには、貧困者びいきのバイアスをもってこのテーマに取り組むことが多い。家族や肥満など、貧困に注目するどんな分野に取り組む研究者も、研究対象に自然な親近感を抱く傾向があり、自分たちの所見が残念だと報告する。おそらくいちばん説得力があるのは、この証拠の圧倒的な広さと深さだろう。それは散発的な研究や反論調査から出ているものではない。多くの試みにより膨大なデータが蓄積されている。そしてそれらを合わせると、みんな見て見ぬふりの非常に大きな問題が現われる。

問題がたしかにあるのなら、どうすれば理解できるのか？　その方法のひとつは、怠慢から貧困へと因果関係が流れていると考えることだ。つまり、貧困者が貧しいのは、まさしく彼らの能力が低いからである、と。賢い選択をすることで稼ぎが決まるのなら、当然、やらない人は貧乏人で終わるということになる。この見方には明らかにやっかいな問題がある。人が貧乏になる可能性には、出生の偶然――たとえばどの大陸に生まれるか――が大きく影響しているのだ。それでもやはり、怠慢が貧困を引き起こすという言い方は、貧困と怠慢の強い相関関係を説明するひとつの意見として浸透している。

私たちのデータは、因果関係が少なくとも同じくらい逆方向にも働くことを示している。つまり、貧困――欠乏マインドセット――が怠慢を引き起こすのだ。

子育て

航空管制官に焦点を合わせた子育ての研究がある。(23)航空管制官の興味深いところは、その仕事が毎日変化し、時には張り詰めたものになることだ。日によっては、たくさんの飛行機が飛び、天候条件が悪く、混雑や遅延が生じる。そういう日には、認知力への負荷――すべての機を無事に着陸させることへの長時間にわたるトンネリング――が非常に大きい。空中や脳裡にそれほどたくさんの飛行機がなくて、もっとリラックスしている日もある。そして研究者は、その日に飛んでいる飛行機の数で、その夜の親としての質を予測できることを発見した。飛行機が多いと悪い親になるのだ。あるいは、もっと俗な考え方を気にしないなら、こう考えてみてほしい。同じ航空管制官が、楽な一日のあとには「中流階級」の行動をとり、一日きつい仕事をしたあとは「貧困層」のような行動をする。

もちろん、あなた自身にも経験があるはずだ。長くいら立たしい一日を終えて、仕事から帰宅する。あなたが望むのは平穏と静けさだけなのに、子どもたちは熱心にアニメを見ている。テレビがそれほど騒々しいわけではないが、あなたの神経に障るのはたしかだ。あなたは頼むからテレビを消してくれと子どもたちに言う。ぶっきらぼうにならないように言えてよかった。しかし子どもたちは「いまはぼくたちのテレビの時間だよ。宿題を終わらせたらこの時間はテレビを見ていいって、約束したじゃないか。宿題は終わってるよ」と言い返してくる。あなたは一瞬ためらうが、騒がしさにがまんならない。「とにかくそいつを消すんだ！」とどなる。そしてあとで後悔する。かわいい子どもたちにそんなふうに当たり散らしたくはなかったが、自分を抑えられなかったのだ。

あなたには取り乱す十分な理由があった。子育てに関する研究の成果にはあやしげなものも多いが、なかには直観的にもうなずけるような、「子育てのために良い」とはっきりわかっている事柄がある。「一貫性をもつこと」はそのリストの上位にある。親の言うことややることに一貫性がないと、子どもは規律、行動のルール、または安心感など、さまざまなことを学べないし、不安を抱く。しかしこれは、言うは易《やす》く行なうは難《かた》し、である。良い親でいることは、するべきことがわかっているときでも難しい。一貫性を保つにはたえず注意と努力を払い、確固たる態度でいる必要がある。

良い親でいることには、総じて処理能力が求められる。難しい決断と犠牲が求められる。子どもたちに嫌いなことをやる気にさせ、約束を守り、活動を計画し、先生と会ってフィードバックに対処し、個別指導や特別支援を自分でするか、してくれる人を探し、さらに監視しなくてはならない。これはどんなに資源が豊かな人にとってもけっして容易ではない。処理能力が低下しているときには難しさが倍になる。そういうときは、辛抱するのに必要で、正しいと自分でわかっていることをやるのに必要な、心の余裕がない。日中に空域が混雑していると、頭がいっぱいのまま夜を迎えることになる。航空管制官として仕事がきつかった日には、家庭では悪い親になってしまう。

貧しい人たちの空域にも彼らなりの飛行機が飛んでいる。次の給料日までの日数を数えながら、家賃、ローン、支払い期限の過ぎた請求書をジャグリングしているのだ。彼らの処理能力は、欠乏をなんとかするために使いきられる。航空管制官の頭がいっぱいになることがあるように、貧しい人たちの頭もそうなる。彼らの居間で傍観している部外者は、そんな飛行機が飛んでいることを知らなければ、この親たちにはスキルがないのだと結論づけるだろう。

最近のある研究がこのことを立証している。すでに見てきたように、貧しい親は月に一度フードスタンプを受け取るが、月末までに使いつくしてしまう。月末は彼らの処理能力に最も負荷がかかり、親であることがとくに難しそうな時期だ。経済学者のリサ・ジェネティアンらは、月末はフードスタンプを受給している親の子どもたちが非行に走り、学校で罰せられる可能性が最も高い時期でもあることを示した。[24]

良い親であることには多くのことが求められる。しかし何よりも心の余裕が必要だ。それは貧しい人たちが持っていないぜいたく品のひとつである。

いろいろな意味での貧しさ

貧しい人は現金が足りないだけではない。処理能力も足りない。これこそまさに、私たちがショッピングモールでの研究と収穫の研究で確認したことだ。同じ人でも、貧困を経験している——あるいは自分の経済的問題について考えるよう刺激される——ときは、いくつかのテストでかなり出来が悪かった。知力の柔軟性が低下する。実行制御力が低下する。欠乏が気になっていると、ほかのことに頭が回らなくなるのだ。

これは重要なことである。なぜなら、子育てに限らずさまざまな行動が処理能力に依存しているからだ。たとえば、処理能力に過剰な負荷がかかると、忘れる傾向が強くなる。初めて買った車の車種のような、知っていること（心理学者が陳述記憶と呼ぶもの）はそれほどでもないが、心理学者が展望的記憶と呼ぶもの——医者に電話をするとか、請求書を期日までに支払うなど、覚えておくつもりだったことの記憶――が忘れられる。後者のような事柄は、意識して頭のなかにとどめておく必要があるのだが、処理能力が低下すると無視されてしまう。そういうことなら、貧しい人たちが薬を飲みそこなうのも意外ではなかろう。これを信じがたいと思う人もいるかもしれない。どうしてそんな重要なことを忘れられるのだろう？　しかし記憶の働き方はちがう。人は長期的価値に応じて覚えているのではない。たしかに鎮痛剤を飲むのを忘れる人はいない。痛みがつねに思い出させてくれる。しかし糖尿病のような病気は「ものを言わない」。その影響は直接には感じられない。処理能力に過剰な負荷がかかっている人に、そのような薬を飲むことを思い出させるものがないのだ。

もうひとつの影響は、仕事での生産性が低下することだ。ドライブスルーの注文を処理することから、食料品を棚に並べることまで、ほぼあらゆる仕事には作業記憶が必要である。これは、いくつかの情報を使うまで頭のなかで生かしておく能力だ。貧困によって作業記憶に負荷がかけられると、人はあまりうまく仕事ができなくなる。心のプロセッサーがほかの心配ごとに取られてしまうので、生産性が悪くなる。そのせいで、労働に対する賃金をいちばん必要とする貧困者が、生産性にも最も重い負荷がかかるという悲劇的状況が生まれる。

処理能力に過剰な負荷がかかるということは、新しい情報を処理する能力が下がるということだ。たとえばあなたがつねに心ここにあらずだとして、大学の講義はどれだけ頭に入るだろう？　ここで、家賃の工面についてたえず考えてしまう低所得の大学生について考えてみよう。彼女の頭にどれだけ入るだろう？　私たちのデータによると、所得と学業成績の相関関係のほとんどが、処理能力への負荷で説明できるかもしれない。そして学習が妨げられる場面は教室だけではない。多くの国民健康プログラムは、貧困者が新しい情報を吸収することを当てにしている。各種キャンペーンでは、体にいいものを食べること、喫煙を減らすこと、妊婦健診を受けること、HIV検査を受けることなどの重要性を、国民に教えようとしている。貧しい国々では派遣活動員が農民に接触して、最新の農作物や最新の殺虫剤について教えている。このような努力が貧困層ではあまり成功せず、喫煙を減らしたり、体にいいものを食べたり、最新の農法を採用したりさせるのに、おおむね失敗しているのも意外ではないはずだ。新しい情報を吸収するには作業記憶が必要なのである。

処理能力への負荷は、自制心を働かせるための心的資源が少ないということでもある。仕事がきつかった長い一日が終わったとき、あなたはデンタルフロスで歯を掃除するだろうか？　それとも「まあいいや、明日やろう」と思う？　さらに悪いことに、貧困（一般的には欠乏）とのたえまない闘いがさらに自制心を消耗させることを、私たちは見てきた。買う余裕があまりに少ないと、抵抗しなくてはならないことが多くて、結局自制心が枯渇してしまう。ここで、あなたは今週の生計をどうやって立てるかで頭がいっぱいの農民だとしよう。どうすれば歯が痛いと言っている息子を歯医者に行かせられるか、そのことで頭がいっぱいなまま眠りにつく。ずっと楽しみにしていた友人との飲み会をあきらめなくてはならないかもしれない。それにすぐに除草をする必要がある。目が覚めても疲れていて、相変わらず不安だ。デンタルフロスをしないのと同様、「除草は明日にしよう」と決意する自分を想像するのはとても簡単だ。

私たちはこのことを喫煙のデータで確認している。金銭のストレスを抱える喫煙者は、禁煙の試みをやり通す確率が低い。[25] 貧しい人たちは最終的に肥満にもなる。正しい食事は相当な自制努力なのだ。ある研究では、低所得の女性が高所得者の住む地域に引っ越すと、極度の肥満と糖尿病の率が大幅に下がることを明らかにしている。[26] ほかにも関与する要因はあるかもしれないが、ストレスの減少が一因であることはほぼまちがいない。良い親でいるには自制心が必要だ。具合が悪くても出勤するには自制心が必要だ。上司や顧客にかみつかないためには自制心が必要だ。定期的に職業訓練プログラムを受けるには自制心が必要だ。農村に住んでいるとき、子どもたちを毎日確実に学校に行かせるには自制心が必要だ。貧困にまつわる「怠慢」の多くが、処理能力への負荷によって理解できる。

最後に、次のことを考えてほしい。明日重要なプレゼンテーションがあって、あなたはそのために熱心に準備をしている。休息の大切さはわかっているので、確実に午後五時には仕事を終わらせる。家に帰り、家族と楽しい食事をして、早めに就寝する。しかしあなたの頭のなかはプレゼンのことでざわついている。そのため、睡眠が必要なのによく眠れない。睡眠の研究によると、そうなるのはあなただけではない。ある研究で、不眠症ではない三八人が、できるだけ早く眠るように指示された。[27] そのうちの一部は、昼寝のあとにスピーチをすることになると言われた。たいていの人はほんとうはスピーチなどしたくない。実際、このグループのほうが寝つくのがはるかに遅くて、寝ついてもよく眠れなかった。不眠症者のほうが心配性である可能性が高いことを示す研究はほかにもある。[28] 要するに、頭から離れないことがあると、よく眠れないのだ。

これがおそらく、欠乏による処理能力への負荷がもたらす、最も悪質で長期的な弊害だろう。欠乏について考えることが[29]睡眠を奪う。孤独な人の研究で、彼らはよく眠れず、睡眠時間が少ないことがわかっている。この影響は貧しい人たちにとってきわめて深刻だ。彼らも睡眠の質が悪い。[30] そして十分に眠れないことは、悲惨な状況を招きかねない。米国陸軍は、睡眠不足のせいで兵士が味方の軍に向かって発砲するおそれがあることを明らかにしている。[31] 原油タンカーのエクソン・バルディーズ号が一九八九年にアラスカで座礁したのは、ひとつには乗組員の睡眠不足と睡眠負債（訳注：睡眠不足の蓄積）が原因だったと言われている。[32] このような影響は積み重なる。研究によると、一晩に四～六時間の睡眠が二週間続くと、二晩続けて一睡もしないのに匹敵するくらい、仕事ぶりが落ちるという。[33] 不十分な睡眠がさらに処理能力を奪うのだ。

貧困者にとくに不足しているのは処理能力だ。家計をやりくりするための苦労そのものが、この貴重な資源を奪う。この処理能力不足は、幼少期からの栄養不足やストレスで脳の発達が妨げられたことによる、よくある生理学的なものではない。貧困によって処理能力が恒久的に損なわれるのでもない。生計を立てることが現在の認知力に負荷をかけているのだ。したがって、所得が上がれば認知能力も上がる。[34] 農民の処理能力は、作物の売上金を受け取ったとたんに回復した。貧困そのものが処理能力に負荷をかけ、それを低下させる。

処理能力は人の行動のほぼあらゆる側面を支えている。ポーカーで勝つ確率を計算するのにも、他人の表情を読み取るのにも、自分の感情をコントロールするのにも、衝動を抑えるのにも、本を読むのにも、独創的な発想をするのにも使われる。高度な認知機能のほぼすべてが、処理能力に依存している。しかし処理能力への負荷は見逃されやすい。おそらく、いちばんわかりやすいたとえはこうだろう。誰かがあなたと話しているあいだ、明らかに何かほかのこと、たとえばネットサーフィンをしているとしよう。もし相手が何をしているのか知らなかったら、あなたにはどう見えるだろう？　ばかなやつ？　支離滅裂？　興味がない？　うわの空？　処理能力への負荷は、同じような認識を生み出しえる。

したがって、もしあなたが貧しい人を理解したいなら、心ここにあらずの自分を想像してほしい。前の晩によく眠れなかった。頭をきちんと働かせるのが難しいと感じる。自制することが難題に思える。気が散ってしまい、動揺しやすい。そんなことが毎日起こる。貧困は衣食住など身体的な苦労に加えて、精神的な問題ももたらす。

このことを踏まえると、みんな見て見ぬふりの問題もそれほど不可解には思えない。貧困者の怠慢は、そもそも貧困であるという不運につきものなのだ。そのような状況下なら人はみな怠るだろう（そして怠っている！）。

処理能力への負荷が犯人？

私たちは手始めに、みんな見て見ぬふりの問題を指摘する観察結果のほんの一例を取り上げた。さまざまな状況下で、貧困と怠慢は関係があるように見える。私たちはその所見の説明をひとつ示した。それが処理能力への負荷だ。しかしこれでほんとうに説明がつくと、どうしてわかるのか？　たとえば、処理能力への負荷は、怠薬から除草忘れまで、あらゆることを説明できるほど大きいのか？　私たちはそうだと考える。第2章に出てきたショッピングモールでの研究で、低所得グループはほんとうの貧困層と見なされる人たちではなかったが、それでも処理能力への負荷はかなり大きかった。ＩＱにおよそ一三から一四ポイント、それと同じくらいの影響が実行制御力にもおよぼされた。インドの収穫の研究では、ＩＱに九から一〇ポイント、実行制御力にはもっと大きな影響が確認された。すでに指摘したとおり、これは認知機能への非常に大きい影響だ。その影響のもとでは、標準的なＩＱの分類で「平均」の知能が「優秀」へ、あるいは逆に「平均の下」さらには「知的障害との境界線」の知能へと変わる可能性がある。処理能力への負荷が大きいだけでなく、それが二つのまったく異なる状況で確認されているという事実は強力な裏づけである。インドの農村の貧困者は、ニュージャージーのモールで買い物をしていた低所得者とはまったくちがうが、示された処理能力の負荷はさほどちがわない。したがって、処理能力の負荷はあらゆる場所の貧困者の生活に、同じように大きく関与すると予想するのは、けっして荒唐無稽ではない。

処理能力への負荷という考え方に説得力があるのは、さまざまな現象を説明するからだ。貧困者の怠慢に関する説明は、ふつうは断片的だ。農民が除草しないのは文化的な理由からだろう。糖尿病患者が薬を服用しないのは副作用のせいだろう。貧しい親はただ知識がないのだろう。このように説明がばらばらなのは、貧困者の状況があまりにも千差万別だからだ。ニュージャージー州トレントンの人が知らないことを、ケニアのナイロビの人は知っているかもしれない。ナイロビでは平均的な状況が、フィリピンの田舎ではそうでないかもしれない。一方、処理能力というひとつの基本的メカニズムによれば、行動と時間と場所を超えた、この多様な経験的事実を解明できる。たしかに、貧しい人たちの生活を理解するためには具体的な状況も大切だが、処理能力は根本的に重要であり、すべての貧困者に当てはまる。

処理能力の役割を理解することは、貧しい人たちの具体的な状況をよりよく理解するのにも役立つ。病気、騒音、栄養不足はたんに窮状を生むだけではなく、いろいろなかたちで処理能力に負荷をかける。貧しい人たちは特定の基本的スキルに欠けているという考えを例にとろう。これを既成の事実と考えずに、処理能力への負荷がこのスキル不足の理由のひとつになりえることを考えたほうがいい。社会的スキルの学習であれ、賢いお金の使い方の習得であれ、どんなかたちのスキル獲得にも処理能力が必要とされる。貧しい人々は処理能力が不足しているのであれば、有益なスキルの獲得に不利である。

このことは、貧困を理解するための新しい視点を示している。私たちはすでに集められている——服薬順守、除草、子育て、その他の行動に関する——データを、欠乏についての情報にもとづいて、認知という視点から見る必要がある。それぞれ独自の説明を必要とする個別の行動ではなく、処理能力への過剰な負荷から予測できる結果として見るべきだ。この見方は、データ収集のための新たな焦点も示唆する。貧困の研究では物質的な状況に重点が置かれがちだが、心理的状況、すなわち処理能力にも目を向ける必要がある。そうすれば、いま不可解とされている問題も、それほど不可解ではなくなるかもしれない。貧しい人々を理解するためには、彼らが集中し、トンネリングを起こし、まちがいを犯すことを認識しなくてはならない。彼らはお金だけでなく処理能力も欠いているのだ。

第3部　欠乏に合わせた設計

第8章　貧困者の生活改善

第二次世界大戦中、アメリカ軍はたび重なる航空機の「車輪引き上げ」事故に悩まされた[1]。着陸のあと、パイロットがフラップではなく車輪を引っ込めてしまうのだ。想像がつくと思うが、地上で飛行機の車輪を引っ込めるのはいただけない。この問題を解決するために専門家が呼ばれた。アルフォンス・チャパニス中尉は心理学の教育を受けていて、そのようなパイロットたちの頭の内側を探るにはうってつけだった。彼らはなぜそんなに不注意なのか？疲れていたのか？　ストレスの多いミッションを終えて「自由になれる」と考え、気を抜くのが早すぎたのか？　訓練に問題があったのか？

ひとつの手がかりがすぐに浮上した。この問題は、B-17とB-25を操縦していた爆撃機のパイロットに限られていたのだ。輸送機パイロットはこのミスを犯していない。この手がかりのおかげで、チャパニスは自分自身のバイアスから抜け出すことができた。そしてパイロットたちの頭のなかではなく、コックピットのなかを見ることにした。この型の爆撃機の場合、車輪制御装置とフラップ制御装置は隣り合わせになっていて、ほとんど同じに見える。それに対して輸送機では、まったく異なる制御装置になっている。爆撃機パイロットと輸送機パイロットの分かれ目はコックピットにあった。片方のコックピットが他方より非常にまちがいを起こしやすいものだったのだ。

この発見がもとでコックピットの設計が変わった。チャパニスらは、パイロットのミスの多くがじつはコックピットの誤りであることに気づいたのだ。それまで重点が置かれていたのは、パイロットを訓練して注意力を確実にすること、つまりミスの少ない「優秀なパイロット」を育成することだった。しかしチャパニスの出した結論がこれを変えた。もちろんパイロットの訓練は必要であり、もちろん最高のパイロットを選抜しなくてはならない。しかしどんなにうまく訓練したり選抜したりしても、パイロットはミスを犯すものであり、まぎらわしい状況に置かれればなおさらだ。

まちがいは避けられないが、事故は避けられる。優れた設計のコックピットはミスを助長するはずがないし、さらに重要なことに、誤りが悲劇になることを防ぐはずだ。チャパニスは爆撃機の問題を解決するために、パイロットがどちらのレバーにさわっているかがわかるように、着陸装置のレバーの先端に小さいゴムの輪をつけた。優れたコックピットは、人がまちがいを犯す場合に備えてフィードバックを返す。高度計の隣にある低高度アラームは、低空飛行しているパイロットがほんとうに低空飛行するつもりであることを確認するのに役立つ。現在の飛行機がはるかに安全なのは、翼やエンジンのつくりが良くなっているからだけでなく、人的ミスへの対処が改善されたからでもある。

貧困者の行動

チャパニスは当初パイロットの行動をどう考えたものか、行き詰まっていた。同じように、多くのアナリストが貧困者の行動をどう考えたものかで行き詰まっている。たとえば、アメリカの低所得者訓練プログラムは、ずる休みや脱退、そして受けるべき人が申し込まないことに悩まされている。[2] 発展途上世界のマイクロファイナンス・プログラムは、クライアントが見返りの大きい活動に十分な投資をしないという事実を嘆いている。その代わりローンは、ほかの借金を返済したり、「火」（支払い期限が来てしまった授業料など）を消したり、耐久消費財を買ったりするのに使われるのだ。[3] そして予防接種プログラムは人々が予防接種を受けに来なければ効果が上がらず、その結果、体を衰弱させるが予防できる病気がいまだに発展途上世界の各地で猛威を振るっている。

私たちはこれを自分たち自身の仕事でも見ている。私たちはかつてアメリカの就労福祉プログラムのアドバイザーをしたことがある。生活保護を受けている男女の就職を支援しようとするプログラムだ。そして最大の難題のひとつがクライアント自身だった。職場にはきちんとした服装で行くように何度も助言されているのに、たびたびふさわしくない服を着て現われる。体裁が整っていないうえに誤字もある、基準を満たさない履歴書を持参する者も大勢いた。知識やスキルがないせいでそうなる場合もあるが、最後までやり通さないから、計画どおりにやらないから、そうなることが多い。指導を受けたあとでさえ、履歴書の体裁を整えるために現場のコンピューターを利用したり、もっとふさわしい服装を調達しようという提案を活用したりする人はほとんどいない。ようやく面接の予定が決まっても、クライアントは履歴書を持たずにやって来るし、ベストを尽くそうとしない。まったく姿を現わさないことも多い。

しかし、このような社会的プログラムの立案者が、チャパニスのような視点に立つことはめったにない。コックピット内を見るのではなく、問題は人にあるのだと決めてかかる。問題は理解不足か意欲の欠如なのだと思い込む。そのため、教育やインセンティブ強化の試みでフォローする。発展途上国においては、これが「福祉依存文化」の議論につながる。ひとつの解決策は、生涯に生活保護を受けられる年数に上限を設けることである。この施策の決定要因は単純な思いつきである。失業者に職探しをする気にさせようというのだ。支援プログラムが厳しく非難されて、役人が単純な支給というやり方を変える気になることもある——たとえば、きれいな水を無料で与えるのではなく、料金を課すやり方にするのだ。さまざまな「良い」行ないをするかどうかで受け取る援助金の額が決まる、条件つき現金給付プログラムのような、強力なインセンティブを盛り込んだプログラムが生まれることもある。

しかし、なぜパイロットの操作ではなくコックピットの設計を見ないのだろう？　なぜクライアントの弱点ではなくプログラムの仕組みに目を向けないのか？　パイロットは失敗することもあり、コックピットはそのような失敗を抑制できるような賢い構造にする必要があると認めるのであれば、なぜ貧困者についても同じことができないのか？　なぜ、もっと過失に寛容な仕組みのプログラムを考案しないのか？

貧困撲滅プログラムに関しても同じ疑問が起こる。ずる休みが日常的で脱退率も高い訓練プログラムについて考えてみよう。重荷を背負って疲れきっているクライアントが授業を一度欠席するとどうなるだろう？　授業中にぼんやりしていたらどうなるだろう？　次の授業がちっともわからなくなる。もう一度か二度欠席すると、脱退するのが当然の成り行きである。もはや授業の内容をほとんど理解できないのだから、脱退が最善の選択とさえ言えるかもしれない。柔軟性に欠ける――一回の授業が前回の授業をもとにつくられている――カリキュラムは、処理能力に過剰な負荷がかけられている生徒にとって寛容な環境ではない。ちらほらと授業を欠席すると、生徒は落ちこぼれていき、追いつけそうもない。プログラムの構想が、人は十分やる気があればミスをしないはずだという前提に立っている。そこには、時間どおりに授業に来ることさえしない人は関心がないにちがいないのだから、訓練に「値しない」という暗黙の了解がある。

しかし欠乏の心理を踏まえると、このようなミスはごくありふれたもので、本人にどんなにやる気があっても不可避とさえ言えると予想できる。想像してほしい。あなたは一日の仕事を終えて家に帰るが、今月の家賃やさまざまな請求書、それに娘の誕生生パーティーの費用を払うためのお金を、どこからひねり出すか心配している。よく眠れていない。数週間前、あなたはコンピューター技術の研修プログラムに申し込んだ。いつかもっといい職に就くために役立つかもしれないと思ったのだ。しかし今晩、そのような研修のメリットは漠然としていて現実味がない。あなたは目の前のことに疲れきって打ちひしがれ、たとえ研修に行っても何も頭に入らないだろうと思う。それから二～三週間が過ぎた。あなたはまた一回授業を欠席した。そして出席しても前ほどよく理解できない。結局、いまは無理なのだと判断する。途中だがここで辞めて、経済的にもっと落ち着いたとき、もう一度申し込もう。あなたが試したプログラムは、過失に寛容な設計ではなかった。予想できたあなたのミスを増幅し、実質的にあなたを追い出したのだ。

しかしそうなるのが必然ではない。まちがわないこと、あるいは行動を改めることを要求する代わりに、コックピットを設計し直すこともできる。たとえば、いくつかモジュールがあって、それぞれ異なる時期に始まって並行して進むように、ずらして配置するカリキュラムに変更することもできる。授業を欠席して遅れをとった？　それなら、一週間か二週間「遅れて」進んでいる同様の研修に移ればいい。ひとつモジュールを受けそこねたのなら、周回遅れでまた順調に進むことができる。たしかに、ゴールするのに少し長くかかるが、少なくともゴールに到達できる。ところが現状では、訓練プログラムはミスを考慮しない構成になっている。参加者がへまをすることは予想されていない、あるいは許されていないかのようだ。しかし貧困者は――失業しているときでも、というか失業しているときはとくに――いろいろ気にしなくてはならないことがある。その多くは何かを学ぶこととはなかなか相いれない。欠乏を解決しようとしているときに訓練プログラムの授業をサボるのは、中学校をずる休みするのとはちがう。欠席が許されない「単線」型の授業は、ふつうの学生には効果があるかもしれないが、ジャグリングを起こしている貧困者にとってはナンセンスだ。

ここで強調すべきは、過失に寛容であることは個人の責任を問わないことではない、という点だ。実際はその逆である。過失を許容することは、貧困者がみずからやると決めたら確実に救われるようにする手段なのだ——そして実際に大勢が救われる。過失が許容されると、自分が注ぐ努力と直面する状況に合ったチャンスを得ることができる。懸命の努力が必要なくなるわけではなく、むしろ挑戦する意気込みのある人たちが、懸命の努力によって大きな利益を得られるようになる。コックピットのレバーが改善されて、熱心なパイロットが力を発揮できるのと同じ。処理能力への負荷による避けられない小さな失敗で、懸命の努力が水の泡になることがないようにしているのだ。[4]

効果のないインセンティブ

先ほど話した、生涯に受けられる生活保護の上限にもどろう。この施策の根拠は、生活保護を受けるサイクルに入ったり出たりするのは、貧困者側のやる気の欠如が原因だという考えにある。人々が断続的に生活保護を受けるのは、あまりに安易に働かないでいられる制度のせいだと言われていた。これを改善するためにアメリカでは、主要な生活保護プログラム（現在は貧困家庭向け一時援助金プログラムに改名）に生涯受給の上限を設けたのだ。現在、生涯で合計五年までしかこのプログラムでの保護を受けられない。[5]

生涯上限は愚策とは言えない。上限が欠乏感を生み、それが資源の「使い方」の管理向上につながる、という論法だ。これは欠乏の心理にもとづいたものと言える。しかしこの論法には欠点がある。これまで見てきたように、締め切りが効果を発揮するのは差し迫っているときであり、心のいちばん上にあるときだ。長期間での制限は、ずっと先の締め切りと同様、その期間の終わりが近づいてはじめて差し迫ってくる。いま現在ジャグリングとトンネリングを起こしている人にとって、何年も先の上限は、すぐ近くになるまではトンネルの外に出ている。差し迫った脅威になるまで上限は無視され、頭をよぎることはめったにない。そして差し迫った脅威になるころには手遅れだ。この計画を考案した人たちが、このようなこと――何年も最終期限を無視したあげく土壇場でパニックにおちいり、最終的にもはや援助金を受け取れなくなるという事態――を意図していなかったことは、ほぼまちがいない。ある意味で、これは考えられる最悪の制度である。ペナルティーを科すのに、やる気にさせないのだから。

トンネリングを理解すると、限度の効果を高めることができる。限度が行動に影響をおよぼすためには、トンネルのなかに入ってこなくてはならない。あと何カ月残っているか、きっちり念押しする通知を送るのもひとつの方法だ。注意を促すことが、この漠然とした問題をトンネルのなかに押し込む試みになりえる。もうひとつの方法は、限度の仕組みを変えることだ。ずっと先に一回締め切りがあるより、あいだに何度も締め切りがあるほうが、効果が大きいことはわかっている。したがって解決策として優れているのは、もっと小さい限度をたくさんつくることだろう（上限を生涯に何年ではなく二～三年に何カ月だけ、というふうにするのがいいかもしれない）。さらに、限度を超えることの影響をもっと小さく、それでいて切迫したもの、気づきやすく乗り越えやすいものにすることだ。生活保護をすべて打ち切るのではなく、支給額を減らすのがいいかもしれない。

ここに、インセンティブをどう組み立てるべきか（べきでないか）についての一般的な教訓が示されている。トンネルの外に出てしまうインセンティブには効果がありそうにない。想像してほしい。子どもたちに予防接種を受けさせようとするとして、その親たちは今月の家計をやりくりするのに苦労している。一カ月か二カ月後の支給といますぐの支給と、どちらが彼らにとって魅力的だろう？　インドのラージャスターン地方で行なわれたある研究で、たった一キロのレンズマメが、人々に予防接種を受けに来させるのにとくに効果的であることがわかった。(6) トンネリングを起こしている人にとって、遠い将来の報酬や罰は効果が薄い。貯蓄プログラムで何年も先に支払われる多額の奨励金はすてきだが、それでは貯蓄は「重要だが緊急でない」問題になり、トンネルの外に出てしまって、永久に放置される可能性がある。インセンティブが効果を発揮するには、人々に見えなくてはならない。そしてほとんどのインセンティブは、よほどうまく練られていないかぎりトンネルの外に出てしまって、目に入らない効果のないものになるリスクがある。

処理能力は高くつく

条件つき現金給付は、貧困者にお金を支給する方法として一般的になりつつある。本人の示す好ましい行動で受け取る金額が決まるのだ。(7) 研究が示すところでは、このようなプログラムは功を奏し、クライアントは金銭的インセンティブに反応する。しかしそれは物事の一面にすぎない。反面では、反応していない潜在的クライアントが大勢いる。この場合もまた、インセンティブはしばしばトンネルの外に出てしまうのだ。給付は将来のことなので、人はいま望ましい行動にトンネリングを起こしはしない。しかしこれで新たな疑問が起こる。このようなインセンティブをトンネルのなかに入れることができるとして、そうするべきなのだろうか？　インセンティブが増えるたびに、処理能力に負荷がかかる。子どもの健康診断のための特別手当給付を利用するためには、親は予約をして、それを忘れないようにして、往復するための時間を見つけて、子どもを無理やり連れて行かなくてはならない（医者を好きな子どもはいない！）。これらのステップそれぞれに処理能力が必要だ。そしてこれは行動のひとつにすぎない。条件つき現金給付は、そのような良い行動を、何百ではないにしても何十とさせようとしている。そのインセンティブを理解し、必要なトレードオフをする──自分にとってやる価値があるのはどれで、ないのはどれか、いつやるかを判断する──だけでも、処理能力が求められる。

「私たちは貧しい人々にこんなふうに処理能力を使ってほしいのか？」という疑問が呈されることはない。立案者はどの行動がいちばん奨励する価値があるのかを決めるにあたって、このコストを考慮しない。貧困プログラムを考案するとき、貧困者がお金に困っていることは認識しているので、お金を蓄えることには注意を払う。しかし、処理能力も欠乏することについては考えない。このことを最も如実に表わしているのは教育の奨励である。さまざまな問題への対処としてまず、欠けているスキルを教えようとするのだ。子育ての問題に直面すると、子育てスキルのプログラムを与える。金銭的な誤り――高すぎる金利で借りすぎること――に直面すると、金融教育の授業を受けさせる。社会的スキルに欠けている従業員に遭遇すると、コミュニケーションや交渉など「ソフトスキル」の講座を紹介する。教育はけっしていらぬお節介ではなく、純粋な親切であるかのようにとらえられている。しかし限られた処理能力しかない人にとって、それは真実ではない。教育が良いことであるのはまちがいない。しかし貧困者が犠牲を払わずに受けられるものであるかのように扱われているが、実際には処理能力への高い代償がともなう。本人が集中できずに教育の努力が無駄になるか、本人は集中するが処理能力に負荷がかかるか、いずれかである。本人が実際に訓練やインセンティブに集中するとき、何に集中しないことになるのだろう？　新たに課された授業はほんとうに、彼が本を読んだり子どもと過ごしたりするためにひねり出した貴重な時間をつぶすだけの価値があるのだろうか？　処理能力への負荷には隠れたコストがあるのだ。

さらに、教育は正しいことだと判断するとしても、処理能力を倹約しながら教育する方法がいくつかありえる。このことは、経済学者のアントワネット・ショアーと共著者の研究で実証されているとおりだ。(8)彼女らはドミニカ共和国のＡＤＯＰＥＭというマイクロファイナンス機関に協力していた。この機関の顧客は、雑貨屋や美容室や飲食店などの小さな事業を、たいてい従業員を雇うことなく営んでいる。ADOPEMは、顧客が帳簿でミスをしていて、大半の人が財務のことをあまり理解していないのではないかと考えた。解決策は単純に思われる。財務知識の教育だ。そこでショアーは、世界中の零細事業主が通常与えられるような、標準的な財務知識研修モジュールを入手した。教材を見た彼女のリアクションは「うわっ、なんて長ったらしいのかしら！」（マサチューセッツ工科大学の財政学教授である彼女をしてそう思わせるほどのものなのだ）。その講座は数週間かかるもので、従来の会計テクニックに重点を置き、毎日の現金と経費の記帳、在庫管理、売掛金と買掛金の勘定、そして利益と投資の計算を教えている。

処理能力に制約のない世界では、このすべてが知っておく価値のあるものだ。しかし現実世界では、自分ならもっと顧客のためになることができるとショアーは考えた。彼女は地元でトップの事業主たちを集め、彼らが財務をどう管理しているのかを調べた。彼らも複雑な会計処理に取り組んでいるわけではなかったが、あまり成功していない事業主がやっていないことをやっていた。すなわち、優れた経験則にしたがっていたのだ。たとえば、店の売上金をひとつのレジスターに入れて、そこから自分自身に固定給を払っている人が数名いた。こうすれば、家庭のお金と事業のお金を混同し、家計にいくら使っていて事業でいくら儲けているか判断しにくくなるのを防ぐことができる（数人の女性は、現金の束をひとつはブラの左のカップに、もうひとつは右のカップにしまっていた）。これはちゃんとした複式簿記ではないが、効果的で簡単だ。これで処理能力を節約し、その強みの大部分を温存できる。

ショアーはめぼしい経験則を集め、それにもとづく新しい「財務教育」の授業を考えた。彼女の授業のほうが短く、はるかにわかりやすい。使われる処理能力はずっと少なく、そのことがデータにも表われている。出席率がはるかに高く、経験則の授業が終わると顧客たちは大喜びし、もっと教えてほしいと願い出た。追加の授業には自分でお金を払うとさえ言う人も大勢いた。通常、財務教育の授業にもう一度出席させるためには、甘い言葉でつらなくてはならないのに。

さらに、必要な処理能力が減ったことで授業は理解しやすくなり、効果が高まった。追跡調査では、会計の複雑なルールよりも経験則のほうが生徒たちの実行する確率は高かった。そしてこのことが最終損益に表われている。経験則が徐々に根づいたため、収入――実際の売り上げ――が増えたのだ。実務の改善が最も重要になりえる景気の悪い週はとくに顕著で、収入が二五パーセント増えている。それとは対照的に、従来の財務知識研修はまったく効果がなかった。教訓は明快だ。処理能力を節約することで高利益を生むことができる。

人がどんなトレードオフをすることになるか、教育をどういう構成にするか、どんなインセンティブを開発するか、失敗にはどう対処するか、いずれにせよ社会プログラムをどう策定するかは、欠乏の心理を理解することで劇的に変わる可能性がある。もちろん、このどれもが貧困撲滅の特効薬にはならない。問題は根深い。しかし欠乏の心理とそれが生み出す行動上の課題を認識することは、貧困撲滅のための介入のささやかな成果を高めることに、いくらか助けになるかもしれない。

処理能力は生み出せる

あなたは仕事を二つ掛け持ちしているシングルマザーだとしよう。ジャグリングしなくてはならないことがたくさんある。すでに話した金銭上のジャグリングのほか、費用のかかる子どもの保育所のこともジャグリングしなくてはならない。かなりの補助金が支給されるプログラムを知っているが、子どものうち一人しか受け入れてもらえないし、その保育園は早い時間に閉まるので、夜の仕事には役に立たない。そこであなたは解決策を継《つ》ぎはぎする。下の子はあなたの祖母に預ける手はずを整える。さらに、一人の子を学校から祖母の家へ、もう一人を保育所から祖母の家へ送る手配もしなくてはならない。そしてあなたはサービス部門で働いているので、保育の必要性はスタッフ監督が決める勤務時間に左右される。彼女は親切で、あなたに協力しようとしているが、どうしても不安定さは避けられない。

ここで私たちからあなたに、かなりの補助金が給付される保育プログラムを提案するとしよう。それであなたはほんとうのところ何を手に入れることになるのだろう？　たしかに、子どもをあちらこちらに送り迎えする時間を節約することになる。お金も（保育料が安くなるので）直接的に、あるいは（祖母の時間を計算に入れるなら）間接的に節約できる。しかしこのプログラムであなたは、もっと貴重なものも手に入れることになる。それはいろんなことに使えるもの。いま現在、悩んだり、心配したり、いろんな手配をジャグリングしたりするのに使っている、処理能力を取りもどすことになるのだ。私たちはあなたの認知的負荷を取りのぞいてあげることになる。すでに見てきたように、これはあなたの実行制御力、もっと広くは自制心、さらには子育てを助けることになる。あなたの認知能力全般、集中力、仕事の質、その他あなたが心を向けようと思うことすべてを高め、向上させる。この観点からすると、保育の手助けはもっとはるかに多くのことを助ける。それはいちばん精妙な人的資本を築く手段である。すなわち、処理能力を生み出すのだ。

一般的に専門家がこの保育プログラムを評価するとき、検討する成果の範囲は限られている。母親が働ける時間は増えたか？　遅刻は減ったか？　しかしこれでは視野があまりに狭いだろう。このプログラムが生み出すのは心の自由であり、処理能力の増大であり、それは簡単に測定できるものではない。それでもプログラムが功を奏すれば、そのメリットがさまざまな状況に現われるはずだ。ほかがすべて同等なら、このプログラムが知力におよぼす影響を直接調べて確認できるだろう。作業記憶は強まるか？　衝動の抑制力や自制心は高まるか？　既存のプログラムに関する悲観的意見には、そのような影響を正しく認識せず、ひいては測定もしないことから出ているものもあるだろう。このような保育プログラムに対する見方が狭すぎると、幅広いメリットの多くを見逃してしまう。要するに、効果的な介入はささやかな利益どころか、もっとずっと大きいものを生み出す可能性がある。しかしいちばん根深いニーズがどこにあるか、メリットはどこに生じるかを見ないと、その影響を過小評価することになるのだ。

どうすれば処理能力を生み出せるか、事例は保育のほかにも世界中にたくさんある。まずはファイナンスの話から。貧困者のジャグリングの大部分は、日々の火消しから生じることを思い出してほしい。もし私たちがこの火消しを手伝うことができたら、新たな処理能力を生み出すことになる。彼らが消そうとしている火は本質的に深刻である——いますぐどうしても現金が必要なのだ。しかもそのニーズは大きな投資のためではなく、ごく小さなもののため、たとえば学校の制服を買うためである。貧困者がいちばん求めているのは金貸しが容易に提供できるもの、すなわち、緊急のニーズに対応するために、すぐに借りられてすぐに返せるような少額のお金である。ところが貧困者に提供される融資は、正反対の方針にもとづいて組まれることが多い。ある程度まとまった額のお金が、慎重に時間をかけて提供される。そのような融資は投資には役立つかもしれない。しかし火消しに忙しい人たちには、投資するための処理能力などない。であれば、きちんとしたマイクロファイナンス機関があるにもかかわらず、人々がやはり金貸しのところに行くことを選ぶのは意外でもなんでもない。私たちはインドで、地元の貧困層に貢献している総合金融機関のKGFSとともに、ごく短期の少額ローン商品を試した。すると驚いたことに、平均一〇ドル未満のローンにかなりの需要があった(9)。その商品は富を築くのには役に立たない。人々を起業家にすることはできない。表面的には、人生を変えられるような金額には見えない。それでもまさに人生を変える可能性があるのだ。欠乏の罠は火消しやトンネリングから始まる。大きなコストがともなうのに、その部分がトンネルの外にはずれていて見えないことにいろいろ手をつけてしまうから、欠乏の罠にはまってしまう。そこを変えれば、貧困の論理そのものを変えることができる。

問題の本源にもどって対処することもできる。発展途上世界では、労働者に正式な安定した雇用がないために、所得の流れに波があって不安定な場合が多い。先進諸国でも、雇用されている低所得者には所得や収入がひどく不安定な人が多い。本書の前半で見たように、所得が不安定なことは、最終的にジャグリングしなくてはならなくなる主要な原因である。なぜそれを軽減しようとしないのか？　世界中の貧困層のために安心できる仕事と安定した所得を生み出すことにもっと重点を置けば、彼らの心理に変革をもたらすことができるだろう。

しかし、もっと先に踏み込むこともできる。人は突然の傷病や降雨保険のための出費といった大きなショックに注目しがちだ。たしかにそういうものは重要である。しかし、人がジャグリングを起こしているときには、小さいショックも同じくらい大きな影響をおよぼすおそれがある。貧しい農民は牛の病気のせいで毎日の収入が大きく減り、欠乏の罠へと滑り落ちていくこともある。したがって私たちは、貧しい人たちをこのような一見「小さい」ショックから守ることを目指すべきである。アメリカでは一貫性のない労働時間（今週は五〇時間働くが来週は三〇時間しか働かない）のような単純なことが、ジャグリングを引き起こして欠乏を長引かせる可能性がある。貧困者にとっては失業よりもたちが悪いとさえ言えそうな労働時間のばらつきに備える失業保険のようなものをつくることが、ひとつの解決策になるだろう。

ジャグリングから生まれてトンネリングを誘発するショックの大半が、ふつう完全に予測できることはすでに見てきたとおりだ。肥料のためのお金が突然必要になるのはショックと見なされるが、しかしその一方で、それは完全に予測できることだ。毎年発生するものなのに、ジャグリングに忙しいとそのニーズが来るのが見えない。であるならば、そのようなショックを和らげる方法を見つけることには潜在的に大きな価値があるはずだ。その方法のひとつは、貧しい人たちがスラックになる貯金を築くのを手助けする金融商品を開発することだ。本書でこれまで論じた欠乏に対処するためのテクニックをいくつか利用して、それを実現できるだろう。たとえば、トンネリングを逆手にとって利用できる。目の前の火をなんとかするために高い手数料のローンを提案するのだ。このローンはトンネルのなかでは魅力的であり、その高い手数料を使って貯蓄口座をつくることができる。

もっといいのは、火消しをしないですむための商品を開発することだ。欠乏の罠とジャグリングがしばしば、比較的豊かな時期の手ぬるい管理の結果として生じることを、私たちは見てきた。ならば、そのときに助ければいいではないか。農民の収穫売上金を預かり、年間にならして事実上の月収にするような金融商品をつくればいい。これは一例にすぎない。もっと視野を広げると、定年後の資金計画には膨大な資源が費やされている。貧困者がたえまないジャグリングと火消しの生活から逃れるのを手助けすることは、同じように変革を起こす可能性がある。

ここには、貧困に対する深い、いくぶん変わった考え方が反映されている。貧しい人たちの明らかに乏しい資源である所得だけでなく、それほど明白ではないが同じくらい重要なもうひとつの資源、すなわち処理能力にも、焦点を合わせている。処理能力を考慮すると、ちょうどいいタイミングで現金を与えるという単純なことが、大きなプラスになりうることがわかる。正しく行なわれれば、誰かに一〇〇ドルを与えることが心の平和を買うのに役立つこともある。そしてその心の平和のおかげで、本人はもっと多くのことをうまくやることができ、手痛いまちがいを回避できる。マラウイ共和国のある現金給付プログラムは、低所得参加者の心理的苦痛が四〇パーセント減少したことを示している[10]。ちょうどいいタイミングで給付する方法を理解し、より広い範囲の影響を測ることは、処理能力を考慮する政策に近づく道である。

　これらはすべて、貧困政策のコンセプトの根本的な練り直しである。ここで私たちは、さまざまな行動がいろいろなかたちで連鎖することを認めざるをえない。家賃と食費と学費すべてが家計の一部を占めていることはわかる。そこで、教育と健康と資金と保育を別々の問題として見るのではなく、すべてが人の処理能力の一部を占めていることを認めなくてはならない。そして税金のせいで予算がめちゃくちゃになることもあるのと同じように、人は処理能力への負荷のせいで、対応しなくてはならないいくつかの領域のいずれかで失敗することがある。逆に言えば、そのような問題の一部を解決することの影響は、広範囲におよぶ可能性があるのだ。保育が提供するのはたんなる子どもの世話以上のものであり、適切な金融商品が実現するのはいざというときのための貯蓄をはるかに超えるものである。どちらも処理能力を解放し、ＩＱを高め、自制心を安定させ、思考を明晰にし、睡眠さえも改善する可能性がある。こじつけだって？　データはそうでないことを示している。

根絶の難しい問題

貧困との闘いに人々はずっと苦労している。次から次へとプログラムは失敗に終わるか、せいぜいささやかな成功を収めているだけだ。社会的セーフティネットはとかくやっかいである。アメリカでは、[11]人はひとたび社会的セーフティネットに落ちると、きまって何度も繰り返しもどってくる。そして訓練プログラムの効果はほどほどにすぎないようだ。その影響を評価しようとした研究者はいくつか効用を見つけているので、投資する価値はあるものの、このプログラムが貧困へ向かう道筋を変えることはできない。居住地区の変更も少ししか役に立たない。アメリカでのある実験で、何千という家族を低所得地区から高所得地区へ移転させたところ、おもに[12]ストレスと生活の質にまずまずの効果は見られたが、根本的な貧困の傾向は変わらなかった。

世界各地での結果も似たり寄ったりだ。小さな事業を始める手助けをするために小口融資を行なうマイクロファイナンスは、大きな変革を起こすと喧伝されている。マイクロファイナンスの影響はプラスかもしれないが、[13]貧困の基本的論理を変える見込みはないと、いくつかの研究が示唆している。給食プログラムは子どもたちの学習に、ある程度効果を上げている。教育の成果は確実だが非常に限定されている。長年にわたり、非営利組織が貧困者の多様なニーズに取り組むために、さまざまな総合的施策を行なおうとしてきた。たしかに彼らはよくやっている。しかし、やはりささやかな成果しか上がっていない。

　この話は現行のプログラムを批判するのが目的ではない。貧困は難しい問題だ。ささやかな成果でも価値ある社会的投資に貢献することもある。しかしこの話は、どうすれば改善できるかの提案である。たいして成功していないプログラムに遭遇すると、そのプログラムは人々が必要としないもの、あるいは重要と思わないものを支給しているのだと、推測したくなるかもしれない。しかしおそらく問題は、プログラムが支給しようとしているものではなく、実際の支給方法にあるのだ。第二次世界大戦の爆撃機のコックピット同様、そのようなプログラムは設計を改善することで、もっと大きな成功を収められる。そして設計の改善には、欠乏の心理から浮かび上がる集中と処理能力についての基本的洞察を組み込まなくてはならない。

第9章　組織における欠乏への対処

ミズーリ州にある救急病院、セント・ジョンズ地域医療センターは、手術室の問題を抱えていた。(1) 三二の手術室で年間三万件あまりの外科手術が行なわれていて、その予定を組むのが難しくなっている。手術室はつねに予約でいっぱいなのだ。二〇〇二年、この病院の手術室はフル回転だった。そのため急患が出ると――そして急患は全仕事量の二〇パーセントを占めるのが通例だ――病院はずっと前から予定していた手術を動かさざるをえない。「その結果、病院スタッフは午前二時に手術を行ない、医師は二時間の手術をするために数時間待つこともしばしばで、スタッフはしょっちゅう予定外の残業をしている」とは、ある研究が次に起こった信じがたい事態を要約して記したものだ。

これは典型的な欠乏の事例である。手術の数に対して手術室が足りない。セント・ジョンズ病院は欠乏の罠にはまっていた。つねに遅れをとっていて、遅れをとっているから手術を入れ替えなくてはならず、睡眠時間の確保や就業規則の順守に苦労し、さらに効率が悪くなる。このような状況で予定を組み直せば一大事につながりかねない。そして少なくとも短期的には、組み直しの試みが欠乏を悪化させるおそれもある。なぜなら、すでに不足している予算の一部が組み直しに「浪費」されるからだ。この病院はいろいろ首を突っ込みすぎる人に似ている。そういう人は仕事に時間がかかりすぎると自分でも感じるのだが、その理由はひとつに、かかわっていることが多すぎて、一歩下がって整理し直すというさらなる――時間のかかる――課題に取り組むことなど、想像できないからである。

しかしセント・ジョンズ病院はどうすればいいか答えを見つけなくてはならなかった。病院の理事会が医療改善機関から招いたアドバイザーは、病院の日々の重圧にトンネリングを起こさずにすむというぜいたくを許され、問題をくわしく調べて分析した。そして彼がたどり着いたのはかなり意外な解決策だった。手術室をひとつ使わずに空けておくというのだ。セント・ジョンズの一般・外傷外科医であるケネス・ラーソン医師は当然の反応を示した。「私たちはすでに大忙しなのに、そんな私たちから何かを奪い取ろうなど、まともじゃない」と思ったと、彼は語る。

しかし、このアドバイスには深い考えがあった。欠乏への対処にとって有益な考えだ。一見したところ、セント・ジョンズに足りないのは手術室だった。どんなに予定を組み直してもその問題は解決しない。しかしもっと深く掘り下げると、この不足は少しタイプがちがった。手術には二種類ある。計画的なものと計画外のものだ。当時、手術室はすべて計画的な手術で埋まっていた。計画外の手術が生じると（実際に生じるのだが）、スケジュールの組み替えが必要になる。急患を入れるために計画的な手術を動かさなくてはならないことには代償がともなう。残業代という経済的な代償もあれば、ミスが増えるという医療上の代償もある。しかし効率の代償もあった。人を予定外に遅い時間に働かせるのは効率が悪い。仕事の技量が下がり、手術にかかる時間が延びる。

急患によるスケジュールの組み直しがなければ――誰もが予定どおりの時間だけ働き、手術にかかる時間も短いので――すべての患者に対処するだけの十分な手術室があった。手術室の欠乏はじつは手術用スペースの不足ではなく、急患を受け入れられないことだったのだ。これには借金を抱える貧困者に近いものがある。お金がうまく使われていて「ショック」となる突発事がなければ、彼らはたいていもう少しいい暮らしができるだけのお金を手にしているのだ。ところがそのお金の多くが借金返済に消えてしまう。それはただ家計が苦しいということではない。帳尻を合わせる必要があり、それに大金が使われるのだ。セント・ジョンズの場合、病院は手術室に「乏しかった」のではない。急患が到着すると、余裕のないスペースが急患を受け入れるために使われ、そのあとまた遅れを取りもどすために使われていた。

「予定外の手術がどれだけ入るかは予測できないので、『追加』のためだけに手術室をひと部屋空けておくのは、ひどく効率の悪い空間の使い方だと誰もが思い込んでいました」と、この構想を主導した緊急外傷センターの副所長、クリスティー・デンプシーは言う。結局、「計画外」または「想定外」の手術という言葉が少しまぎらわしいのだ。〝そのような緊急の手術は予期できない〟というニュアンスになる。もちろん、個別の手術は前もってわかるものではないが、そのような手術があるという事実は、貧しい人や忙しい人をショックが襲うという事実と同じように、十分に予測できる。いつでも「想定外」の手術は確実に入ってくるのだ。それなら、とくに予定外の患者のために使う手術室を空けておけばいいではないか。そうすれば、ほかの手術室すべてにフルに予定を入れることができ、予定外の手術に邪魔されることはなくなり、計画外の手術はすべて特別に割り当てられた一室で行なわれることになる。

この考えはうまくいった。ひとつの手術室を緊急手術専用にすると、病院が受け入れられる手術は五・一パーセント増えた。午後三時以降に行なわれる手術の件数は四五パーセント減少し、収入は増えた。試行期間わずか一ヵ月で、病院はこの変更を正式採用している。それから二年間、病院の手術件数は毎年七〜一一パーセント増加した。

そのうえ、病院がこの改革の効果をきちんと認識するようになるとすぐに、ほかのことも明らかになった。外科医は術後回診が週末にかからないように、手術の予定を週の前半に組む傾向があり、この慣習のせいで待機手術の配分が偏っていたのだ。従来このアンバランスは緊急手術の陰になって目につかなかったが、その緊急手術がなくなるとはっきりわかるようになった。まもなくセント・ジョンズ病院は待機手術のスケジュールを一週間に均等に配分するようになり、さらに状況が改善された。[2]

スラックはつねに軽んじられる

セント・ジョンズ病院の事例は、欠乏の罠の根本をなすものを具体的に示している。病院が経験していた手術室の不足は、じつはスラックの不足だったのだ。うまく機能するにはスラックが必要なシステムはたくさんある。[3] 昔のオープンリール式テープレコーダーは、テープが切れないように少し余分にメカに送り込む必要があった。コーヒーミルはコーヒー豆を詰めすぎると挽《ひ》くことができない。道路は交通量が容量の七〇パーセント以下でいちばんスムーズに機能し、スラックがないと渋滞が起こる。原則として、道路の八五パーセントが埋まっていて、誰もが同じスピードで走ると、すべての車は楽に車間距離をとることができる。しかし一人のドライバーが少しでもスピードを上げ、ブレーキをかける必要が生じると、その後ろの人たちもブレーキを踏まなくてはならない。すると今度はスピードが落ちすぎる。結局、車のスピードをまた上げるより落とすほうが簡単なのだ。この小さいショック――誰かが適切なスピードからほんの少しはずれて、そのあとブレーキを踏む――のせいで、車の流れがかなり遅くなる。あと何回かショックが襲うと、交通は停止してしまう。八五パーセントの交通量であれば道路は足りているのだが、小さいショックを吸収できるだけのスラックはない。

さらに、もっと分別があるはずの人でさえ、ごくふつうにスラックを過小評価する。

あなたには以前すばらしいアシスタントがいた。どんなときも、あなたが必要とする仕事を急な頼みでも喜んでうまくやってくれていた。ところが、経営コンサルタントがあなたのアシスタントには自由時間がたくさんあることを発見した。そして部門が再編され、そのアシスタントはあなた以外の二人にもつくことになった。会社の時間利用法のデータによると、このほうがはるかに効率的だという。アシスタントのスケジュールはあなたのスケジュールと同じくらいびっしりだ。しかしこれでは、あなたが土壇場で急に頼む仕事に、すぐには対応してもらえない。つまり、あなたの過密なスケジュールでは、ほんのわずかでもショックがあれば遅れをとることになる。そして遅れをとるとジャグリングを始めて、さらにどんどん遅れることになる。アシスタントは重要なスラック源だったのだ。通常の予定がすべてびっしり埋まっているとき、急な案件にはアシスタントが対処できた。アシスタントは「十分活用されていない」からこそ、セント・ジョンズの例の空き部屋と同様、貴重な存在だったのだ。

やることがたくさんあるときはふつう、ぎゅうぎゅうに詰め込みたい衝動に駆られる――すべてが収まるようにできるだけぎゅうぎゅうに。そしてぎゅうぎゅう詰めになっていないと、十分にやっていないのではないかという気持ちになる。実際、効率の専門家は「使われていない」時間のある従業員を見つけると、きまって「もっと効率的に」時間を使わせようとする。[4] しかしその結果、スラックがなくなってしまう。たまに渋滞にはまるのは、ほかの人にとってはちょっとしたいらいらの種《たね》にすぎないが、予定がびっしり詰まっている人の場合、スケジュールがすっかり混乱してしまう。最初の会議に遅れ、あいだの時間がないために次の会議にしわ寄せがきて、それがさらにその次の仕事に影響する。最終的に、びっしり詰まっている今日の仕事のひとつを翌日に延期するしかなくなるが、もちろん、明日のスケジュールも「効率的に」詰まっているので、延期の代償は結局高くつく。覚えがある話ではないだろうか？　当然だ。あなたはスラックの価値を軽んじてきた。ちょっとでも問題が生じると、そのせいで課される負担にあなたにはもう対応できないが、明日の予算から借金すると利子は高くつく。

人がスラックをつくらないのは、いまやらなくてはならないことに集中し、将来起こりうるあらゆることを十分に考えないからだ。いま現在ははっきりと間近に迫っているが、将来の不測の事態は緊急度が低く、想像するのが難しい。漠然とした将来を目の前にある現在と突きあわせると、スラックはぜいたくに感じられる。結局のところ、そんなものを取っておけるほど、自分は十分に持っているとは思っていない。あなたはどうするべきか？　やりたいことがたくさんあって、そのための時間が足りないにもかかわらず、万が一予想外のことが起こった場合に備えて、たとえば月曜と水曜の午後三時から四時までのスケジュールを空けておくべきなのか？　実際のところ、そうするべきだ。それは車で三〇分のところに行くのに四〇分前に出発したり、万一の場合に備えて毎月の家計からいくらかを蓄えたりするのと同じだ。欠乏に直面したとき、スラックは必要不可欠である。それなのに、人はたいていそのための計画を怠る。もちろんその理由はもっぱら、欠乏のせいで計画するのが難しくなることにある。

スラックと無駄

スラックの扱いをまちがうのは個人だけの問題ではない。組織にも当てはまる。一九七〇年代から一九八〇年代初めにかけて、多くの企業が「肥大化」しているという認識があった。[5] 一部の業界では、ありあまる資金を経営陣がぞんざいに使っていた。不動産や企業買収に必要以上にお金を払い、値段交渉をせず、最終損益に無頓着だったのだ。資金の使い方があまりにひどくて、所有する石油よりも価値の低い石油会社もあった。市場は彼らが資産を浪費するだけだと予測したのだ。一九八〇年代に起こったレバレッジド・バイアウトの波は、この問題を解決しようとする試みだった。その論理は単純だ。そのような会社を買収し、借金を抱えさせることによってプレッシャーをかける。裕福な状態から欠乏状態に移すのだ。この借金の試練――本書の用語では欠乏による集中――によって、業績が改善するだろう。経営陣は注意を払うようになり、資金をもっと賢く使い、大きな利益を生むだろう、というわけだ。

実際に多くの実証的研究が、ほかの影響はともあれ、レバレッジド・バイアウトはたしかに企業の業績を改善したことを示している。[6] その理由のひとつは、「会社の贅肉《ぜいにく》」が経営者のインセンティブ問題を悪化させることだ。彼らのお金の使い方が下手なのは、ほかの人のお金を使っているからである。「贅肉」は事実上自由になるお金であり、経営者は喜ぶが株主は無駄と見るぜいたくに使われる。レバレッジを増やして贅肉を減らすことにより、経営者はもっと賢くお金を使うようになる。

レバレッジに効果があったのは、欠乏の心理のおかげでもある。企業が「贅肉を落として競争力をつけた」理由のひとつは、締め切りが生産性を高める理由、低所得の乗客がタクシー料金を知っている理由と同じだ。コストを低く抑える非常に慎重な経営者でいるには、多大な認知的努力が必要である。仕入れ先と熱心に交渉し、経費が必要かどうかを判断するために項目をひとつひとつ精査しなくてはならない。このような集中力は欠乏下で生まれやすく、豊かな状況では生まれにくい。経営者が自分のお金を使う非公開の会社でも、資金がありあまっているときは「無駄な」ふるまいをするようになる。

しかし本書で見てきたように、スラックは無駄であると同時に有益でもある。経費削減をするとき、ほんとうの無駄と有益なスラックを区別するのが難しい場合もあり、実際、レバレッジ企業の多くが倒産の危機に瀕した。(7) その現実に直面して、彼らはトンネリングを起こした。一九八〇年代が無駄を削ることの効果に関する教訓だったとすれば、二〇〇〇年代は近視眼的経営の危険性に関する教訓だった。この二つはおそらくつながっていただろう。無駄を削りすぎ、スラックを取り除きすぎると、残るのは今日の収支を合わせるためにつけを将来に回す経営者である。

マーズ・オービター

一九九八年一二月、NASA（アメリカ航空宇宙局）はマーズ・クライメート・オービターと呼ばれる火星探査機を打ち上げた。(8) 火星への飛行ミッションの原動力は、地球にこんなにも近くて大きさが似ている（一日の長さも似ている）惑星と、わずかとはいえ期待される生命存在の可能性に対して、人間が何世紀にもわたって抱いてきた強い関心である。オービターが独力で大きな発見をする見込みはなかった。しかしこれは先鋒だ。将来のミッションのため、ひょっとすると火星への有人着陸のために、貴重なデータを提供するだろう。その打ち上げは、膨大な時間におよぶ努力を要した一億二五〇〇万ドルのプロジェクトの集大成である。その名のとおり、オービターは火星に近い安定軌道《オービット》に乗り、そこからデータを収集するように設計されていた。

惑星を回る安定軌道に乗るには手際がいる。衛星は惑星に近づくと、その重力に引き寄せられる。衛星が近づくスピードが遅すぎると、引力が強すぎて惑星面に衝突してしまう。衛星の移動が速すぎると、引力が弱すぎるため、衛星は惑星のそばを滑るように走り抜け、ちがう方向に進んでしまう。ちょうどいいスピード（そしてもちろん適切な角度）のとき、引力が衛星を安定軌道に乗せるのに過不足のない強さになる。言うまでもないが、適切な速度を決めるには複雑で正確な計算が必要とされる。オービターは火星に近づくと、火星の軌道にとらえられるのにちょうどいいだけスピードを落とすように、逆噴射用エンジンを燃焼させなくてはならない。信号が地球から届くには約一〇分かかるので、このプロセスはすべてあらかじめプログラムされている。地上管制官はすわって（遅れて届く音に）耳を澄ませていることしかできない。さいわい、死んだようにひっそりした宇宙では、意外なことはそれほどたくさん起こらない。天体物理学の計算は、地球に縛られたエンジニアがうらやむほどの正確さで行なうことができる。

打ち上げから九ヵ月半後の一九九九年九月二三日、オービターは火星に到達し、軌道突入手順の実行を開始した。これでオービターは火星の裏側に入るので、数分間はまったく連絡が取れなくなる。しかしそのときトラブルの兆候が発生した。オービターは再び姿を現わしたはずなのに、まったく信号が送信されてこないのだ。張り詰めた空気のなか、一秒過ぎるごとに希望が少しずつ消えていく。最終的に地上クルーはあきらめた。オービターは墜落したと推定された。

このような大々的な失敗のあとには、詳しい調査が行なわれるものだ。何が起こったのか？　なぜ墜落したのか？　防ぐために何ができたのか？　誰の責任なのか？　とくに複雑なシステムの機能停止には、通常多くの原因がある。ところがこの場合、原因は明白であると同時にニュースバリューもあった。逆噴射装置の燃焼が強すぎたのだ。しかしとくに興味深かったのは、その燃焼のずれの度合いである。ＮＡＳＡの計算によると、望ましい噴射に対する実際の噴射の比率は、妙になじみのある数字、四・四五だった。これはメートル法とヤード・ポンド法の力の単位変換をするのに使われる数字である。すぐにおそまつなミスが明らかになった。

オービターのような衛星は、いくつかの下請け会社が部分ごとに建造する。ある会社がつくったエンジンは、受信する入力データをヤード・ポンド法の力の単位であるポンドで解釈していた。しかし別の会社がつくった中央演算装置《CPU》は、入力データをメートル法の力の単位であるニュートンで送っていた。演算装置が「X」と言うたびに、エンジンには「四・四五×X」と聞こえていたわけだ（演算装置が「一〇」と言うとき、一〇ニュートンという意味なのだが、エンジンには「一〇ポンド」と聞こえていて、それは四四・五ニュートンを意味する）。その結果、オービターは速度を落としすぎ、火星の引力にとらえられてしまった。これほど重要なプロジェクトにしては、これは非常に重大ではあるにしても、こっけいなへまである。

ミスは避けられない。NASAの技術者はこのことを知っている。だからこそ、果てしないチェックとテストが行なわれるのだ。では何が起きたのか？　打ち上げまでの数カ月間、ジェット推進研究所のチーム全体がスケジュールより遅れていた。人手が足りず、プロジェクトの細部すべてに十分に気を配ることができないまま、終盤を迎えた。誰しも遅れをとるもので、火消し中の組織はスタッフの多くがまだ最後の火を消すのに協力しているので、新しいプロジェクトのチームに割り当てる人数が少なくなりがちであることが観察されている。しかしほかの業界で働く人たちとちがって、ジェット推進研究所の技術者たちは、遅れに対してよく使われる頼みの綱、すなわち期限の延長に頼ることはできなかった。打ち上げ日は天体の軌道で決まる。火星とほかの天体の位置が、短い打ち上げ時限を決めるのだ。宇宙のスケジュールと交渉するのは難しい。

厳しい納期は長時間労働を生んだ。しかしそれだけでなく、トンネリングも起こした。焦点は打ち上げ日に間に合わせること。その目標に直接関係しないことはあと回しにされ、結局、あとになっても目を向けられなかった。四・四五のミスはそのような犠牲のひとつだった。打ち上げのかなり前に、技術者たち自身のデータに何かおかしいところがあることが示されていた。彼らは不整合に気づいていた。しかし不整合の原因を解明することは、やることリストにもうひとつ仕事が加わるということであり、それでなくてもやることがたくさん残っていて、すべてには手が回らない。不整合らしきものの追究は犠牲になった。もうひとつ犠牲になったのは、エンジンと演算装置の合同シミュレーションである。それをしていれば問題が直接明らかになっていただろう。通常のいわゆる抑制と均衡《チェック・アンド・バランス》が犠牲になり、トラブルの潜在的兆候が見過ごされた。すべて納期に間に合わせるためだ。そろそろあなたも、これがトンネリングの当然の結果であると気づくだろう。

これはあとになってわかったことではない。ＮＡＳＡからジェット推進研究所への墜落前の報告書が、この問題を強調していた。プロジェクトの（おそらく人手不足による）最初の遅れが工程の省略と急場しのぎにつながると、報告書は主張していたのだ。スタッフは長時間働いていて、ミスを犯している。最初の遅れがさらなる非効率を生むことになる。さらに悪いことに、きわめて重要なチェック——それほど急を要するとは思えなかったもの——が見落とされる。つまりこの報告書は、混乱と最終的な墜落へとつながるパターンを予言していたのだ。

これはたんなる遅れの症状ではない。オービター墜落の調査官たちは技術的な分析を終えるとすぐに、この失敗の組織的原因に目を向けた。彼らの結論によると、理由のひとつはＮ

ＡＳＡが採用していた「より早く、よりうまく、より安く」のスローガンだった。このスローガンはコスト節減とスケジュール短縮に重点を置いている。チームは時間が不足するようになって、トンネリングを起こした。そしてそのあとほったらかしにした。この場合、決定的なチェックが重要だが緊急でないために放置されたのだ。それは目の前の課題、すなわち予定どおりの打ち上げ実現にとっては、決定的ではなかった。

火消しの罠

セント・ジョンズ病院もＮＡＳＡも、火消しの罠にはまっていた。組織研究者のロジャー・ボーンとラムチャンドラン・ジェイクマーが述べているように、火消しをしている組織にはいくつか共通点がある。[9] 第一に、「問題が多すぎて時間が足りない」。第二に、緊急の問題を解決するが、緊急でない問題はどんなに重要でもあと回しにする。第三に、これが次々に連鎖を生むので、やるべき仕事の量が増える。要するに、目前の火を消すことに時間が費やされ、火を防ぐためのことは何も行なわれないので、たえず新しい火の手が上がる。セント・ジョンズでは、外科医は目の前の患者への対応に忙しいので、一歩下がって患者全体の比率を見ることができなかった。ＮＡＳＡでは、技術者たちは各部品の納期を守ろうとすることに忙しくて、部品どうしがどう組み合わさるかに目を向けなかった。火消しの罠は欠乏の罠の特別な例である。

アメリカのトップクラスのメーカー四社を五年にわたって徹底して調べた研究が、火消しの事例をいくつも実証している。ある管理職が言うように「従来のプロジェクトへの資源配分を見ると、わが社はいつも出遅れていて、きちんと早くからプロジェクトに人を配置せず……あとになって必要な大勢の人員を投入する……資源配分は新製品発売時点がピークだ」[10]。五年にわたる研究を踏まえて、研究者はこう結論づけている。「研究開発の管理に関する現在の議論でとくによく出てくるのは、過労の技術者チームが、新製品発売直前の数日間でプロジェクトを完成させるために、長時間働いているイメージだ」

火消しが招くのはたんなる誤りではなく、おおいに予測できるような誤りである。すなわち、重要だが緊急でない仕事がほったらかしにされるのだ。その名が示すとおり、あなたは緊急の問題（火）を消すことに忙しく、ほかの問題はどんなに重要でも、（火事現場へ向かうときのシートベルトのように）いちばん緊急の問題に押し流されてしまう。その結果、構造的な問題——重要だが待てる問題——はいつまでも解決されない。マイクロソフトがウィンドウズ2000を出荷したとき、わかっているバグが二万八〇〇〇あった[11]。プロジェクトチームは、たくさん問題がある製品を出荷していることを知っていたが、すでに期日に遅れていた。そのため彼らはすぐに、世に送り出したとわかっているバグをすべて修正するはずの最初のパッチに取り組み始めた。新しいバグの報告が入り始める時点でこれでは幸先よくない。

火消しの罠にはたくさんのジャグリングが関与している。迫りくる締め切りに集中しすぎているため、終えたときには次のプロジェクトの締め切りがいきなり迫っていることに気づく。たいていの人はそういう羽目におちいったことがあり、欠乏が罠であるのとまったく同じ理由で火消しが罠であることは直観的にわかる。ひとたび火消しを始めると、無傷で生き残るのは難しい。すでに完了しているべきプロジェクトにチームが必死で取り組んでいるとき、彼らは次のプロジェクトに出遅れているのであり、次のプロジェクトでも火消しをすることになって、いつまでも遅れをとったままになることは必至だ。[12]

欠乏とスラックの論理を理解することで、火消しの罠にはまるリスクを減らすことができる。それでも、トンネリングのせいでほかの考慮すべきことが見落とされやすくなることはわかっている。少なくとも組織におけるひとつの解決策は、みんなにわかるようなかたちで、スラックが利用できるような状況を保証することだ。銀行がリスク管理を試みてきたやり方に学ぶべきことがある。銀行は長年、収益にトンネリングを起こしている経営者は、リスクをきちんと考慮しないことを認識していた。これが控えめな表現であることは、二〇〇八年の金融危機が実証している。最近になって多くの銀行は、ほかの経営陣と一線を画すCEO直属の「最高リスク管理責任者」を導入した。彼らはリスク管理の観点から、金融商品、融資、その他の取引を承認しなくてはならない。いちばん魅力的な取引や、大きな利益と販売目標の達成に集中（トンネリング！）している経営陣とは違って、この役員の唯一の目標はリスクを監視することだ。

同様に、無駄が削られ続け、それとともにスラックが消えていくとき、資源のやりくりにトンネリングを起こしていない人が組織内部にいたほうがいい。日常的なトンネリングとは無縁で、組織に十分なスラックを確保することを仕事とし、今日やるべきことではなく、余裕のない計画を狂わせかねない明日のショックに目を向ける人だ。差し迫ったプロジェクトの目標達成に集中している人が将来のプロジェクトから借り入れをするせいで、スラックが使い果たされ、将来的に組織の処理能力の穴がもっと深くなることのないように、誰かが努めなくてはならない。セント・ジョンズ病院が雇ったアドバイザーが、隣の手術室をめぐる争いとはまったく無縁だったのは偶然ではない。

ほんとうに乏しい資源に対処する

真に有能な労働者は、一日が仕事でびっしり埋まっていることはなく、ゆとりとくつろぎのオーラにすっぽり包まれて仕事にぶらぶら歩いて行く。(13)

——ヘンリー・デイヴィッド・ソロー

NASAの経験から学べることがもうひとつある。ジェット推進研究所のチームが遅れ始めたとき、経営陣はほとんどの経営者がやることをやった。労働時間を増やしたのだ。彼らは時間の欠乏——オービターをすぐに打ち上げなくてはならない——を認め、それに対処するための時間を増やした。これは時間欠乏に対する一般的な反応だ。プロジェクトがスケジュールより遅れている？　追いつくためにもっと大勢の人員をその問題に投入しよう。そしてもし組織にそれ以上人員がいなければ——時間が迫っていて、新人を採用し教育するのには時間がかかるので――部下をもっと長時間働かせるだけだ。少なくとも新しい人員を投入できるようになるまでは。一見、これは当然の解決策であり、一定の資源でより多くのことをやるための、いちばん楽な方法のように思える。しかしこの対応は見かけほど賢明ではないかもしれない。ひとつの――プロジェクトを完成させるのに残された時間の――欠乏は認識しているが、もうひとつの――処理能力の――欠乏は無視している。処理能力の減少が仕事ぶりに与える影響を軽んじている。

携帯電話の使用について考えてみよう。現在一〇の州で、運転中の手持ち携帯電話の使用が禁止されている。[14]これはある程度もっともなことであり、ほかの州もきっとあとに続くだろう。なにしろハンドルを握るのが片手だけでは、当然、効率が悪く反応の遅いドライバーになる。しかしこれは見落とされがちだが重大な思い込みだ。携帯電話を握っているドライバーは事故に遭う可能性がかなり高いが、[15]じつはヘッドセットを使っているドライバーも同じである。[16]問題は手ではなく頭なのだ。あるシミュレーション研究で、ハンズフリーの携帯電話を使っているドライバーは、電話をかけていないドライバーとくらべて、信号を見逃す回数が二倍だった。[17]車の運転は身体能力を必要とする動作だと考えるのがふつうだが、安全な運転には両手だけではなく、処理能力も必要なのだ。

同様に、人はスケジュールを立てるとき、処理能力を見落とすことが多い。ふつう考えるのは、やることリストを片づけるのにかかる時間であり、それにかかる処理能力、あるいはかける処理能力ではない。ジェット推進研究所の技術者が、火星の位置によって決まる期限の切迫という問題にどう対応したか、考えてみよう。彼らは問題に注ぎ込む技術者の勤務時間を増やした。しかしそれは必ずしも処理能力を増やしたことにはならず、過労の技術者が働く時間は長くなったにもかかわらず、仕事に注ぎ込む処理能力の合計は減ったかもしれないとも言える。

一世紀近く前、ヘンリー・フォードは就業時間と処理能力のちがいを認識していた。工場労働者の週四〇時間労働制を設けるという彼の決断の動機は、人道的な配慮と同じくらい利益にもあったことは明らかだ。ある評論家は次のように述べている。

> 周知のとおりヘンリー・フォードが一九二六年に週四〇時間労働制を採用したとき、全米製造業協会の会員に激しく非難された。しかし、彼が一二年以上かけて行なっていた実験は、一日の労働時間を一〇時間から八時間に——そして週六日労働から五日労働に——減らすことで、労働者の総生産量は増え、生産コストが下がることをはっきり示していた。フォードは週労働時間を短くすることの社会的利益を熱く語り、消費のための時間が増えることは誰にとってもいいことだと断言した。しかし本心では、勤務時間の短縮は生産量の増加を意味すると考えていたのだ[18]。

フォードのもともとの実験データを見つけるのは難しい。しかしフォードの実験以降ほぼ一世紀のあいだに、同様の研究がいくつか行なわれている。建設プロジェクトについてのある研究は、「週六〇時間以上の勤務スケジュールが約二カ月以上続いた現場では、生産性低下の影響が蓄積し、そのせいで完成日は、同じ人数が週四〇時間勤務で達成したであろう日より遅くなる」[19]ことを明らかにした。まったく別の業界だが、あるソフトウェア開発者の指摘によると、スタッフが週六〇時間働くようになったとき、最初の数週間はこなせる仕事がぐっと増えたという[20]。しかし五週めまでに、週四〇時間働いていたときよりもこなす仕事量が少なくなっていた。

別の研究は、心胸外科部門で医療従事者一人当たりの患者数が増えるとどうなるかを調べた[21]。やはりここでも、短期的には生産性が上がった。患者は迅速に処置されたが、これには代償がともなった。放置状態が生じたのだ。前より多くの患者を迅速に処置すると仕事の質が低下し、患者の死亡率が高くなった。それどころか、プラス効果も長続きしていない。仕事量が増え続けたことで、最終的には患者一人に対処するのにかかる時間が増えたのだ。

生産性への影響はほかのところにも現われることがある。職場のイノベーションについて、ある研究者が次のように論じている。

> 私はインタビューの最後にいつも、もし突然全権を与えられたとしたら、組織内のイノベーションを促進するためにまず何に手をつけるか訊いた。圧倒的にいちばん多かった答えは時間だ。しかし回答者はこれに条件をつけることが多かった――同じような時間がもっとたくさんほしいのではなく、特定の生産活動や手続きがついてこない、もっと

自由な時間がほしいのだ。アプリケーション開発企業の取締役の言葉にこのことがよく表われていた。彼女は「遊ぶ時間、……窓の外をながめる時間、……ものを片づける時間、……本を読んで感じる時間」を切望した。(22)

ある意味で、これはけっして意外ではないはずだ。人は身体的に疲れきって休息を必要とするのと同じように、精神的にも消耗するので回復する必要がある。ところが欠乏が長引くと、処理能力の負荷は蓄積されがちである。このメカニズムを理解するために、睡眠というごくありふれたものを考えよう。働く時間が増えていて時間が欠乏している人々は、毎日残りの時間にさらに仕事を詰め込もうとし、何かをおろそかにして応急処置をする。当然、睡眠が候補に挙がる。人は時間が足りなくなると、睡眠時間を少し減らして、仕事の時間をいくらか捻出する。けれども睡眠が生産性に与える影響は著しい。労働者が睡眠時間を減らすと、意欲が低下し、ミスが増え、ぼんやりが多くなることは、研究によって何度も示されている。(23) このことを独創的な方法で実証した研究がある。時刻が変わるので夜に眠れなくなるサマータイムの開始日と終了日に注目したのだ。そして、そういう夜の眠れなかった一時間につき、サイバーローフィング――無目的のウェブ検索――時間が二〇パーセント増えることがわかった。(24) しかもそれはたった一晩の睡眠のことだ。調査によると、影響が蓄積するとはるかにひどいことになる。労働時間が増え、睡眠時間が減るにつれ、いずれ生産性が下がる。

それでもほとんどの企業が、いまだに処理能力ではなく労働時間を管理している。ある研究者グループが、結婚して子どもが四人いる三七歳の大手会計事務所の共同経営者について、次のように記述している。

私たちが一年前に会ったとき、彼は一日一二～一四時間働き、いつも疲れ果て、晩に家族と十分に触れ合うのが難しいと思っていて、そのせいで後ろめたさと不満を感じていた。よく眠れず、運動に時間を割くこともなく、体にいい食事をとることもめったになくて、食事は移動中またはデスクで仕事をしながら急いでパクつく。この［彼の］経験は珍しくない。たいていの人は増大する職場の要求に、勤務時間を増やすことで対応するため、どうしても体にも頭にも心にも負担がかかる。そのせいで従業員のエンゲージメントレベルが下がり、注意散漫がひどくなり、離職率が上がり、医療費が急増する。[25]

同じ研究者グループが試験的な「エネルギー管理」プログラムを試した。[26]このプログラムでは、散歩休憩を取り入れ、睡眠などの基本要素に重点を置いていた。試験的研究では、一二の銀行の従業員一〇六名が、いくつかの評価基準で成績を上げた。信じがたい話に聞こえるかもしれない。しかし、人が自分の体を管理するのとどうちがうだろう？　ひんぱんにコンピューターを使う人は、反復運動損傷を防ぐために強制的に休憩を取らされる。コンピューター視覚症候群をいやすために、約二〇分に一回、二〇秒ほど画面から目を離して休めるようにアドバイスされる。[27] 人の認知システムは身体システムとそれほどちがわないはずだというのは、そんなに直観的に受け入れがたい考えだろうか？

ここで学ぶべき重大な教訓は、欠乏によって逆への圧力がかかっても、処理能力の管理と養成に重きを置く必要性である。労働時間を増やし、従業員にさらに精を出させ、休暇を見送る、といったことはすべてトンネリング反応であり、高い利子で借金するのと似ている。長期的な影響を無視している。精神科医の報告によると、「限界ぎりぎりまで働かされ、生活に休んだりくつろいだり深く考えたりする余裕がなくて」[28] 急性ストレスの症状を示す患者の数が増えているという。労働時間を週に四〇時間、五〇時間、あるいは六〇時間にすることに、魔法のような力があるわけではない。しかし、心にジョギングさせることには——働く時間ではなく有効な処理能力を最大にするための——重要な意味がある。

もちろん、火消しに追われることから処理能力の養成を怠ることまで、これまで話してきた誤りはすべて個人の問題であり、どんな人も犠牲になる可能性がある。しかし組織が問題を悪化させることもありえる。チームの一員が遅れ始める、または火消しモードに入ると、そのせいでほかのメンバーも欠乏を感じる。一人の処理能力に負荷がかかると、とくにそれがトップに立つ人だと、一連のまずい意思決定がさらなる欠乏につながり、ほかの人たちの処理能力に負荷をかけるおそれがある。組織がドミノ効果を生む可能性があり、そうなると個々のメンバーがチームを火消しと処理能力低下に引き込む。しかしここで組織は洞察力を発揮し、欠乏の難題にうまく対処できるような環境をつくることができる。

〈紅花《べにはな》〉

多くのアメリカの起業家と同様、ロッキー青木こと青木廣彰《ひろあき》は無鉄砲な青春時代を過ごした。(29) 一九五〇年代の日本でやんちゃなティーンエージャーだった彼は、学校でポルノ写真を売り、ラウディ・サウンズというロックバンドを始めた。克己《こっき》の精神も示していて、フライ級レスリング選手として大変な努力をした結果、一九六〇年夏季オリンピックの代表に選ばれ、アメリカの大学でスポーツ奨学金を獲得し、最終的に全米フライ級王座について、レスリング殿堂入りを果たしている。成長するにつれ、彼の独創性、エネルギー、そして勤勉さは次第にビジネスに向けられていった。レスリング選手として勝利を目指しながら、レストラン経営学で準学士を取るために勉強し、自由時間にはハーレムでアイスクリームの屋台を出した。

大成功を収めたロッキー青木の事業も始まりはささやかなものだった。アイスクリームの屋台で稼いだ一万ドルで、彼はテーブル四つの〈紅花〉という名の日本式ステーキハウスを、ニューヨークの西五六丁目に開いたのだ。最初の数年は浮き沈みが激しかったが、レストランは料理と雰囲気が評判になり始め、やがてセレブに人気のスポットとなった（モハメド・アリやビートルズも訪れている）。ロッキー青木はこの成功に乗じて、レストランをチェーン化し、まずニューヨーク市全体に、最終的には全米そして全世界へと広げた。現在、〈紅花〉は一七カ国に店舗を擁する。二〇〇八年にロッキー青木が死んだとき、彼の総資産は一億ドル以上と推定された。彼にはガチガチの固定的イメージがあって、その名声、父親認知訴訟、家族間の裁判沙汰、クラシックカーのコレクション、数々の風変わりな趣味、そしてチェーンの名称にまつわる異国情緒漂う半ば神秘的な裏話（由来はロッキー青木の父親が第二次世界大戦中に米軍による東京大空襲後の焼け野原で見た一輪の紅い花）までが、ほとんどパロディーになっている。

レストラン〈紅花〉に行ったことのある人はみな、なぜこの店がたぐいまれなのかを知っている。シェフが客の目の前で料理するのだ。実際、そのパフォーマンスを表現するには「料理」という言葉では足りない。シェフは名手だ。ナイフをジャグリングし、食べ物をへらから軽く放って直接皿にのせ、さらにはオニオンリングの火山をつくり出す。食事が拍手喝采で終わるのは〈紅花〉だけである。ユーチューブで「Benihana」（もっといいのは「hibachi chef」）を検索すると、何万件もの動画がヒットし、彼らのパフォーマンスをいくらでも見られる。そしてこれが回り回って〈紅花〉の成功に貢献している。ロッキー青木はちょっとしたエンタテインメントを考え出しただけではない。彼はレストランが直面していた欠乏を深い意味で理解していた。そしてそれを解決したのだ。

レストランで大事なのは料理、インテリア、そしてサービスだと考えられている。なんだかんだ言って、それが客の体験するものだ。それでも、店をたたんでしまったすばらしいレストランを誰もが知っている。客を店に呼び込むだけでは、レストランビジネスの成功は保証されない。ドライな戦略と経営上の判断が収益性を左右する。レストランが直面する問題は、経費のほとんどが固定費であることだ。もちろん食材にお金がかかるが、人件費、家賃、電気代、保険料などの間接費ほどではない。食事を供する客が大勢だろうがたった数人だろうが、間接費の大部分はやはりカバーしなくてはならない。結果として、このビジネスはすべてが「クリーム」次第ということだ。収入が固定費をまかなうレベルまで達したあとは、残りの収入の大部分は直接利益になる。そのため興味深い計算が成り立つ。混みあう土曜の夜に三つの席が埋まるのは、二つの席が埋まる場合よりも利益が五〇パーセント増えるのではない。もし最初の二席で固定費が回収されて少し利益も残るのなら、三番めの席は「クリーム」、つまりほとんどすべて利益なのだ。

ロッキー青木（たち）が気づいたのは、レストランビジネスで重要なのはじつは席数の欠乏であるということだ。いくつ客席を用意できるか？　もっとたくさんテーブルを入れられれば席数は増える。各テーブルに着かせる人数を増やせば席数は増える。客席の回転率を上げれば、つまり毎晩ひとつのテーブルに三組ではなく四組の客を案内すれば、席数は増える。〈紅花〉で劇場のように見えるものは、じつは欠乏に対する非常に賢い解決策なのだ。シェフの演出は相席テーブルに着いている人々をとりこにする。そして八人がけの相席テーブルには、とても効率的に客を詰め込める。四人のグループを席に案内するために、隣り合わせの二人用テーブル二卓が空くのを待たなくてもいい。相席テーブルなら、客が来たらどんどん席を埋めるだけだ。四人用のテーブルとは、相席テーブルの四つのイスという意味でしかない。しかしもっといいのは、テーブルの回転率がぐんと上がることだ。シェフがあなたの目の前で芝居気たっぷりに、しかも迅速に料理をする。あなたはすわっていて、そこにシェフがいて、メニューは多くないし、注文する時間は限られている。そしてシェフが楽しげにあなたの食事のペースを決める。料理が皿に放り込まれると、あなたはさっさと食べる。なぜなら、次の料理がいまにも放り上げられそうなところが見えるからだ。デザート――鉄板のそばではすぐに溶けてしまうアイスクリーム――さえも、スピードを考えてつくられている。そしてショーが終わると、シェフは一礼し、あなたは拍手をして、それで終わりだ。あなたはそのあと何をする？　すわって箸をかむ？　シェフがそこに立っていて、すべてが終わり、テーブルが片づけられ、ほかの人たちが去ろうとしているとき、だらだらと居残るのは難しい。これはつまり、〈紅花〉が一晩にテーブル一卓で稼ぐ金額がぐっと増えるということだ。〈紅花〉はほかのレストランとくらべて、売り上げ一ドル当たりの利益が一〇セント多いという推定もある。(30)〈紅花〉は利益率がはるかに高いのだ。

ビジネスにおける荷づくり

うまく考えられた食事のほかにも、〈紅花〉は重要な教訓を多くの組織に示している。たとえ企業が洞察力に優れていてほんとうに乏しい資源を特定できても、欠乏に対処する難しさと、それをもう少しうまくやることの効果は、過小評価されがちである。

コーネル大学の事業戦略研究者であるシェリル・カイムズは、メキシコ料理レストランチェーンの〈シェビーズ〉に委託されて収益改善ができるかどうか調べたとき、このことを発見した。[31]まず、課題をもっとよく確かめるためにスタッフと話をしたところ、ひとつの問題が浮かび上がった。それは長い行列である。ある意味で、これはレストランの人気であり、望ましいことのはずだ。しかし悪いこととも言える。長い行列は誇らしく思えるかもしれないが、まったく儲けにならない。必要なのは店内で食べている人であって、外で待っている人ではない。客は不満を感じて二度と来ないかもしれない。メジャーリーグの伝説的プレーヤー、ヨギ・ベラの語録にあるように「あそこにはもう誰も行かないよ。ものすごく混んでいるから」[32]とは言われたくないだろう。何ができるか――価格を上げるか、店を拡張するか――を知るために、カイムズは徹底した統計分析を行なった。スタッフの印象よりもっと正確なことがわかる。テーブル一卓当たりの売り上げは？　いちばんよくふさがるのはどのテーブルか？　回転率は？　といった具合だ。

そして意外なことがわかった。一見行列のできる繁盛店のようだが、データの示す利用率は低かったのだ。客席の半分以上が埋まっているのは週にわずか五時間。ところが外に行列ができている時間はずっと多い。どういうことなのか？　データに見られる二つの手がかりが問題解決に役立った。第一に、席の利用時間にかなりむらがあり、一組の客の食事が終わってから次の客の食事が始まるまでの時間に、いちばん大きいばらつきが生じている。混みあっている時間帯でも、次の客が席に着くまでに長い空白の時間がある。第二に、〈シェビーズ〉のようなレストランは友人や同僚と来る場所だと考えられていたが、データはちがうことを語っていた。客の七〇パーセントが一人か二人で来ているのだ。レストランにはこうした客層を案内するのに適したテーブルがないようだった。これがほんとうかどうか確かめるために、カイムズは食事に来る客のデータを集め、〈シェビーズ〉にとってどう詰めるのが効率的なのか、とくにどんなテーブルを使うべきか、探し出すアルゴリズムにかけた。その結果、明確なアドバイスが出てきた。二人用テーブルを増やすことだ。経営陣がそのとおりにすると、思いがけず大きな利益が生まれた。売り上げが五パーセント、一店舗だけで年間約一二万ドル以上も増えたのだ。もちろん、新しいテーブルを購入して店を改装するなど、変更には費用がかかったが、すべてを差し引いても、最初の年に利益が費用を上回り、翌年には増えた収入が純利益になった。欠乏への対応に投資して、高い利益を上げたのだ。

カイムズが現われるまで、〈シェビーズ〉は欠乏が突きつける課題をささいなことと見ていたので、欠乏に対処していなかった。しかしその課題はささいなものではなかった。たったひとつのレストランの問題にも、本格的なコンピューター分析が必要だったのだ。そしてレストラン業界だけではない。事業は欠乏にどう対処するか次第で、成功もすれば失敗もする。

第10章　日常生活の欠乏

医者とケーブルテレビの配線工には共通点がひとつある。三時に予約していても三時に会えることはめったにない。スケジュールを守るのは難しい。早いうちに手ちがいが生じた場合、たとえばほんの少しぐずぐずしたり、何かに予想外に長く時間がかかったりした場合、そのショックを吸収するスラックがないと影響が大きくなる。最初はなんとかなるように思えた過密さが遅れの連鎖を生む。どの予定もあわただしくなる。あなたは目の前の約束を乗り切ることにトンネリングを起こす。そして案の定、先の予定から時間を拝借する。時間借りの罠のでき上がりだ。過密なスケジュールのせいで、あなたはどの会合にも遅刻ぎりぎりになる。そしてほぼ毎日、朝のうちからそのぎりぎりを過ぎてしまう（なぜ相手がそれをがまんするのかは別問題である）。

ある財団の理事長を務める私たちの同僚の一人も、過密スケジュールを経験していないわけではない。彼は嬉々として、次から次へと続く会合に一日の大半を費やしている。彼も医者や配線工のように、いつも平気で遅刻し、どの会合も前の会合よりさらに遅れてもおかしくない。そして人々は資金を求めて彼のところに来るのだから、その遅れをがまんするだろう！　しかし彼は遅れない。会合の終了予定時刻の五分ほど前に、アシスタントが現われて「あと五分です」と知らせる。そして会合終了時刻にアシスタントが再び現われる。このかなりあからさまな介入は、有能で献身的なアシスタントがいる幸運なお偉いさんの多くが使っているもので、遅れの連鎖と欠乏の罠を防いでくれる。

アシスタントがドアをノックするのはとくべつ斬新な介入ではないが、そこには深い意味がある。状況をちょっと変えることで、欠乏の影響をかわすことができるのだ。欠乏の心理は根源的なものであり、それを「内側から」変えるのは難しいだろう。しかし、しかるべき結果を得るために心理を変える必要はない。くだんの財団理事長もトンネリングを起こしている。彼の奥の手は、欠乏の心理を弱めるために環境を変えることだ。しかも大幅に変えてはいない。つまり、アシスタントは追加のスラックをつくるわけではない。会合は相変わらず次から次へと予定されていて、理事長はやはり会合のあいだはトンネリングを起こしている。アシスタントはただ邪魔をして、欠乏の心理が害をおよぼすのを防いでいるだけだ。高速道路の路側についていて上を走るとゴトゴトいう、スピード防止帯のようなものだと考えればいい。小さい変化だが、ドライバーを疲労とぼんやりから守ってくれる。ドライバーに意識を集中させたり、もっと睡眠をとらせたりするより、ずっと簡単だ。

同じように、人は自分の環境を「耐欠乏性」にすることができる。より良い結果を出すために、なぜ物事がうまくいかないかを考察し、スピード防止帯や頼りになるアシスタントに相当するものを導入することができる。重要なのは進取の気性――欠乏を理解することが、考え方を変えて長年の問題に対処するのにどれだけ役立つかを認識することである。

トンネルのなかには何が？

欠乏に対処するための単純だが軽視されがちな手段は、トンネル内のものを動かすことだ。これを例のアシスタントはうまくやっている。彼女は理事長がまだ現在の会合にトンネリングを起こしているとき、そこに次の会合を持ち込む。私たちは経済学者のディーン・カーラン、マーガレット・マコネル、およびジョナサン・ジンマンと協力し、ペルーとボリビアとフィリピンで、貧しい人々のために貯金をトンネル内に持ち込む試みを行なった。(1) ここで足がかりとしたのは、貧しい人が貯金しない理由のひとつはトンネリングにあるという私たちの持論である。貯金は重要だが緊急でない課題であり、ほとんどいつもトンネルの外に出てしまうものだ。どんなときも貯金より差し迫ったことがある。そこで私たちは、貯金が心のいちばん上に来るようにすることで、一瞬でもそれをトンネル内にもどした。何のためにいくら貯金をするつもりか訊いてから、毎月月末に簡単なリマインダーを携帯メールか手紙で送るのだ。この当たり障りのないリマインダーだけで、貯金が六パーセント増えた。何かを強制するわけでもないし、たまに送るだけのものであることを考えると、驚くほど大きな効果である（なにしろメールは、戸口に立つアシスタントより全然目立たないし迫力もない）。

私たちは教育するわけでも意志力を鍛えるわけでもなく、ただトンネルを起こしているときは見落としがちな重要なことを思い出させるだけで、貯金を増やすことができたのだ。

トンネリングを踏まえると、金融商品に関する新しい考え方が生まれる。お金に関する決定のなかには、必然的にトンネル内に入ってくるものもある。あなたに確実に借金を返済したり家賃を払ったりするようにしてもらいたい人がいる。その人や機関は例のアシスタントのように、あなたがどれだけ激しくトンネリングを起こしていても、そのトンネルのなかに借金や家賃を持ち込む。それにひきかえ貯金には、気にかけてくれる熱心なアシスタントがいないので、私たちが行なったような行動の知識にもとづく介入がなければ、たいていはトンネルの外に出たままで終わる。

当然、トンネリングに関する知識を悪用することもできる。高い延滞料を設定し、請求が差し迫っていることへの注意喚起をしない手もある。リマインダーの効果から延滞料のショックまで、このような影響は貧困者に偏っておよぶことが多い。なぜなら、貧困者はいちばんトンネリングを起こして——その影響に苦しんで——いる人たちだからだ。

リマインダーの効果は言うまでもなく、お金に限ったことではない。多忙な人は、重要だが緊急でないスポーツジムのことをほったらかしにしやすい。個人トレーナーと契約すると、この問題が軽減する。トレーナーからの電話がフィットネスをトンネル内にもどすのだ。これでジムに行くことをほったらかしにできなくなる。トレーナーがトンネルのなかに侵入してきて、今週はいつ汗を流しに来たいか訊いてくる。トレーナーはつねに存在して、確実にジムが心のいちばん上に来るようにする。

また、衝動はリマインダーよりむしろトンネル内に持ち込みやすい。スーパーマーケットは昔からこのことを理解していた。チョコレートバーをレジカウンターのところに置くという簡単な方策で売り上げを伸ばしたのだ。こうすると、チョコレートが差し迫った衝動というかたちでトンネル内に侵入する――「チョコレートがほしい」。このような衝動はたくさんあって、どんなに重要でも、あるいは魅力的でも、急を要するものではないので、目に入っていないときは頭にも入っていない場合がある。しかし目に入ると自己主張してきて、ほかの強い欲求――この場合はダイエットしたいという欲求――をトンネルから追い出す。

これを参考にして、同じことを貯金でやったらいいのではないだろうか？　私たちは別のプロジェクトで、「衝動貯金」という金融商品を使って行なった。(2) チョコレートバーと同じように、衝動貯金カードがレジの隣のような目立つ場所につり下げられている。カードには人々の貯金の目標――大学、家、車など――の絵が描かれている。チョコレートバーと同じで、強い欲求を生み出すためのデザインだ。ただし、彼らがそのカードを「買う」と、実際には貯金をすることになる。彼らが払うお金が貯蓄口座に送られるのだ。

このカードは、人の潜在的目標を前面に持ってくることによってトンネリングに対抗するだけでなく、目標が薄れてしまう前に行動しやすい方法――「このカードを買おう」――も提供する。私たちはＩＦＭＲトラスト（貧困者への金融サービスを行なう大手機関）との小規模な試験プログラムで、驚くほど多くの人々がこの方法で貯金したがることを発見した。

忙しい人のデスクトップ画面にときおり（背景の一部にならずに注意を引きつけられるくらい不規則に）現われる家族の写真も、功を奏する可能性がある。ほうっておけば無視されそうなものを心のいちばん上に持ってくるのだ。

リマインダーは効果を発揮できるのに過小評価されることが多いのは、おそらく、あまりにも当たり前だからだろう。二〇〇八年、マサチューセッツ州自動車登録所はコストを削減する方法を考えた。[3] 期限切れ間近の車検証について思い出させるために通知を送るのは費用がかかる。そこで彼らはその通知をやめてしまった。ある意味でこれはもっともなことだが、私たちの分析に照らすと、それが愚かとも言える理由がわかる。車検証が失効するタイミングは、もっぱら前回登録した時期によるので、とくにパターンはない。リマインダーがないと、その日を思い出すのは難しい。とりわけ貧しい人やあわただしくしている人にとって、車検証が失効して、車所有者が違反切符を切られるリスクを負うのを防いでくれるのは、このようなリマインダーだけである。実のところ、この単純な政策変更によって、州は（うかつにも？）逆進税を課したのだ。

リマインダーは一見単純そうだが、しばしば見落とされる。政策立案者は貯蓄する意識を育てることに何百万ドルも使いながら、貯蓄を促すリマインダーを組み入れようとしない場合がある。人はジムの会員になるのに大金を使うが、ジムをトンネル内にとどめるためになすべきことを、じっくり考えることはない。

ほったらかし

昨年、私たちは貯蓄をほったらかしていた。それどころか、二人とも貯蓄のことを考えたのはずいぶん前のことだ。この無頓着な態度の原因は何なのだろう（二人のうち一人は子どももいる！）？　いや、じつはそれほど無頓着なわけではない。私たちの貯蓄口座は——老後の備えから子どもの学費の蓄えまで——順調に増えていたのだ。積極的に貯蓄をせずにどうやって貯めたのかって？　ほとんどの人がやっているのと同じ方法だ。二人ともだいぶ前に、給与から一〇パーセントを自動的に天引きするプランに登録したのだ。日常的な行動は貯蓄にまったくかまっていないように見えても、預金残高を見てもらえば、私たちがたくさん貯蓄をしていることは明らかだ。私たちは貯蓄について考えることなく、給料を使っている。天引きのおかげで、何もせずに貯蓄できるのだ。

この例が雄弁に物語っているのは、あるシンプルな知恵の有効性である。そうしたふるまいそのものをどうにかしようと骨を折るより、同じふるまいからちがう結果が生まれるようにするほうが効果的であることが多い。例として老後のための蓄えを考えてみよう。アメリカでは人は新しい職に就くとき、４０１ｋと呼ばれる確定拠出《かくていきょしゅつ》年金制度への加入に関する用紙に必要事項を記入する必要がある。一般的に、その用紙に記入しないと登録されず、それでは晩年に大変なことになるおそれがある。しかし採用されたばかりのときは、不安や心配がいっぱいでトンネリングを起こすことが多く、４０１ｋの用紙はほうっておかれる。洞察力に優れたある研究で、研究者はこの用紙を放置した場合どうなるか、その結果を変えた。[4]

新規採用された人たちは、次のように書かれた従来のものとはちがう用紙を受け取る。「あなたは三パーセントを天引きする401kに加入します。もし加入したくない、または天引き率を変えたい場合、この用紙を提出してください」。これで用紙をほったらかしにした人たちは貯蓄をすることになる。さらにいいのは、用紙について考えて貯蓄をしたい人にとって、手配がすべてすんでいることだ――うっかり忘れてもなんの問題もない。結果は驚異的だった。三年後でも加入率に著しい差があった。新人が加入しないことをわざわざ選ばなくてはならない会社では、八〇パーセント以上が401kプランに加入していた。逆に加入することを選ばなくてはならない会社では、加入していたのはわずか四五パーセントだった。初期設定――決定をほったらかすとどうなるか――を変えることには、驚くほど大きい効果がありえるのだ。

　もちろん、他人があなたの初期設定を決める巧妙な政策もたくさんある。しかし多くの場合、あなたが自分で初期設定を決められる。請求書の自動引き落としがその好例だ。多忙な人は請求書の自動引き落としに登録すれば、仕事のトンネルのなかで支払いを忘れるリスクがなくなる。というより、本人が請求書をほったらかすのは自由だが、そうしたときでも請求書は支払われる。となると、今日《こんにち》の多忙な人々――少なくとも現代技術を利用できる人たち――にとって、トンネリングを起こすと最もやっかいなのは、たとえば車の登録、運転免許証の更新、所得税の確定申告のような、自動化できない用事である。最悪なのは、自動化できないうえに現実的な期限やリマインダーがないもの、たとえば遺書を書くことや健康診断を受けることである。

この考え方は広く応用が利き、何度も繰り返すことや予測できる事柄にあてはめることもできる。自宅で仕事をしていて、締め切りにトンネリングを起こしている人のことを考えてみよう。そういう人は食事の質をおろそかにし、なんでも手近に見つかるものを食べることがわかっている。それどころか、気を取られていて疲れきっているので、体に悪い食べ物、とくにひと目でそそられるものを好む傾向がある。食品庫にいろんな食べ物が詰まっている場合、この多忙な人は結果的に一～二キロ体重が増える。それにひきかえ食品庫にヘルシーな食べ物しか入っていなければ、締め切りに追われても腰のくびれをキープできる。

最近バンク・オブ・アメリカが行なった「キープ・ザ・チェンジ（おつりはいりません）」[5]と呼ばれるプログラムは、ほったらかしを建設的に利用して有益なものにする好例である。銀行は次のように説明している。

「キープ・ザ・チェンジ」プログラムで貯蓄を自動的に増やすことができます。登録していただくと、バンク・オブ・アメリカのデビットカードでお買い物なさった金額の一ドルに満たない端数を切り上げ、その差額を当座預金口座から貯蓄口座に振り替えます。コーヒーを一杯飲むたび、車にガソリンを入れるたび、食料品の買い物をするたび、お客さまの蓄えが増えていくのです。こんなに簡単なやり方がほかにあるでしょうか？

「キープ・ザ・チェンジ」は（利子が少なく手数料が高いことなど、批判されるところはあったが）、うまくできているところがひとつある。お金を使いたいという衝動を抑えようとするのではなく[6]、その衝動を利用することで人々に貯金させているのだ。人々はたしかに貯金をおろそかにしているので、このプログラムは彼らがいちばん簡単にできること、つまり消費をしているあいだに、貯金をさせるのだ。

心がけ

多忙な職業人にとって、ある程度定期的にジムに通うのは、ジムの会員になることよりはるかに難しい。それにはひとつ明らかな理由がある。申込書へのサインにくらべて、腹筋運動や三〇分のランニングマシン運動ははるかに苦痛である。しかし別の理由もある。申込書には一度サインするだけですむが、定期的に通うには、正しいことを何度も繰り返し行なう心がけが必要だ。選択には二種類あると考えられる。すなわち心がけの選択と一回限りの選択だ。心がけを選択すると、その選択を継続的に繰り返さなくてはならない。たとえばジムに通う、万が一に備えて貯金する、体にいいものを食べる、家族と有益な時間を過ごす、という具合だ。厳しい心がけを求められる場合もある。ジムに一度行かなかったとしても、努力がほんの少し無駄になるだけだが、薬を飲むのを一回サボったら、すぐにもっとずっと深刻な状況におちいる。一度だけ失敗して貯金をはたいてレザージャケットを買った場合も、何カ月にもわたる懸命の努力が水の泡になるおそれがある。それに対して、一回限りの選択は、一回だけ（あるいは少なくともごくたまに）やれば望ましい結果が得られる。請求書の自動引き落としに登録すれば、支払いについての心配から解放されるし、洗濯乾燥機を買えば、何年ものあいだコインランドリーに出かけなくてもすむし、契約している電話会社の料金割引制度に登録すれば、また通知があるまではその特典を活かして節約することができる。

とくにトンネリングを起こしているときは、正しいことを繰り返しやらなくてはならないより、一度だけやるほうがはるかに楽だ。ところが、良い親でいること、貯金すること、あるいは正しい食事をとることなど、多くの良い行ないは心がけを求める。さらにやっかいなことに、借金する、軽率に責任を引き受ける、あるいはばかな買い物をするなど、多くの悪い行ないは一度やっただけで苦難を引き起こす。たった一度散財したり借金したりするだけで、先に広がる未来に自分で穴を掘ることになってしまう。その穴から抜け出すには心がけが必要だ。

このことからひとつ対策が浮かぶ。心がけを必要とする行為を、できるだけ一回限りの行動に変えることだ。食品庫からおやつを取り出すたびに心がけなくてはならないより、スーパーで心がければすむようにしよう。そういう仕組みの雑用は多い。家をきれいにしておくのには心がけが必要だが、（お金の余裕があるなら）掃除サービスは一度だけ頼めばいい。毎月請求書の支払いをするには心がけが必要だ。自動引き落としの手配は一度すればすむ。車の運転をするときに通行料金用の十分な現金の用意を忘れないためには心がけが必要だが、自動料金支払いシステムへの申し込みは一度すればいい。もっと一般的に、トンネリングはほったらかしを誘発するので、ほったらかされがちなことを一回限りで解決できるようにすることは、とても効果的と考えられる。必ず子どもと時間を過ごそうとしても、あなたの心がけが頼りではうまくいかないが、週一回の親子活動に参加申し込みをすれば、毎週最低限のすばらしい時間をともに過ごせる。

逆も効果がある。問題のある一回限りの行為を、心がけを必要とするようなものに変えるのだ。車の購入者に「クーリングオフ期間」(7)を提案している政策立案者もいるが、同じような仕組みはあらゆる種類（お金、時間、摂取できるカロリーなど）の借り入れに有益かもしれない。基本的に、実際に取り組む前に決定したことを数回確認しなくてはならないシステムをつくるのだ（想像してみてほしい。つい心をひかれてしまう誘いを受けると必ず、メールが次のような返信を送るように設定されている。「ありがとうございます。お受けできるかもしれません。一週間後にお知らせします」）。

場合によっては、自動更新を心がける行動に変える必要もあるだろう。何年も前に慎重に選んだ自動車保険よりもっと手ごろなものがあるかどうか、前回チェックしたのはいつだろう？　選択肢は変わるし、一回限りの選択がまちがいだったということもある。映画レンタルサービスの会員になったときには、月に数本の映画を見てすぐに返却すると思っていた。ところがいまの状況では、映画一本にいくら払わなくてはならないかを考えると恐ろしい。自動更新するのではなく、昔の一回限りの選択が現状でも賢いかどうかをときどき確認するのが賢明だろう。

では、ローンはどうだろう？　サラ金からの借金という、悪い結果を招くおそれのある一回限りの選択は禁じるべきなのか？　第5章で話した《ファミリー・フュード》の実験では、「貧民」の参加者が借りられる選択肢をなくすと、総合成績が向上することを確認した。しかしもちろん、実生活は実験室より複雑である。ためにならない借金もあるが、ためになる借金もある。どういう借金がどちらなのか、どうやって判断する？　私たち自身も、必要なスラックをもたらすローンがあると考えている。車が故障して修理するための現金が必要なとき、ローンは（たとえ金利が高くても）悪い方向への連鎖――仕事に遅刻して失業するリスクを負うなど――を止めるかもしれない。逆説的ではあるが、欠乏すると応急処置が必要になる確率も、その処置のせいで痛い目に遭う確率も高まる。

欠乏の心理についてひとつ言えるのは、トンネリングに備え、ほったらかしを防ぐ必要がある、ということだ。それはつまり、トンネリングを起こしている一瞬にまちがった選択をしにくいようにうまく舵取りをして、あまり心がけなくても良い行ないができるように手はずをととのえ、ただしときどき現状を見直すようにすることである。

連結と決定のタイミング

トンネリングとほったらかしが起こる世界では、さまざまなことがタイミングに左右される。将来のことを決定しているときに、最大のまちがいが起こる場合もある。将来のことはどんなトンネルにも入っておらず、遠くにぼんやりとしか見えない。今日やるとはけっして同意しないことを（「今日は忙しすぎます！」）、一カ月後にやるなら喜んで約束する（「いいですよ！　予定表はがらがらみたいですから！」）。今日のニーズは差し迫っているが、一カ月後のニーズは漠然としていて非現実的だ。すでに本書で見てきたように、こうして人は最終的にいろいろなことに首を突っ込みすぎる。こうしてお金に困っている人が、いずれ支払えなくなるものを買うことになる。半年前にとても魅力的だったので一八〇日間支払い不要で買った洗濯機が、いまになって大きな重荷になる。

しかし欠乏の心理を理解すると、それをうまく活用することができる。将来の欠乏を正しく認識していないというまさにその事実を、役立つように生かせない理由はない。よく知られている「セーブ・モア・トゥモロー（明日もっと貯める）」プログラム[8]の根底にあるのは、将来の欠乏を減らすために尽力する意欲である。このプログラムでは、いまは貯金できないと感じている人が、給料が増えたら必ず天引き貯金を増やすことに同意する。いまは新たに犠牲にするものはなく、あとで、そのぼんやりした将来が来てはじめて犠牲を払うのだ。結果はみごとだった。ある会社では、そのプランを提案された人の七五パーセント以上が、自力で貯金しようとするよりそのプランを選び、しかも解約を選んだ人はわずかだった。三回めの昇給までに、個人の貯蓄率は三倍以上になった。

ここでとくに巧妙なのは、起こると思うこと（昇給）と起こってほしいこと（貯蓄の増加）をつなげているところだ。この制度は自動的に二つを結びつけている。借金でも同じようなことができる。次の思考実験を検討してみよう。ハゲタカまがいのローン業者を規制する試みとして、ある州は給料日ローン業者に手数料を下げるよう強制した――たとえば、二〇〇ドルのローンの手数料を五〇ドルではなく二五ドルにする。まあ、それでもそうした業界は利益を維持して生き残ることだろう。別の州ではちがうプログラムが考案された。手数料は五〇ドルのままだが、二五ドルは貸し手に行き、残りの二五ドルは借り手名義の口座に入る。この口座に二〇〇ドルが貯まれば――この場合は八回のローンで――その人はもう借りる必要がなくなる。ローンが必要なら、代わりにこの貯金を使える。実際、手数料として払った五〇ドルのうち二五ドルを毎回貯金することによって、借り手はあっという間に「自分にお金を貸せる」ようになるのだ。

つまりこういうことだ。将来いつか状況がもっと楽になったときに賢明な判断を下そうと計画していても、現実には、その将来が巡ってきて再び状況が厳しければ、あなたは賢明な判断を下さないかもしれない。だから、賢く先手を打ってつなげておこう。エクササイズの重要性に注意が向いているうちに、ジムの会員権を買う、個人トレーナーを雇う、友人に断言するなど、自分がほかのことにトンネリングを起こした場合に、そのやる気を長続きさせるためのことをやろう。買い物中はヘルシーな食べ物のことに十分集中しているのなら、自分の心が食べ物を意識しなくなったときのために、正しい食品で食品庫をいっぱいにしておこう。そしてたまたま何か――本やコマーシャル――がきっかけであなたの心が一瞬でも老後の生活に向いたとき、行動を起こそう。自動天引き貯金の手配をして、弁護士に電話をして遺書を書く段取りをつけよう。そうしないと、すぐにあとでやるつもりでも、そのときはまた別のトンネルに入っている。

処理能力を効率よく使う

欠乏は処理能力に負荷をかけるので、欠乏に対処するうえで重要な問題は、処理能力を効率よく利用することだ。多忙な人が一日を分刻みで気にかけ、貧しい人がお金に集中するように、欠乏している人はみな、処理能力の配分と使われ方に大きく影響される。

処理能力で大切なのは、限られた情報処理力の割り振りだ。その意味で、より多くの情報処理を必要とする決断は、処理能力に直接的な影響をおよぼす。時間の足りない経営者が口をそろえて高く評価するアシスタントは、決定すべきことをまとめるのに長《た》けていて、選択肢の基本要素を抽出し、それを明確に示すことができる人だ。大量の未処理データを持ってくる部下はまったく使えない。明確かつ簡潔なまとめは、認知能力を効率よく利用するのに最善の方法だ。

ところが、人はこのことをきちんと理解せずに情報を提示することが多い。経済学者のマリアンヌ・ベルトランとアデア・モースによる給料日ローンの研究が、このことを実証している[9]。彼らは給料日ローンを受けようとしている顧客を二つのグループに分けた。一方のグループは、自分たちが支払うことになる年間実効利率（四四三パーセント）と似たようなローン（クレジットカードの一六パーセント）を並べた比較表を見せられる。もう一方のグループが示されるのは同じようなデータだが利率ではなく、ローンに何ドル支払うことになるか、二週間後（四五ドル）、一カ月後（九〇ドル）などと返済期日に応じた金額を、クレジットカードで同じ額を借りた場合（二週間で二・五ドル、一カ月で五ドルなど）と比較したものだった。つまり、同じようなデータが少しちがったかたちで提示されたのだ。一方は利率という漠然とした尺度であり、その正確な意味はとらえにくいかもしれない。他方は支払うドルの金額で、自分の懐《ふところ》から出す必要のある単位としてなじみ深い。ベルトランとモースは、ドルで費用を見せられるほうが給料日ローンを組む顧客がはるかに少ないことを明らかにした。給料日ローンを求めてやって来る人は、ドルで見て、考えて、必要とすることに慣れている。それにひきかえ利率はもの珍しい金融の道具であり、ほとんどの人は日常生活では使わないので、もっとわかりやすいものに変換するのにかなりの知的努力が必要とされる。処理能力に負荷がかけられているとき、具体的な金額のほうが抽象的な用語より、はるかに多くの意味を伝える。

栄養表示ラベルにも同様の問題がある。たくさんのもの珍しい情報が氾濫《はんらん》しているのだ。いまの消費者はカロリー情報だけでなく、脂肪からのカロリー、良いカロリーと悪いカロリー、必須栄養素（あなたはオメガ3脂肪酸を摂取しているだろうか？）、数種類のビタミンとミネラルの一日当たりの推奨摂取量に対する比率などの情報も知らされる。こうした情報の塊を処理するには多大な能力を要することになるが、情報を処理する簡単な方法でもないと、どう対処すればいいか途方に暮れることになる。ベーグルはどれくらい悪いのだろう？よくわからない。

ただトレードオフをするだけで負荷がかかることもある。あなたにはやるべき仕事がどっさりあるとしよう。ところが親友が引っ越すことになり、あなたは仕事を抱えているにもかかわらず、送別会にぜひとも出席しなくてはならない。そこで出席するが長居はしないことで、その予定を押し込むことにした。どのくらいの時間とどまるかは、その場の雰囲気と気分で決めよう。あなたはパーティーに到着し、一時間後に迷い始める。「もう帰ったほうがいいかな？」パーティーは楽しいし、ここで帰ると誤解されるかもしれないが、仕事が呼んでいる。一時間いれば十分？　失礼なやつだと思われる？　あなたの気持ちは揺れ動く。もう少しとどまるが、ほんとうのところ心はもはやパーティーにはない。トレードオフ――パーティーに残るために断念すること――のせいで、落ち着いた気持ちでそこにいるのは難しい。あなたは柔軟に対応することによって切り抜けようと考えたのだが、その実態は、トレードオフを長引かせて気もそぞろになることだったのだ。

忙しい人は家族や友だちと過ごす時間を切望する。その時間を多忙なスケジュールに押し込むのは難しく、結局は案の定ほったらかすことになるし、たとえ押し込んでも心ここにあらずで、代わりにできたことについてあれこれ考えているので、たいていは楽しくない。欠乏のためのトレードオフを仲裁する策として、私たちの知るかぎり最も賢明な方法はユダヤ教の安息日である。安息日は昔からある概念だ。安息日には働かず、メールも、執筆も、料理も、車の運転さえもしない。多くの人が長年経験していないような、静けさと安らぎと再生の日である。安息日は少なくとも二つの理由でうまくできている。ひとつは選択肢もジレンマもないことだ。休むこと以外は何もない、トレードオフのない日である。もうひとつの理由は、毎週同じ時間、金曜日が終わったときに始まることである。あなたがどんなに忙しくても関係なく、問答無用であり、計画する必要もない。安息日についての本を著しているユダヤ系思想家のアブラハム・ヨシュア・ヘッシェルは、安息日を神からの時間の贈り物と考えている。(10)

アトキンス・ダイエットはユダヤ教の安息日を連想させる。たいていのダイエットはトレードオフを促す。摂取するカロリーや炭水化物の量など、さまざまな制限を課す。そしてダイエットをする人たちは、全体的な制限の範囲内で、自分の好みの食べ物を選ぶように言われる。自分の好みを考える「柔軟性」が与えられるわけだ。しかし先ほどのパーティー出席者と同様、これでは処理能力に負荷をかけられたダイエット中の人たちに、トレードオフ思考を長引かせるだけである。そしてトレードオフ思考は気を散らすうえに、とくにダイエットにはよくない。なぜなら、食べ物のことばかり考えると抵抗するのが難しくなるからだ。ある研究は、ルールの複雑さが異なるダイエット方法に被験者をランダムに割り当て、こう結論を下している。「認識されるルールの複雑さは、認知能力を必要とするダイエットプログラムをやめるリスク増加と関係する、最も強い因子だった」(11)

アトキンス・ダイエットは（さまざまなかたちがあるが）この問題の解決に役立つ。このダイエット法では、しょっちゅうトレードオフをする必要はなく、炭水化物を最小限に抑えさえすればいい。そのおかげで選択がとても楽になる。炭水化物が非常に少ないので、トレードオフをせずに食べられる食べ物があるのだ。たっぷりのデザートのように、とにかく炭水化物が多いので選択がほぼ不可能になるものもある。トレードオフのための余地が少しは残る――少しのデザートか数枚のパンか――が、標準的なダイエットよりはるかに少ない。たしかに、アトキンス・ダイエットがとくに体にいいとは納得しない人もいる。しかし心理学的には、ひとつはっきりした利点がある。アトキンス・ダイエットでは、摂取カロリーを制限して食事のたびにどうするかを計算する必要はなく、単純な禁止とごくわずかなトレードオフという意味で、安息日に近いものがあるのだ。

処理能力は変動する

処理能力に関してもうひとつ重要なのは、いつでも一定ではないことだ。第2章に出てきた私たちの研究のサトウキビ農家を思い出してほしい。収穫の直前は貧しく、収穫直後は裕福だった。しかしもっと重要なのは、収穫直前は処理能力が低く、収穫直後は高かったことだ。同様に、月に一度給料を受け取る低所得労働者も、フードスタンプの受給者も、消費を平均的にならすことはできないので、月末近くには処理能力が最低になり、月初めには処理能力が高くなる可能性が高い。であれば、政策の実施とプログラムの策定にこのタイミングを利用するのが賢明だろう。健康習慣から会計業務まで、およそなんであれ処理能力を必要とすることを教えようとするプログラムがあったとして、いつ行なうのが最も効果的だろう？　農民に教えようとするなら収穫の直前か直後か？　貧しい人たちがプレゼントのためにお金をかき集めているクリスマスの直前か、それともその直後か？　処理能力の時系列を理解すれば、人々がよく聞いて内容を吸収する週と、心がうわの空の週のスケジュール表をつくることができる。

　処理能力の時間軸が重要なのは、日程を処理能力が高い時期に合わせられるからでもあり、そのことは次の効果的な研究で実証されている。農民にとって肥料を使うと利益が増えることはわかっていた――たとえば、ケニアのトウモロコシ農家の場合は七五パーセント以上増える[12]。それでも多くのケニア人は使わない。問題は知識の欠如ではないようだ。大部分の農民は肥料を買う計画だと申告するが、実際に買う人は三分の一に満たない。彼らはたいていお金がないのだと言う。その真の意味は、必要なときにお金がなかった、ということだ。収穫後には収入があるが、肥料を購入する必要があるのは何カ月もあとのことであり、そのときには現金が乏しくて処理能力に負荷がかかっている。

　お金があるときと肥料が必要なときの時間差をどうにかしようと、単純かつ巧妙な介入を考え出した研究者もいる[13]。農民の懐があたたかい収穫期に肥料を買わせて、植えつけの時期に配達するようにしたのだ。この単純な変更によって、肥料を買って使うケニア農民の割合は二九パーセントから四五パーセントに上昇した――劇的な増加だ。重要な決定を下す時期を、農民たちが現金に乏しく、さらに重要な処理能力にも乏しい時期から、現金も処理能力も豊かな時期に移すことによって、肥料を買いそこなう事態が避けられたのだ[14]。

　処理能力の自然な変動を意識することで、多忙な生活を送る人を助けることもできる。忙しい人はたいがい、使える時間にもとづいて活動の予定を組む。たとえば、ある程度の時間を必要とする仕事があり、水曜の午前一一時にそれくらいの時間がある、という具合だ。しかし仕事は時間のほかに処理能力も使うものであり、その量は仕事によって異なる。すべてが計画どおりに進んでいることを確認するために電話会議をチェックするのに必要な処理能力は、緊張しながら上司や顧客とじかに会うのに必要な処理能力よりずっと少ない。しかし人はこのことを認識せずに、どの時間帯が空いているかだけしか考えないことが多い。言うまでもなく、人の処理能力は一日のなかで変動する。高い処理能力を必要とする仕事は処理能力が高い時間帯に入るよう、私たちは賢く仕事の割り振りをしているだろうか？

処理能力を有効に使うには、仕事や行事の時間帯を選ぶだけでなく、最善の順番を設定することも必要だ。かなり長いあいだ、私たちはこの本を書こうとがんばって、毎朝一定の時間を確保していた。そしてその時間を必死に守ったが、たとえば六人の会合のスケジュール調整を自分だけが邪魔しているときなど、守るのが大変なときもあった。私たちはただ時間を守っていただけではなく、処理能力の高い時間を守っていた。それでもあまりうまくいかず、執筆のために引きこもってもあまり効果は上がらなかった。そして、私たちは何をまちがえていたのかに気づいた。必死に守った執筆時間にじっくり取り組む前に、すばやくメールに目を通して、緊急の用事を片づけてから引きこもるようにしていたのだ。ときには無線LAN装置のスイッチをオフにするなど、過激な行動を取る必要があったが、九時までには無理やりメールのチェックをやめる。しかし結局、私たちは完全にはやめていなかった。遅れているプロジェクトに関する一通のメッセージは、私たちがいかに深刻に遅れているかを訴えてくる。緊急の資金調達が必要なことを思い出させるメッセージもある。私たちはじっくり執筆しようとするのに、あまり心静かではなかった。心のなかで騒がしい思考の列車が走り始めていたのだ。私たちの行動は、ダイエット中の人が毎朝ほかのことをじっくり考え始める直前に、ドーナツを目の前にするようなものだった。

思わぬ障害

低所得の高卒者の多くは大学に行かない[15]。それはお金がないからだという前提で、低所得者を助けることを目的とした気前のいい学資援助プログラムがたくさんある。しかしそのようなプログラムはまったく活用されず、希望者はほとんど現われない。これは意外なことであり、ある研究者グループが理由の解明に乗り出した。納税申告の助けを求めて来た有資格の高卒者（とその家族）を三つのグループに分けて、大学の学資援助を申請するのに必要な用紙を渡した[16]。第一グループについては、単純に申し込む傾向を観察した。第二グループについては、情報のすき間を埋めるようにした。資格のある高卒者は自分が受給できるお金について知らないかもしれないので、税金のプロがそのことを話したのだ。第三グループについては、研究者は気の利いたことを行なった。税金のプロが資格のある高卒者に受給できる援助金のことを話しただけでなく、現場で一緒に用紙に記入したのだ。受給できる利益そのものについて話すだけでは、目立った効果はなかった。しかし用紙の記入を手伝うことには顕著な効果があった。彼らは学資援助を申請する傾向が強かっただけでなく、大学に入る割合も二九パーセント高かったのだ。

用紙記入というのは誰もがつまずきがちでありながら事前には見過ごされがちなものなので、記入を先延ばしにして忘れてしまうリスクもある。しかし処理能力に負荷がかかり、おそらく少し恥ずかしいという気持ちがある低所得者にとってのほうが、大きな障害である。大学に通った経験のない家族は、用紙への記入を手伝ってもらえた場合、その提出率が三倍だった。

欠乏への対処方法について深く洞察するとこうなる。計画ミスや先延ばしや失念によって、一見なんでもないステップが大きな障害物に変わることがありうるのだ。しかし人は自分の生活設計をしたり、他人のための政策を考案したりするとき、このような障害物を見逃す。誰かに用紙を家に持ち帰るように渡しても、本人はそれを忘れてしまうかもしれない。その場で記入させれば登録率は上昇する。もちろん、用紙への記入は「小さな」ステップだが、非常につまずきやすい一段でもある。利率を計算するとか、登録の更新を忘れないのと同じ。処理能力に負荷がかかっているとき、ごく単純な障害が大きな害をおよぼすことがあるのだ。

たとえば、公的給付金を受け取っている人は、毎年「再認定」を受け――一連の用紙に記入し――て、まだ資格があることを示す必要がある。想像がつくと思うが、この再認定の期間に人々はプログラムから脱落する。そしてこの条件がしばしば、最も貧しい人々を排除してしまうようだ。処理能力にいちばん重い負荷がかかっている人は、再認定が手遅れになる可能性がいちばん高い人でもあり、残念ながら、いちばんその給付金を必要としている人でもある。

処理能力への負荷の論理を理解するために、こう考えてほしい。学資援助申請書の記入に高額の料金を課すとしよう。こんな料金を課すのはばかげているとすぐに気づくだろう。お金に困っている人を対象としたプログラムに多くの料金を課すのはおかしい。ところが、処理能力をめいっぱい使っている人を対象として、たくさんの処理能力を必要とするプログラムが考案されることはままある。もうひとつわかりやすい比喩を使うと、助けを必要としているジャグラーのところに行って、もうひとつ空中にボールを投げ上げてジャグリングさせるようなものだ。

ちなみに、これはすべての障害を取りのぞこうという話ではない。場合によっては障害の存在にも理由がある。学資援助の用紙が複雑なのは、たくさんの情報が必要だからだ。再認定を行なうのは、状況は変化するものであり、プログラムは資格のある人を対象としなくてはならないからだ。しかし対策はある。ひとつに、多くの用紙は納税データを使って自動的に埋めることができる。欠乏への対処で人が犯す誤りは、計算式の片側——障害を取りのぞくためのコスト——には注目するのに、反対側——処理能力への負荷——を実際より小さく見積もることだ。しかしデータが示しているところでは、この負荷は不当に大きいこともある。成功するプログラムと成功しないプログラムの差、給付金を受け取るか受け取らないかの差、大卒になるかならないかの差は、ほんの小さな障害で決まるかもしれないのだ。

豊かさの問題

欠乏にもっとうまく対処することを考えるとき、欠乏は往々にして豊かさがもとで始まることを覚えておくべきだ。締め切り直前のピンチは、その前の数週間、無駄に使われたたくさんの時間に端を発していることが多い。収穫直前の数ヵ月間とくにお金に困るのは、前回の収穫後の余裕があった数ヵ月、お金の使い方が下手だったからだ。

第1章で話した研究を思い出してほしい。小論文の校正を依頼された被験者は、厳しい締め切りを与えられたときのほうが成果を上げた。ほとんどの人は締め切りが仕事ぶりの向上に役立つと気づいているが、締め切りは正当に評価されないことが多い。[17] その実験の別バージョンでは、一部の被験者は自分で厳しい締め切りを選ぶこともできた。そして締め切りの選択の自由は功を奏し、被験者が自発的に厳しい締め切りを設定したところ、そのおかげで締め切りがないグループよりもたくさん稼ぐことができた。しかし彼らが自由に選んだ締め切りは、本来もっと力を発揮できたはずである。選択権がなくて締め切りを強制されたグループより、稼ぎが二五パーセント少なかったのだ。私たちはこのことを、私たち自身の学生で確認している。あるクラスで最終論文の締め切りを学生たちに決めさせたのだ。締め切りを賢く学期末よりかなり早く設定した学生もいた。しかし多くの学生はそうせず、よりにもよってほかの論文すべての期限が来る時期に、この論文のために詰め込みで勉強することになった。

欠乏の世界では、長い期限はトラブルのもとだ。初めのうちの豊かさが無駄を促し、期日が近づくころにはトンネリングとほったらかしが生じている。長い期限を段階的にいくつかに区切ると、悪循環になる前に断ち切ることができる。同じことがお金にも言える。一回にまとまったお金を受け取る農民は、同じように、前半は豊かだが最終的に欠乏するというサイクルに入ってしまう。だから時間の場合と同じように、支払いを小分けにすることで救えるかもしれない。もし農民が一回にまとまった額をもらうのではなく、定期的に支払いを受けたらどうなるだろう？　同じことがフードスタンプにも言える。フードスタンプの受給者は、自分の収入をひと月に平均的に使うことができないという話を思い出してほしい。その場合、計画し、記憶し、管理し、トレードオフするのに、処理能力をたくさん使わなくてはならない。給付金を週払いにしてはどうだろう？　さもなければ、必要に応じて組み合わせてもいい。月々の大きな費用を支払うために最初にある程度まとまった額を支払い、そのあと週ごとの費用のために小分けにして支払う。裕福のあと欠乏というサイクルを断つひとつの方法は、裕福な状態と欠乏状態の差をならしてしまうことである——一時的に裕福になったあとだんだん欠乏するような時期が続くようにするのではなく、ほどほどに良い時期が長く続くようにするのだ。

スラックの必要性

豊富のち欠乏のサイクルがなぜそんなに悪いかというと、本書で見てきたように、欠乏は人を罠におとしいれることがあるからだ。人は豊かだと活動を調整しないだけでなく、将来のためにスラックを残すこともしない。私たちは第6章に出てきたコヤンベドゥの露天商で、スラックが少なすぎるとどんなことが起こりうるかを見てきた。彼らはショックに遭遇するとすぐに借金の罠に逆もどりするのだが、前には裕福だったことを考えれば避けられた罠である。これは十分なスラックを残さないことの危険、起こりうるショックを和らげる十分な緩衝を残さないことの危険である。人はショックによる損害を受けるだけでなく、欠乏の心理が作用する状況に追い込まれる。トンネリングと借金を始め、すぐに一歩遅れをとり、永遠に遅れを取りもどそうとし続けることになる。

にもかかわらず、人はあきれるほど緩衝となる蓄えを築かない。この問題の直接的な研究は乏しいが、いくつか役立つヒントがある。ひとつに、人はさまざまな低確率の出来事が起こる可能性を軽視しがちであることを、データが示している[18]。だから洪水や地震に備える十分な保険には入っていない。万事順調にいっているとき、もちろん暗雲を想像することはできるが、その可能性を軽く見るのできちんと備えをしない。だからありえるさまざまなショックのどれかにつまずかされると、何倍もひどいことになる。専門的に言うと、私たちは確率の低い出来事の選言的判断、つまり「または」で結合された命題のいずれかを選択する判断に直面している。あなたの計画を邪魔する可能性のあるものは洪水または地震だけでなく、あなたが病気になる、または家族が病気になる、あるいは窃盗または自動車泥棒に遭う、または戦争が起こる、または失業することもありえるし、予定外の婚礼または予想外の出産もありえる。もちろん、こういうことはすべてありえるが、その可能性は低い。しかし問題はそのどれもが十分にショックと見なされることであり、そのためにあなたは緩衝となる蓄えを築いておくべきなのだ。

そしてその緩衝となる蓄えは裕福なときに築く必要がある。もし欠乏が予想されるのが時間なら、緩衝となる蓄えとは、「これという理由もなく」スケジュールに余分な空きを残して、さまざまなプロジェクトや仕事を代償なしに移せるようにすることを意味する。お金についてなら、たとえありあまっているとは思わなくても、まさかのときに備える口座をつくって貯金することを意味する。こういうことは楽ではないし、当然とは思えない。なぜなら、たとえショックと欠乏は起こりえるとわかっていても、豊かなときにはそうは感じないからだ。

欠乏が人を引きずり込む力は強いかもしれない。しかしその論理を理解することで、ネガティブな影響を最小限にとどめることができる。自分の環境を「耐欠乏性」にすることもいくらか可能になる。火災報知器に投資したり、生まれたばかりの赤ん坊のために大学の学資預金を始めたりするなど、たった一瞬のひらめきがあとあとまで恩恵をもたらすこともありえる。

結論

知識の島が大きくなるにつれ、無知の海岸も伸びる。(1)

――ジョン・A・ホイーラー（訳注：アメリカの物理学者）

本書は発展途上の科学の世界へと読者をいざなってきた。私たちとしては、この本で初めてかいま見た欠乏の科学が、ときどき襲ってくる過労感から孤独や貧困のような根深い問題まで、さまざまな物事に対するあなたの考え方を変える助けになることを願っている。よく知っているものを新しい観点から見ると、予想外の結果につながることもあり、場合によってはそれが予想外の場所で起こる。私たち二人はよく、《スクランブル》というゲームをスマートフォンでやる。それは仕事からの逃避であり、時間つぶしであり、そう、先送りのツールだ。ゲームは単純で時間はかからず、私たちはとてもうまくなった。しかしこの本に取り組んでいるあいだ、《スクランブル》の得点が急激に落ちていることに気づいた。

締め切りに追われて執筆する緊張の日々は、明らかに得点力の低下につながったのだ。このことは、処理能力への負荷がどれだけ広がるかを鮮やかに実証している。研究を行ない、データを見てきた私たちにとっても、その落ち込みの大きさは驚きだった。なんとなく「頭が疲れている」感じはあったが、得点が三〇〜四〇パーセントも下がったのは予想以上だった。しかもゲームは単純で楽しい課題だ。自分たちの頭脳がフル回転していないのではないかと思ったが、どれだけ負荷がかかっているか、よく理解していなかったのだ。

あなたの経験でこれと似たようなケースを考えてみてほしい。あなたの生活のなかで、処理能力への大きな負荷を生むのはどんな活動だろう？　そしてそれがどういう分野に目立った影響をおよぼすだろう？　そういうとき、あなたは運転が下手になる？　眠いときに運転を避けなくてはならないことは知っていても、仕事で一日真剣に考えごとをしたあとに、運転するべきではないと思ったことがあるだろうか？　そういうとき、あなたのジョークはいつもほど面白くないのでは？　あなたはふだんほど親切ではないのでは？　いつもよりまずい判断を下してはいないか？　「この重要な決定をいま下したくない。処理能力に負荷がかかっているから」と言ったことがあるだろうか？

人は処理能力に注意を払わない。多忙ななか、次に何をするか決めなくてはならないとき、自分が使える時間と、やるべきことにかかる時間を考慮するかもしれないが、処理能力のことはめったに考えない。「時間が三〇分しかない。だからこの雑務をやろう」と言うことはあるだろう。「処理能力がほとんどない。だからこの片づけやすい仕事をやろう」とは言わない。もちろん、仕事がはかどらないのでほかの仕事に切り替えるときなど、暗にそうしていることはある。しかしそれは、すでに乏しくなっている資源への負荷を軽くしたという意味にすぎない。

人は自分の時間の予定を組んで管理するが、処理能力の予定を組んで管理することはしない。自分自身の変動する認知能力に対しては、あきれるほど配慮も注意もしない。これを体力とくらべてみてほしい。体力については、食事、睡眠、運動の潜在的影響に敏感だ。現代社会で働く人の大半がそうだが、私たちは生計を立てるために自分の知力を使うが、知力の一日のリズムについて驚くほど知らない。箱をある場所から別の場所へ移動させることが仕事だとしたら、効率を最大にする最善の方法——いつ力を入れ、いつ休むべきか——をきちんと判断できるだろう。しかし箱ではなく考えを動かすことに集中する仕事の場合、自分の限られた認知力を最大にする方法について、私たちはほとんど知らない。

そして個人としての私たちが自分の変動する処理能力についてほとんど知らないのと同じように、社会科学者の私たちは、社会の変動する処理能力についてもほとんど知らない。科学者は自分の理論が測定を求めるものを測定する傾向がある。したがって社会科学者は、失業者数、特定の地域の生産量、収益など、欠乏の物的側面を測定する。

しかし、私たちは経済の認知面をほとんど何も知らない。自分たち個人の処理能力が変動するように思えるのと同じように、社会の処理能力も変動するようだ。二〇〇八年の景気後退は、認知力の大幅な後退も生み出したとわかるのだろうか？　処理能力はかなり落ちたかもしれない。失業率が上昇する一方で、意思決定の質が落ちていたらどうだろう？　これらの疑問に答えるためのデータはない。そして二〇〇八年に関してそれを測定するには遅きに失しているが、将来の好況と不況のためにデータを収集するのに遅すぎることはない。近年、社会の幸福を測定し、国民総生産とならぶ国民総幸福量という尺度をつくる試みがなされている。国民総処理能力も測定してはどうだろう？

そうすれば国全体についてだけでなく、国のさまざまなサブグループがどういう状況なのかも知ることができる。失業率が五パーセントから一〇パーセントに急上昇するとき、それは、労働年齢の二〇人に一人が新たに経済的に苦しむようになるということだ。処理能力を見ると、この増加の影響はもっと広い範囲で感じられることがわかるかもしれない。そのようなとき、結果的にお金のことを考えている人が増える可能性があるのだ。家計が少し苦しくなっただけの人でさえ、スラックがなくなって欠乏を感じるかもしれない。そして、新たな失業者と近しい人たち――友人、親類、隣人――も、その影響を示しているかもしれない。認知力への影響は、金銭的な影響よりも広範囲におよぶ可能性がある。

これは不況だけの話ではない。経済成長の推進力である生産性を考えてみよう。生産性は決定的に処理能力に依存している。労働者は効率的に働かなくてはならない。経営者は賢明な投資判断を下さなくてはならない。人的資本を築くために学生は学ばなくてはならない。これらすべてが処理能力を必要とし、今日《こんにち》の処理能力低下がさらに将来の生産性を低下させる可能性がある。

これは経済だけの話でもない。処理能力は核となる資源である。子育てにも、研究にも、ジムに行くのにも、人間関係をうまくやっていくのにも使われる。考え方や選択に影響する。経済が景気後退に入るとき、人々が買えるものは減る。人が認知力の後退期に入るとき、子育てや運動から貯金や離婚まで、生活のあらゆる側面が潜在的に影響を受けるだろう。

もちろん、処理能力を測定するのは国に限られるものではない。企業も処理能力の棚おろしをすることができる。うちの従業員はどういう状況だろう？　個人も自分自身でできる。あなたも重大な決断の前には、自分の処理能力がフル回転していることを確認したいだろう。私たちはすでに関連するテストをいくつか見てきたが、もっといろいろなテストが利用できるし、新しいものも開発できる。欠乏に焦点を合わせているものもある。どうすればいちばんうまくスラックを測れるか？　人々がトレードオフ思考をしているかどうか判断するいちばん有効な方法は？　しかしさらに進んで、もっと一般的に変動する認知能力を測定できるかもしれない。

さらに、これらの尺度を利用して、社会問題や公共政策をもっとうまく評価することもできる。失業者向けのプログラムは再雇用に重点が置かれる。たしかにそれは重要だ。しかし処理能力に与える影響もぜひ測定してほしい。結局、失業者の処理能力が増えれば、プログラムの恩恵がもっと広い範囲で感じられる。データによると、親が失業している子どもたちは学校での成績がかなり悪い。その原因が親の処理能力への負荷であり、それを軽くするために何かできるのであれば、失業者向けプログラムは当初の対象以外にも広く恩恵をもたらす可能性がある。

処理能力に重点を置くことは、評価の改善につながるだけではない。第2章に出てきたファストフード店の店長の問題を例にとろう。彼は働きの悪い従業員を管理するのに時間を取られると嘆いている。彼に何ができるだろう？ 従業員をやる気にさせるのに時間とエネルギーを使うべきか？ クビにするぞと脅すべきなのか？ 報酬を増やす？ 研修を増やす？ もっと会話する？ 店長の問題はけっして珍しくない。低賃金労働者の雇用主には、生産性と常習的欠勤の問題に直面する人が多い。そして彼らは必ずさまざまな介入を試す。

しかし欠乏の心理に注目すると、この店長は別の問題に取り組む必要があるかもしれないことがわかる。意欲を高めたり教育したり、おどしたり誘惑したりするのではなく、処理能力を高めることに重点を置くのがいいだろう。低賃金労働者は経済的に生活が不安定だ。本書はその影響を見てきた。人がトンネリングを起こしているとき、多くの報酬はトンネルの外に出てしまうだろう。それなら、労働者が家計の浮き沈みに対応するのを助け、処理能力をすっきりさせるのに役立つような金融商品や戦略的介入、あるいは労働条件を考えてもいいではないか。

わかりやすい例を紹介しよう。第5章で見たように、多くの労働者は給料日ローンに頼る。しかし給料日ローンはたいてい、すでにやった仕事に対するローンであることは注目に値する。給料サイクルの途中で給料日ローンを借りる労働者は、すでに給料の半分を稼いでいる。

ローンが必要であるおもな原因は、給料の支払いが仕事の完了時より多少あとになるという事実にある。なぜ、雇い主が労働者にこのような借金をさせ、欠乏の罠におちいらせ、処理能力に負荷をかけさせ、結果として生産性を低下させる必要があるだろう？　雇い主自身が低いコストで給料をもっと早く払うことができるのならなおさらだ。雇い主にとって、適切な金融商品を提供して処理能力を生み出すことによって、生産性を上げられれば、どれだけ有益なことか(2)。

雇い主のケースは、人が処理能力について考えることによって、これまでとちがうことを疑問視し、問題の解決方法を変える可能性があることを示す例のひとつにすぎない。服薬順守の単純な例を考えてみよう。貧しい人たちはとくに薬を処方どおりに服用しない。「それが現実だ」と言ってあきらめ、貧しい人たちは必要なことをやらないのだと信用するのをやめ、次に進んでもかまわない。あるいは、「グローキャップ(3)」のような商品を開発することもできる。これは、その日に適切な回数ふたが開かないと、すぐに作動する薬瓶だ。まず光り始め、それでも開かないとピーピー鳴り、最終的にユーザーの携帯電話にメールを送る。少しずついら立たしさを伝えて、トンネリングにともなうほったらかしを防ぐのだ。グローキャップを使うと、貧しい人々がスケジュールどおりに服薬する率が大幅に上がることがわかっている。欠乏の心理を理解することによって、同じような商品や介入が服薬順守などの問題を解決できる。グローキャップは、処理能力によって生じる問題に取り組むために、テクノロジーを安価に、目立たずに、しかも効果的に利用できる好例である。当然のことながら、同様の工夫はほかの場所でも同じくらい非常に効果的であることが判明するはずだ。

世界中の農家の生産性を上げることについて考えるとき、重点を置くべきなのは新しい作物や農民の教育ではないかもしれない。除草などのちょっとした活動を、どうやって農民たちにやらせるかを考えるべきだろう。そのような作業を行なうべきだという自覚はたしかに農民たちにはあるのだが、トンネルの外に出たままになっているのだ。除草や害虫駆除を思い出させるための、農民にとってのグローキャップになるのは何だろう?

豊かさ

欠乏について考えるにあたって、私たちはいくつか新しい難題に遭遇した。たとえば、この本は予定どおりには完成しなかった。なぜ? わかりきった理由のほかに、この二〜三年を振り返ると、二つの理由が浮かび上がる。第一に、私たちは厳しい締め切りに追われながら、仕事をこなすこともあった。そして厳しい締め切りに追われて書いているとき、欠乏を経験した。私たちの説が示唆するとおり、このことから恩恵を受ける日も多かった。集中して効率が上がったのだ。

しかしほとんどの時間、私たちはまるで厳しい締め切りなどないかのように思っていた。長い期間、時間はたっぷりあるように思いながら仕事をした。そしてその期間は案の定、時間が無駄に過ぎていった。厳密には無駄使いされたわけではないが、一日当たりの生産性は——書かれた単語数で測ると——到達できたはずのものに遠くおよばなかった。私たちは欠乏がないからかえって苦労していたという言い方はできるかもしれない。しかしそれだけだろうか？　むしろ、それは豊かさの心理にかかわる何かだったのではなかろうか？

私たちは豊かさを、ただ欠乏がないときに生じるものとして扱ってきた。まるで、万事順調なときの「標準的」状態であるかのように。しかし自分のことをよく考えてみると、私たちがほんとうに豊かだと感じた期間があって、そういう期間は欠乏していなかっただけでなく、ほかのどうということのない期間ともちがう感じがすることがわかる。豊かさの心理が作用する時間があるのだ。そして豊かさの心理がとくに興味深いのは、そこには生まれるべくして生まれる欠乏の種《たね》が隠れているふしがあるからだ。

結局、締め切り直前に時間が足りなくなる人は多い。なぜなら、その前に時間がふんだんにあった期間を無駄に過ごしていたからだ。私たちの学生は論文を締め切り前の二日で（または多くの場合一晩で）書くことになるのだが、たいていその前の数週間は時間がたっぷりある。学期が始まったときからそうするつもりだったわけではなく、彼らの土壇場のあわてぶりは、結局火消しをすることになる直前まで快適に暮らしている重役や、知らないうちに一日が過ぎていく休暇中の人が経験する、時間管理の問題の縮図である。

締め切り近くに欠乏経験が生じる原因は、たいていの場合、時間がたっぷりあった期間の時間管理のやり方にある。この欠乏と豊かさの緊密なつながりは、さまざまな場面で再現される。農民は前回の収穫で手にしたお金の使い方のせいで、収穫前に金欠になる。豊かなときにどう行動するかが、来るべくして来た欠乏の一因となるのだ。人はお金がありあまっているときに貯金をしない。締め切りがずっと先のときにだらだらと過ごす。

二〇〇八年の金融危機を考えてみよう。この危機の原因のひとつは、認知の盲点にあると考える人が大勢いた。住宅価格は一九九〇年代後半から二〇〇〇年代前半にかけて上昇していた。この好景気のあいだ、住宅価格の突然の急落はありえないこと、想像しがたいこと、心配するに値しないことに思えた。この思い込みが多くの選択に影響した。もし住宅価格が上がり続ける（あるいは少なくとも下がらない）に決まっているなら、高レバレッジ取引は賢明に思えるし、融資比率（訳注：資産価格に対する借入額の割合）の高い住宅ローンは安全に思われた。言うまでもなく、価格は下がった――劇的に下がったものもある。そして、下がらないという憶測にもとづく投資判断すべてが次々と金融界の反応を起こし、世界の金融システムが崩壊しかけた。この場合も、金融危機による激しい欠乏は、その前の豊かな数年間に特徴的だった怠慢な行動に端を発している。

もちろん、私たちはこのようなことはすべて、お決まりの行動にすぎないと片づけることもできた。人は時間を無駄にする。自信過剰である。しかし金融危機前の好景気と豊かさが、その傾向を悪化させた――自信過剰が助長され、独りよがりが増強されたのだ。

欠乏の筋道をずんずんとさかのぼると、豊かさにたどり着く。景気後退の原因は好景気にわいているときの人々の行動にあり、土壇場の詰め込みはその前数週間の怠慢のせいである。欠乏は多くの重大な問題で主役を演じているが、その舞台をととのえたのは豊かさなのだ。

欠乏と同じように、豊かさにもさまざまな問題全体に作用する共通の論理があるのだろうか？

私たちはこの疑問に答えなくてはならない。この本を仕上げたいま、時間はたっぷりあるので答えないわけにはいかない。

謝 辞

本書は協力と良いアドバイスについて、欠乏とは無縁だった。すばらしい共同研究者、クリス・ブライアン、リサ・ジェネティアン、アナンディ・マニ、ジャーイン・ツァオが、私たちのアイデアをかたちにするのを助け、きわめて重要な研究を行なってくれた。アヌジュ・シャーはとくに力を入れてプロジェクトを引き受けてくれたうえに、つねに見事なほど洞察に満ち、おおいに力になってくれた。ほかにも非凡な調査アシスタントに恵まれた。アニー・リャンとシャノン・ホワイトは関連の研究と実例を辛抱強く工夫をこらして見つけてくれた。ジェシカ・グロスは昔の資料を見つけ、リリー・ジャンポールとアニ・モンジャンはいくつかの研究を手伝ってくれた。鋭く熱心な質問をしてきた点はイジー・ゲンズブールとデイヴィッド・マッケンジーも同じで、二人は加わるのが遅かったが、貴重な助けと配慮を提供してくれた。アイデアズ42のすばらしい仲間から、励ましとインスピレーションをもらったカティンカ・マトソンのおかげで私たちは、雑多なアイデアが混ざり合ったなかに書くに値する本があることを知った。

新たな草稿はよき友人、同僚、そして愛する人たちの知恵の恩恵を受けた。とくにビンドゥ・アナンス、サムラ・アタラー、アンバー・バタータ、エミリー・ブレザ、アンディー・コンウェー、キャサリン・エディン、アリッサ・フィッシュベイン、ローレンス・カッツ、マイケル・ルイス、ロリ・リーバーマン、ジェンス・ルドウィグ、アナスタシア・マン、フランク・シルバック、アントワネット・ショアー、ヘザー・スコフィールド、ジョシュ・シュウォーツスタイン、シャロニ・シャフィール、アンドレイ・シュレイファー、リチャード・セイラー、ローラ・トルッコ、ニック・ターク＝ブラウン、エリック・ワーナーに感謝する。本書のための研究は、私たちの本拠地であるハーバード大学とプリンストン大学だけでなく、ケロッグ財団、全米科学財団、カナダ先端研究所、サイモン・グッゲンハイム記念財団、および全米老化研究所から多大な支援を受けている。この本がかたちになりつつあるときに私たちが教えていたクラス——プリンストンで二つ、ハーバードで二つ——の学生たちは、早い時期に熱心に理解力と批判力をもって聞いてくれた。ほかにも、まだ読む段階にない私たちの話をがまんして聞いてくれて、すばらしいフィードバックをくれた人たちもいる。なかでもポール・ゴロブは辛抱強くて賢い理想の編集者だった。

この二〜三年、私たちは身にあまるほどの精神的支援をもらっている。その点に関してはとくに、アンバー・バタータ、サイルー・チャラパリ、アリッサ・フィッシュベイン、シュリカント・カディヤラ、アナスタシア・マン、ジムとジャッキーとアリ・マン、ミリとシャロニ・シャフィール、ソフィーとミア・マン＝シャフィールに感謝する。そして受けられなかった電話、逃した休暇、不足している処理能力、そしてたいがい行方不明になっていたことをあやまりたい。すべては欠乏のせいだ。

共同研究はやりにくいことで知られている。どんなに協調していても、ときには意見の不一致やフラストレーションがある。それでもこの長い道のりの最後に、私たちは二人とも、この旅にこれほど完璧なパートナーとよき友人を見つけることはできなかっただろうとわかっている。そのことがこの本で伝わることを願うしかない。

至らないところは私たちに協力してくれたすばらしい人々のせいではない――私たちは二人とも互いの落ち度であることで合意している。

訳者あとがき

本書『いつも「時間がない」あなたに——欠乏の行動経済学』は、センディル・ムッライナタンとエルダー・シャフィールによる *Scarcity: Why Having Too Little Means So Much*（二〇一三年刊行）の全訳である。センディル・ムッライナタンはハーバード大学の経済学教授で、マッカーサー財団の「天才賞」、世界経済フォーラムの「ヤング・グローバル・リーダー」、フォーリン・ポリシー誌の「世界の思想家トップ一〇〇」など、さまざまな名誉をほしいままにし、ノーベル賞も近いとうわさされているらしい。エルダー・シャフィールはプリンストン大学の心理学教授で、やはり「世界の思想家トップ一〇〇」に選ばれ、アメリカの〈金融ケイパビリティに関する大統領諮問委員会〉の委員を務めるなど、幅広い舞台で活躍している。この二人の天才研究者がタッグを組んで世に送り出したのが本書である。

共著者の一人が経済学教授、もう一人が心理学教授とくれば、二つの学問分野が融合する行動経済学に関する本であることは容易に予想できる。二人とも主たる研究分野が行動経済学であることも知られている。ところが本書のメインタイトルは『いつも「時間がない」あなたに』であり、冒頭には忙しすぎるという著者の愚痴が語られている。まるでビジネスマンに効率的な時間管理法をアドバイスする本のようだ。もちろんそうではない。本書のテーマは原題にズバリ示されているとおり「スケアシティ」。経済学では「希少性」という客観的な表現が使われるのが一般的だが、本書では「欠乏」感、つまり切実な「足りない」という主観的感覚を指している。そういう意味で、いつも「時間がない」と言って忙しくしている人も欠乏を経験している。そこがこの本の要《かなめ》である。時間が足りないと嘆く人と、お金が足りなくて生活が苦しいと思っている人に共通する心理があり、その心理が行動に影響するために似たような行動が生まれる。この考えを検証することによって、個人や社会を悩ませている問題への理解を深めて、よりよい解決策を提案したいというのが、本書の目的なのだ。

著者二人はアイデアズ42というNPOの共同創設者である。これは行動経済学を活用して貧困をはじめさまざまな社会問題を解決することを目指す組織だ。したがって二人には貧困への理解を広めたいという思いが根底にあると考えられる。しかしお金に困っていない人たちが貧困を真に理解するのは難しい。それでも貧困者を救えるのはお金に困っていない人たちであり、そういう人たちは忙しくて時間が足りないと感じることが多い。この共通する欠乏感が一見相いれることのなさそうな両者のあいだの「共感の懸け橋」となるという考え方も、本書から学べることのひとつである。

では、自分にとって必要なものが足りないと感じると、人の心に何が起こるのか。まずはその不足をどうにかしようと集中する。締め切りが間近に迫ってほんとうに「時間がない」と感じると、よけいなことを考えずに仕事に集中するものだということは、私もいま現在まさに実感している。しかし集中するということは、ほかのことをシャットアウトするということである。これを本書では「トンネリング」と表現している。トンネルに入ると視野が狭くなって周囲の景色が見えなくなるのと同じように、集中してやっていること以外には気が回らなくなる。私はこの原稿を書くことに集中しているあいだ、家が散らかり放題になってもかまわず、日課であるはずのウォーキングにも出かけない。きっと読者のみなさんも同じような経験があるにちがいない。それはまあ時間がないのだから当然とも思えるが、本書によると、そういうとき私たちの頭脳の処理能力は「時間がない」ことへの対処に食われて、ほかのことに使える分が少なくなってしまうのだという。それは無意識のレベルにまで影響する。だから自分では時間に追われていることとは無関係の失敗と思っていることも、じつはそのせいで起こっているのかもしれない。昨日の料理の味つけがまずかったのも、締め切りが迫っているせいだったのか。それは都合のいい言い訳だろうと家人から言われそうだが、本書ではこのことを実験やフィールドワークによって、きちんとデータを示しながら実証している。そして足りないのがお金の場合も同じことが起こる。家計のやりくりに苦労していると、仕事でミスをしたり子どもに八つ当たりしたりしがちになる。原因はたんなるストレスではなく、欠乏によって認知能力や実行制御力という頭脳の力が低下するからなのだ。

そして欠乏は欠乏を生む。お金がないから借金をすると、利子の支払いでさらに家計が苦しくなる。目先の利益のために将来の備えを怠る。そして突発的にお金が必要なことが発生すると、また借金を重ねることになる。貧しい人は思慮が浅いからそうなるのだと思う人は、お金を時間に置き換えてみると、自分にも経験のあることになるかもしれない。時間がないからと仕事の一部を先送りにしても、いつかはそれをやらなくてはならない。あとでやるとかえって時間がたくさんかかる。そしてやるべき仕事がどんどん押せ押せになっていく。そうやって人は欠乏の罠にはまって脱け出せなくなる。このようなメカニズムの根本には処理能力の低下、さらには「スラック」の欠如があるという。これはゆるみやたるみを意味する言葉で、一見無駄に思われるので切り詰めたくなりがちな「ゆとり」とも言える。この概念も欠乏を理解するうえで鍵を握っている。

本書はこのように欠乏の心理を解き明かしたうえで、その心理を踏まえて問題の解決策を考えることが大事だと訴えている。具体的には処理能力への負荷を考慮することが重要である。貧困問題を解決するために、ただやみくもにお金を出せばいいというわけではない。貧しい人がその貧しさからなかなか脱け出せないのを、本人の向上心の欠如で片づけてはいけない。処理能力低下による一見愚かな行動やミスを前提に考えて、それを吸収したり、場合によっては逆手に取ったりする戦略や制度が必要なのだ。欠乏の罠のメカニズムを根拠にした提言だけに、なるほどとうなずける。いつも「時間がない」あなたが、はまっている欠乏の罠から脱け出すヒントも見つかるかもしれない。

最後に、本書刊行までにお世話になった多くの方々に、この場をお借りして感謝したい。

とりわけ、訳稿にていねいに目を通して、貴重な情報や意見、助言をくださった早川書房編集部の伊藤浩氏、そして校正の労をとられた二タ村発生氏に、心からお礼を申し上げる。

二〇一五年一月

大田直子

解説　我々は欠乏の罠から抜け出せるか

大阪大学大学院経済学研究科准教授
安田洋祐

本書のタイトルを見て、「これはまさに自分のための本ではないか！」と思い手に取られた読者の方も多いことだろう。なかなか減らない労働時間、息つく暇もない育児や介護、なくならないサービス残業、改善しないワーク・ライフ・バランス……。メディアなどでしばしば取り上げられるこれらの問題が明示しているように、日本ほど「時間がない」と感じる人々がたくさん暮らしている国は、他にないかもしれない。

しかし、『いつも「時間がない」あなたに』という字面から、さぞや有効な時間活用術が書かれているに違いない、と期待に胸をふくらませながら本書を読み進めるのはおすすめしない。副題の「欠乏の行動経済学」が表現しているように、本書はあくまでも「欠乏」に焦点を当てた学術的内容を紹介した入門書である（実際に、原著のタイトルは欠乏を意味する *Scarcity* で、副題を含めて特に「時間」を強調してはいない）。時間の他にも、モノやお金などに関するさまざまな欠乏の事例が紹介されているのだ。そして、そこで明らかにされるのは、人々が欠乏を感じるときには、足りないものが何であっても似たような状態に陥ってしまう、という驚きの事実だ。時間不足を解決するためのノウハウはちりばめられていないものの、その代わりに非常にエキサイティングな学術的発見や仮説がいくつも示されている。時間不足によって陥《おちい》る典型的な状況が、他の資源の欠乏によって生じる状況となぜ似ているのか、欠乏がさらなる欠乏を招くのはなぜか、欠乏を避けるために有効な手段は何か、といった興味深い問いに対する答えが、さまざまな実験や理論とともにつまびらかにされていくのだ。

著者のセンディル・ムッライナタン教授の所属はハーバード大学経済学部、エルダー・シャフィール教授はプリンストン大学心理学部。どちらも行動経済学研究を牽引する世界的な中心地で、ムッライナタン教授の同僚には、行動経済学界の重鎮であるデヴィット・レイブソン教授やマシュー・ラビン教授が、シャフィール教授の同僚には行動経済学に関する先駆的な業績でノーベル経済学賞を受賞したダニエル・カーネマン名誉教授などがいる。そんな両校を代表するエース級の冠教授である二人が、経済学と心理学という分野を超えた協業から生み出した最先端の研究成果が、本書で詳しく解説される「欠乏の行動経済学」なのである（著者たちの経歴や本書の要約については、大田直子氏による「訳者あとがき」もぜひ参照して欲しい）。

ここで少し具体的な問題を考えてみよう。あらかじめ締切の決まっている仕事を引き受けたとき、質の高い成果を出すためにはどうすればよいだろうか。たとえば、とある書籍の解説文を二週間で書かなければいけない、という状況をイメージして欲しい。良い文章を書くために、皆さんならどうするだろうか。

本書の答えは、「締切ギリギリまで書かない」こと。締切が迫ってきて執筆時間が欠乏すると、人は自然と作業に集中することができる。そのおかげで、普段はなかなか書けないような文章が簡単に書けるようになる、という理屈だ。本当に書けるかどうかは本人の能力次第かもしれないけれど、直感的にも、集中することによって仕事の質が上がるというロジックは理解しやすい（この集中が思わぬ副作用をもたらすのであるが、それはまた後述）。私がこの戦略に従ってギリギリまでこの原稿を放置していたかどうかは、皆さんのご想像にお任せすることにしよう（笑）。

このように時間の欠乏が集中力を高める効果を、本書では「集中ボーナス」と呼んでいる。興味深いのは、この集中ボーナスが、時間だけでなくモノやお金などの他の資源が欠乏した時にも、同じように生じるという点だ。例えば、カツカツの生活費で家計をやりくりしなければいけない一人暮らしの学生を想像して欲しい。食費を一円でも浮かせるために、この学生は安い食材や飲食店などの情報を集め、値段と味・カロリーなどのバランスを考えた食事をとるに違いない。他にも、服や飲み会にどのくらい出費するか、電車代を節約するために歩くかどうか、バイトのシフトを何時間にするか、といったお金に関する問題に対して、細かいトレードオフを意識しながら意思決定を行うことだろう。ざっくり言うと、お金が欠乏することで、お金の使い方について集中ボーナスが発生して、買い物上手になるというわけだ。経済学が想定する典型的な経済人《ホモ・エコノミクス》の姿、と形容できるかもしれない。

いま、この学生が突然、親からありあまるほど仕送りをもらえるようになったとしたら、一体何が起こるだろうか。著者たちによれば、金銭的な視点からトレードオフを考えることがほとんどなくなるらしい。たとえば、新しい服を選ぶ際に、色やデザインは気になっても値段はほとんど気にならない。バイトをするかどうかも、時給ではなく、やりがいや職場の人間関係などを重視して決めるようになるだろう。同じ学生であっても、仕送りの金額が増えるだけで、意思決定の仕方自体がガラッと変わってしまうのだ。単に仕送りが増えたことによる所得効果によって消費パターンが変わる、というわけではなく、トレードオフを意識しなくなる・できなくなる、という点が斬新だ。本人にとって重要な資源が欠乏して集中ボーナスが生じると合理的経済人に近づき、逆に余裕があって欠乏状態にないときは合理的経済人から遠ざかる、という発見はとても面白い。

さて、ここまでは欠乏によって生み出される、集中ボーナスというプラスの効果を紹介してきた。しかし、欠乏は当然マイナスの効果ももたらす。それが「トンネリング」と呼ばれる認知作用である。トンネルの内側のものは鮮明に見えるが、トンネルに入らない周辺のものは何も見えなくなる。「トンネル視」として知られるこの視野狭窄《きょうさく》になぞらえて、欠乏のせいでさまざまな重要なことが意思決定の際にトンネルの外に押し出されてしまうことを、著者たちは「トンネリング」と名づけた。欠乏がもたらすマイナスの効果であるこのトンネリングは、プラスの効果である集中ボーナスの代償と考えることができる。重要な概念なので、本文からも少し引用しよう。

ひとつのことに集中するということは、ほかのことをほったらかすということだ。本やテレビ番組に夢中になりすぎて、隣にすわっている友人からの質問に気づかなかった経験は誰にでもある。集中する力は物事をシャットアウトする力でもある。欠乏は「集中」を生むと言う代わりに、欠乏は「トンネリング」を引き起こすと言うこともできる。つまり、目先の欠乏に対処することだけに、ひたすら集中するのだ。（本書四九頁より）

つまり、集中ボーナスとトンネリングはコインの表裏の関係にあるのだ。あることに集中すれば別のことがおろそかになってしまうのは避けられない。それでは、このプラスとマイナスの正反対の二つの効果はどちらが強いのだろうか。著者たちは、マイナスの効果が圧倒的に強い、と警鐘を鳴らしている。欠乏に伴う集中によって脳の処理能力に大きな負荷がかかること、トンネリングによって本来重要な問題が無視されてしまうことの弊害は、集中ボーナスによるプラスを帳消しにしてなお余りあるほどだという。実際に本書の中では、トンネリングがどのような問題を引き起こすのか、数多くの（集中ボーナスと比べると遥かに多くの）実例が紹介されている。特に、さまざまな分析結果や改善策が提示されているのが貧困問題だ。

貧困に苦しむ低所得者層は、お金が欠乏しているため日々の家計のやりくりに集中せざるを得ない。常に頭がお金の問題に支配されているので、それ以外の問題に対する処理能力が大きく落ちる。特に、貯蓄や教育といった、貧困から抜け出すために必要となる長期の事柄が、トンネリングによってシャットアウトされてしまう。結果的に、欠乏が将来のさらなる欠乏を招くこととなる。こうして、借金を繰り返し、将来への投資がおろそかになり、なかなか貧困から脱出できない、という貧困の罠に陥ってしまうのだ。低所得者層がこの罠から逃れられないのは、彼らが生まれながらにして近視眼的であったり、能力が劣っていたりするわけではなく（仮にそうだったとしても、それだけが原因とは限らず）、貧困に陥っていることと自体が欠乏を招き、トンネリングを引き起こしているからなのだ。

「トンネルを抜けると、そこは次のトンネルの入り口だった」（意味がわからない方は「川端康成　雪国」で検索すべし）という状況から抜け出さない限り、欠乏・貧困の罠からは逃れられないのである。これは、効果的な貧困対策を考えるうえでも、極めて重要な知見ではないだろうか。欠乏状態に陥らないためのゆとり・遊びを本書では「スラック」と呼んでいる。もしトンネリングが諸悪の根源なのであれば、そもそも欠乏をできるだけ起こしにくくするために、効果的にスラックを与えるような政策が有効だろう。たとえば、低所得者層向けの補助金や生活保護費などを支給する際に、一回にまとめてたくさん払うのではなく、できるだけ支給のタイミングを分散して回数を増やす、という方法が考えられる。

政府だけでなく、個人や組織レベルでも、できるだけスラックを持たせるように仕組みを工夫することによって、平均的なパフォーマンスを引き上げることができるかもしれない。

たとえば、昨今のワーク・ライフ・バランス改善の動きに沿って、長時間労働の是正を行った企業や部署の中から、（時間あたりではなくトータルの）生産性が大きく向上したケースも報告されている。労働時間が減って業績が改善する、というのは少し不思議な気がするが、ひょっとすると、時間に追われてトンネリングを起こしていた個人やチームが、欠乏から解放されて一気に生産的になった結果なのかもしれない。

こう考えると、本書が打ち立てた欠乏の行動経済学は、日本社会においてもさまざまな形で応用できる知見を含んでいることが窺《うかが》える。特に、「時間がない」と自覚している多くの日本人にとって、いかに日々の生活の中にスラックを潜り込ませトンネリングを避けることができるかは、長い目で見た生産性を決定的に左右する要素と言えるだろう（たまには締切間近の集中ボーナスに頼ることも有効かもしれないけれど）。本書のアイデアからヒントを得て、欠乏を感じなくなる、つまり欠乏が欠乏するような生産的な日々をぜひ多くの方に送って頂きたい。

最後に、著者たちからの警告を紹介したい。

> 人はトンネリングを起こすと、ほかのことを完全にほったらかす場合がある。（本書六〇頁より）

今回の解説記事執筆によってトンネリングを起こし、私もまさに身をもってこの効果の恐ろしさを実感した。妻の誕生日を忘れてしまったことを猛省しつつ、筆を擱《お》くことにしたい。

皆さんも、トンネリングにはくれぐれもご用心！

二〇一六年一二月

原　注

序　章

1　この引用句はマリー・ドレスラーの言葉とされている。たとえば、Marie Dressler—Biography. IMDb, November 6, 2012, http://www.imdb.com/name/nm0237597/bio を参照。

2　T. Smollett and J. Morley, eds., *The Works of Voltaire: The Maid of Orleans* (*La Pucelle d'Orléans*), vol. 41 (New York: E. R. DuMont, 1901), 90.

3　この欠乏の定義は本質的に主観的である。原則として、たくさんの富を持っているが欲望もたくさんある人は、富が少ない（欲望も少ない）人と同じ欠乏を経験する可能性がある。欠乏のこの主観的定義は欠乏の心理を理解するのに不可欠である。当然、結果は心理と物的現実の両方で決まる。私たちはただ心理を理解するためだけに、この主観的アプローチを取っている。第７章の貧困のような問題を分析するときは、主観と客観の両方を組み合わせて考える。

4　ロバート・パットナムは独創的な著書のなかで、アメリカ人による市民活動参加の動向に関するさまざまなデータを示している。Robert D. Putnam, *Bowling Alone: The Collapse and Revival of American Community* (New York: Simon & Schuster, 2000)（『孤独なボウリング――米国コミュニティの崩壊と再生』柴内康文訳、柏書房）を参照。その後、この分野は社会的相互作用に関する大量のデータ流入によって変化している。Jim Giles, "Computational Social Science: Making the Links," *Nature* 488 (August 23, 2012): 448-50 を参照。当然、社会資本――社会的欠乏の逆――の重要性はこれまでに、経済開発から都市の価値まで、さまざまな問題のなかで議論されている。

5　Todd Tucker, *The Great Starvation Experiment: Ancel Keys and the Men Who Starved for Science* (Minneapolis: University of Minnesota Press, 2008).

6　A. Keys, J. Brožek, A. Henschel, O. Mickelson, and H. L. Taylor, *The Biology of Human Starvation*, 2 vols. (Oxford: University of Minnesota Press, 1950).

7　S. A. Russell, *Hunger: An Unnatural History* (New York: Basic Books, 2006)

8　R. Radel and C. Clement-Guillotin, "Evidence of Motivational Influences in Early Visual Perception: Hunger Modulates Conscious Access," *Psychological Science* 23, no. 3 (2012): 232-34. doi: 10.1177/0956797611427920.

9　B. Libet, C. A. Gleason, E. W. Wright, and D. K. Pearl, "Time of Conscious Intention to Act in Relation to Onset of Cerebral Activity (Readiness-Potential): The Unconscious Initiation of a Freely Voluntary Act," *Brain* 106, no. 3 (1983): 623-42.

10　H. Aarts, A. Dijksterhuis, and P. de Vries, "On the Psychology of Drinking: Being Thirsty and Perceptually Ready," *British Journal of Psychology* 92, no. 4 (2001): 631-42. doi: 10.1348/000712601162383.

11　P. Saugstad and P. Schioldborg, "Value Size and Perception," *Scandinavian Journal of Psychology* 7, no. 1 (1966): 102-14. doi: 10.1111/j.1467-9450.1966.tb01344.x.

12　視知覚において集中が高まると正確さも高まるとは限らない。いくつかの研究により、動機づけと注意の両方が初期の視覚処理に侵入し誘導する可能性があることが明らかになっている。精神物理学、神経生理学、そして行動学的な証拠は、注意が刺激の顕著な特徴を強めることによってその強さを変化させ、その結果知覚される表象が変わって、視機能のさまざまな面が向上または悪化しうることを示している。たとえば、注意が払われている刺激は現実より強いものとして知覚されるという報告もある。Marisa Carrasco, Sam Ling, and Sarah Read, "Attention Alters Appearance," *Nature Neuroscience* 7 (2004), 308-13; Yaffa Yeshurun and Marisa Carrasco, "Attention Improves or Impairs Visual Performance by Enhancing Spatial Resolution," *Nature* 396 (Nov. 5, 1998), 72-75; Rémi Radel and Corentin Clément Guillotin, "Evidence of Motivational Influences in Early Visual Perception: Hunger Modulates Conscious Access," *Psychological Science* 23, no. 3 (2012), 232-34.

13　この研究では、貧しい子どものほうが裕福な子どもよりも硬貨の価値を高く見積もっている。もちろん、貧しい子どもと裕福な子どもで異なる特徴はほかにもたくさんある。もっと最近の研究では、集団レベルの価値観の相違を見るのではなく、実験的に価値観を誘発している。このアプローチを使った最近の論文は、Brian A. Anderson, Patryk A. Laurent, and Steven Yantis, "Value-driven Attentional Capture," *Proceedings of the National Academy of Sciences* 108, no. 25 (2011): 10367-71 を参照。

14　P. U. Tse, J. Intriligator, J. Rivest, and P. Cavanagh, "Attention and the Subjective Expansion of Time," *Attention, Perception, and Psychophysics* 66, no. 7 (2004): 1171-89.

15　W. L. Gardner, Valerie Pickett, and Megan Knowles, "On the Outside Looking In: Loneliness and Social Monitoring," *Personality and Social Psychology Bulletin* 31, no. 11 (2005): 1549-60. doi: 10.1177 /0146167205277208.

16　これは孤独な人があらゆる点で社会的スキルに長《た》けているということではない。真逆である。「社会的スキル」の意味を正確にとらえる必要がある。この研究は社会的手がかりを解読する能力を測っている。その一方、孤独な人たちは社会的環境で行動を制御する能力が低いことを示す研究もたくさんある。第6章で、社会的環境における行動制御能力が低いこともまた、予測可能な欠乏の結果であることを論じる。この考えを詳細に探ったすばらしい本がある。John T. Cacioppo and William Patrick, *Loneliness: Human Nature and the Need for Social Connection* (New York: W. W.

Norton, 2008)（『孤独の科学――人はなぜ寂しくなるのか』柴田裕之訳、河出書房新社）.

17 W. L. Gardner, C. L. Pickett, and M. B. Brewer, "Social Exclusion and Selective Memory: How the Need to Belong Influences Memory for Social Events," *Personality and Social Psychology Bulletin* 26, no. 4 (2000): 486-96. doi: 10.1177 /0146167200266007.

18 W. L. Gardner, Valerie Pickett, and Megan Knowles, "On the Outside Looking In: Loneliness and Social Monitoring," *Personality and Social Psychology Bulletin* 31, no. 11 (2005): 1549-60.

19 K. Vitasek, M. Ledyard, and K. Manrodt, *Vested Outsourcing: Five Rules That Will Transform Outsourcing* (New York: Palgrave Macmillan, 2010).

20 A. F. Bennett, "Structural and Functional Determinates of Metabolic Rate," *American Zoologist* 28, no. 2 (1988): 699-708.

21 欠乏を意味する「scarcity」という言葉は心理学で別の効果を表わすのにも使われる。いわゆる「scarcity principle（希少性の原則）」は、何かが少ないと人はそれをたくさん欲しがるという考えをとらえている。たとえばマーケティング担当者はこの考えを広く利用して、期間限定の商品の在庫が「残りわずか3つ」とネット上に表示する。希少性の原則に関する詳しい説明は本書第7章を参照。Robert B. Cialdini, *Influence: Science and Practice*, vol. 4 (Boston, Mass.: Allyn and Bacon, 2001)（『影響力の武器――なぜ、人は動かされるのか』社会行動研究会訳、誠信書房）.

22 経済学では、これは効用逓増の原則である。資源が増えると効用や幸福が大きくなる。大部分の経済分析では――私たちの研究と同じように――このような好み、いわゆる効用関数は所与のものと見なされる。

23 ダイエットと気分についての研究は Peter J. Rogers, "A Healthy Body, a Healthy Mind: Long-Term Impact of Diet on Mood and Cognitive Function," *Proceedings—Nutrition Society of London* 60, no. 1 (CABI Publishing, 1999, 2001) を参照。もっと最近の研究 Doris Stangl and Sandrine Thruet, "Impact of Diet on Adult Hippocampal Neurogenesis," *Genes and Nutrition* 4, no. 4 (2009): 271-82 は生理的経路を調べている。文化と貧困についての議論は David J. Harding, Michèle Lamont, and Mario Luis Small, eds., *The Annals of the American Academy of Political and Social Science* 629 (May 2010) の最新論文集を参照されたい。

24 E. R. Kandel, *In Search of Memory: The Emergence of a New Science of Mind* (New York: W. W. Norton, 2007).

第1章

1 MOOD—Calvin and Hobbes—Full Story. http://web.mit.edu/manoli/mood/www/

calvin-full.html より。

2 *Dirtcandy*. http://www.dirtcandynyc.com /?p=731 より。

3 *Dirtcandy*.http://www.dirtcandynyc.com /?p=2508 より。アマンダ・コーエンは《アイアン・シェフ》での名声を利用するためにこの料理をメニューに載せたのだと考える人もいるかもしれない。人々は番組で知ったこの料理を味わいたくて来店するだろう、というわけだ。しかし彼女は番組が放送されるずっと前にメニューに載せている。これはたんなるマーケティング術ではないのだ。

4 創造性と時間のプレッシャーの関係は、この話が暗示しているよりもっとずっと複雑だ。多くの場合、時間のプレッシャーは創造性を抑制する。私たちの役に立つ読みはこうだ。新しいアイデアの創出のように考えを広げることが必要な課題の場合、時間のプレッシャーは障害となる。（コーエンの場合のように）たくさんのアイデアを統合するなど、広がりを収束させることが必要な課題の場合、時間のプレッシャーは役に立つことがある。この考えやオリジナルの包括的研究をレビューした非常に優れた論文が、Teresa M. Amabile, Constance N. Hadley, and Steven J. Kramer, "Creativity Under the Gun," *Harvard Business Review* (August 1, 2002) である。

5 追跡調査が行なわれているが、やはりこの問題に関するオリジナルの論文を最初に読むのがいい。Connie J. Gersick, "Time and Transition in Work Teams: Toward a New Model of Group Development," *Academy of Management Journal* 31, no. 1 (1988): 9-41. このオリジナルの調査で、彼女は８つのグループの会議すべてを最後まで観察した。私たちは簡略化して１つの会議について話しているが、彼女が研究したプロセスは、いくつかの会議で起こっている。Ruth Wageman, Colin M. Fisher, and J. Richard Hackman, "Leading Teams When the Time Is Right," *Organizational Dynamics* 38, no. 3 [2009] 192-203 は、この見識をリーダーがどう利用できるかについて論じている。グループは中間点の変わり目でとくに変化を起こしやすくなるので、それをリーダーは利用できる。

6 D. Ariely and K. Wertenbroch, "Procrastination, Deadlines, and Performance: Self-Control by Precommitment," *Psychological Science* 13, no. 3 (2002): 219-24. もっと前の研究では、仕上げるのに３週間あるときより１週間しかないときのほうが、学生は報酬がもらえる任意のワークシートを返す率が高いことがわかっている。A. Tversky and E. Shafir, "Choice under Conflict: The Dynamics of Deferred Decision," *Psychological Science* 3, no. 6 (1992): 358-61. 経済学者は異なるフレームワークを使って、締め切りの効果について理論化している。これは双曲《そうきょく》割引と呼ばれるもので、将来よりも現在に余計に重きを置く傾向である。概要については Shane Frederick, George Loewenstein, and Ted O'Donoghue, "Time Discounting: A Critical Review," *Journal of Economic Literature* (2002) を参照。この観点からすると、中間の締め切りは遠い将

来の報酬を差し迫った現在の報酬に変換することで、人をさらに有能にする。

7 J. L. Kurtz, "Looking to the Future to Appreciate the Present: The Benefits of Perceived Temporal Scarcity," *Psychological Science* 19, no. 12 (2008): 1238-41. doi: 10.1111/j.1467-9280.2008.02231.x.

8 J. J. Inman and L. McAlister, "Do Coupon Expiration Dates Affect Consumer Behavior?" *Journal of Marketing Research* (1994): 423-28; A. Krishna and Z. J. Zhang, "Short or Long-Duration Coupons: The Effect of the Expiration Date on the Profitability of Coupon Promotions," *Management Science* 45, no. 8 (1999): 1041-56.

9 この効果を実証した論文の例として Paul Oyer, "Fiscal Year Ends and Nonlinear Incentive Contracts: The Effect on Business Seasonality," *The Quarterly Journal of Economics* 113, no. 1 (1998): 149-85 が挙げられる。彼の解釈は私たちの解釈ほど心理学的ではなく、長期にわたる努力の代わりと見なしている。

10 S. Kaur, M. Kremer, and S. Mullainathan, "Self-Control and the Development of Work Arrangements," *American Economic Review Papers and Proceedings* (2010).

11 M. Hastings, *Finest Years: Churchill as Warlord, 1940-45* (London: HarperPress, 2009)

12 ここでは一連の研究を簡単に説明している。サンプルの大きさやより慎重な統計的検定など、詳細については Shah, Mullainathan, and Shafir, "Some Consequences of Having Too Little," *Science* 338, no. 6107 (November 2012): 682-85 を参照。

13 この場合も、ブルーベリー富豪が飽きてしまったとか、この課題にあまり時間を使いたくなかったというわけではない。もしそうなら、プレーするラウンド数合計がもっと少なくて、早くにやめていただろう。

14 自分をくすぐることに関する証拠は、独立した装置を操作することで自分をくすぐる実験から機能的 MRI データまで、幅広く存在する。Sarah-Jayne Blakemore, Daniel Wolpert, and Chris Frith, "Why Can't You Tickle Yourself?" *Neuroreport* 11, no. 11 (2000): R11-R16 にすばらしいレビューがある。自分で起こす動作は予測できるので、その効果は弱まる可能性がある、というのが大方の意見だ。仮想の締め切りや時間のプレッシャーについては、それほど慎重な実験的研究は知られていない。再交渉の問題はしばしば論じられる。仮想の締め切りが差し迫って感じられないのは、いつでも自分自身と再交渉できることを心の奥でわかっているからである。

15 *State Fire Marshal's Office Firefighter Fatality Investigation*, no. 05-307-04, Texas Department of Insurance, Austin, Texas. この件で参考になる調査をしてくれたジェシカ・グロスと、手紙のやり取りをしてくれたバートン・クラーク医師に感謝する。

16 P. R. LeBlanc and R. F. Fahy, *Full Report: Firefighter Fatalities in the United States—2004* (Quincy, Mass.: National Fire Protection Association, 2005).

17 2002 年 4 月の消防士死亡者数の遡及的調査（バージニア州アーリントンのトライ

データ社により、連邦緊急事態管理局、米国消防局、全米火災データセンター向けに作成)。

18 C. Lumry (January 21, 2010). *Amarillo Firefighter Fatality?—COFT | Council On Firefighter Training*. http://www.coft-oklahoma.org/news-updates/m.blog/21/amarillo-firefighter-fatality より。

19 C. Dickinson, *Chief's Corner* (February 27, 2007). http:// www.saratogacofire.com / seatbelt.htm より。

20 L. J. Williams, "Tunnel Vision Induced by a Foveal Load Manipulation," *Human Factors* 27, no. 2 (1985): 221-27. 研究者がトンネル視と呼ぶのは、長年にわたって時に実際の目のレベルで研究してきた、ごく具体的なことである。被験者は網膜の中心である中心窩の前にある対象に焦点を合わせさせられる。そのあと、視力が低い中心窩の周囲、すなわち傍中心窩に物が示される。そして研究者は、被験者が中心でさまざまな課題をしながら周辺にあるものを検出する能力を測定する。すると驚くべきことがわかる。研究では視覚情報を変えずに、課題を人によって少し変えている。たとえば、被験者は全員同じAを見るが、一部の人はそれが文字のAかどうかを判断する(簡単な課題)が、ほかの人はそれが母音かどうかを判断しなくてはならない(難しい課題)。そしてわかったのは、視覚経験はまったく同じでも、中心窩のAについて一生懸命考えなくてはならない人のほうが、周辺のものをうまく検出できないことである。課題に集中するので、トンネル視を起こして周辺視力を失うのだ。これは身体的な目のレベルの話だが、トンネリングはこの視覚経験に相当する認知についても言える。一心になって周辺のものの多くを見逃すのだ。

21 Susan Sontag, *Regarding the Pain of Others* (New York: Farrar, Straus and Giroux, 2002) (『他者の苦痛へのまなざし』北条文緒訳、みすず書房), 46.

22 N. J. Slamecka, "The Question of Associative Growth in the Learning of Categorized Material," *Journal of Verbal Learning and Verbal Behavior* 11, no. 3 (1972): 324-32. 別の研究は、被験者にアメリカの州の名前を挙げるように言って、いくつかの名前を教えて「助ける」と、被験者が思い出す数の合計が減るだけであることを明らかにしている。Raymond Nickerson, "Retrieval Inhibition from Part-Set Cuing: A Persisting Enigma in Memory Research," *Memory and Cognition* 12, no. 6 (November 1984): 531-52 を参照。

23 J. Y. Shah, R. Friedman, and A. W. Kruglanski, "Forgetting All Else: On the Antecedents and Consequences of Goal Shielding," *Journal of Personality and Social Psychology* 83, no. 6 (2002): 1261.

24 C. M. MacLeod, "The Concept of Inhibition in Cognition," in *Inhibition in Cognition*, ed. David S. Gorfein and Colin M. Macleod (Washington, D.C.: American Psychological

Association, 2007), 3-23

25 このイラストは少しのアイテムがモノクロで示されているだけだ。実際の実験は2つの点で異なる。第一に、被験者にはもっとたくさんのアイテムが提示された。第二に、アイテムは多色づかいで、その色も思い出さなくてはならなかった。

26 この結果は公表されていない実験のものである。両方のケースで1回の解答権を与えられたときより1回と3回の解答権を与えられたときのほうが、獲得ポイントが7パーセント少なかった（$N = 33$、$p < 0.05$）。

27 Woody Allen—Biography, IMDb, http://www.imdb.com/name/nm0000095/bio.

28 B. Arends, "How to Save $10,000 by Next Thanksgiving," *Wall Street Journal*, November 20, 2011. http://online.wsj.com/article/SB10001424052970204323904577040101565437734.html より。

29 要約と事例のリストは Michael J. McCord, Barbara Magnoni, and Emily Zimmerman, "A Microinsurance Puzzle: How Do Demand Factors Link to Client Value?" *MILK Brief*, no. 7 で。http://www.microinsurancecentre.org/milk-project/milk-docs/doc_details/835-milk-brief-7-a-microinsurance-puzzle-how-do-demand-factors-link-to-client-value.html.

30 X. Giné, R. Townsend, and J. Vickery, "Patterns of Rainfall Insurance Participation in Rural India," *The World Bank Economic Review* 22, no. 3 (2008): 539-66.

31 A. Aizer, "Low Take-Up in Medicaid: Does Outreach Matter and for Whom?" *The American Economic Review* 93, no. 2 (2003): 238-41.

32 D. L. Strayer, F. A. Drews, and D. J. Crouch, "A Comparison of the Cell Phone Driver and the Drunk Driver," *Human Factors* 48, no. 2 (2006): 381-91. さらに D. Redelmeier and R. Tibshirani, "Association Between Cellular-Telephone Calls and Motor Vehicle Collisions," *New England Journal of Medicine* 336, no. 7 (1997), 453-58 も参照。最近の大規模な実地研究は、意外にも事故の確率に携帯電話使用の影響がほとんどないことを明らかにしている。Saurabh Bhargava and Vikram Pathania, "Driving Under the (Cellular) Influence" (2008), available at SSRN 1129978 を参照。この研究は、一般に運転のリスクに関する実地ベース調査にともなう問題の一部を回避していて非常に興味深いが、ほかの大量のデータと矛盾するので、追跡調査を待つ必要がある。

33 運転中の飲食に関する実験は私たちの知るかぎりない。手元にある最善のデータは「100台調査」のものだ。100台の車に監視装置をつけて12～13カ月追跡した結果、4万3000時間と走行距離320万キロのデータが得られた。そして、運転中の飲食で衝突または衝突に近い事故の確率が57パーセント増えることがわかった。携帯電話通話によるリスク増は29パーセント。しかし携帯電話のダイヤル操作ではリスクが279パーセント増加していて、視覚による注意散漫がやはり極端に危険である

という、この研究の重要な発見を例証している。Sheila G. Klauer et al., "The Impact of Driver Inattention on Near-Crash/Crash Risk: An Analysis Using the 100-Car Naturalistic Driving Study Data," no. HS-810 594 (2006) を参照。

34 Pew Research Center のウェブサイトで見られる Paul Taylor and C. Funk, "Americans and Their Cars: Is the Romance on the Skids?" (2006) を参照。

35 B. Boon, W. Stroebe, H. Schut, and R. Ijntema, "Ironic Processes in the Eating Behaviour of Restrained Eaters," *British Journal of Health Psychology* 7, no. 1 (2002): 1-10.

36 "Recession-Proof Your Business," *About.com Small Business: Canada*, October 22, 2012, http://sbinfocanada.about.com/od/management/a/recessionproof.htm より。

37 人は自分自身と対立する――自分でも自分にやってほしくないことをやる――という考えには豊かな歴史がある。たいていの場合、それは自制の問題の結果と見なされる。たとえば T. C. Schelling, "Self-Command in Practice, in Policy and in a Theory of Rational Choice," *American Economic Review* 74 (1984): 1-11 を参照。

第2章

1 処理能力あるいは計算能力は、知能、推論能力、短期記憶力、作業記憶力、流動性知能、認知制御、実行制御、注意制御、矛盾監視などの尺度を含めた、さまざまなかたちで研究されている。専門的研究者にとっては適切な区別をとらえているものもあるが、おおむね本書の範囲を超えている（たとえば、作業記憶力はほかの多くの測定値の根本となる主要素だと断定する研究者もいる。R. W. Engle, "Working Memory Capacity as Executive Attention," *Current Directions in Psychological Science* 11 (2002): 19-23 を参照）。

2 A. L. Bronzaft, "The Effect of a Noise Abatement Program on Reading Ability," *Journal of Environmental Psychology* 1, no. 3 (1981): 215-22; A. L. Bronzaft and D. P. McCarthy, "The Effect of Elevated Train Noise on Reading Ability," *Environment and Behavior* 7, no. 4 (1975): 517-28. doi: 10.1177/001391657500700406.

3 従来から、認知機能における注意転動の役割、とくに注意と認知的負荷と相互に作用するときの役割は、認知心理学が注目する主要なテーマのひとつだった。ほんの少し気を散らすだけと思われるものでさえ深い影響をおよぼし、直観的に思うレベルをはるかに超えることも多い。注意転動の影響に関する実験的研究は、反応時間の実験からシミュレーターの利用、さらには実地調査にいたるまで幅広く、視覚、聴覚、痛覚、運転、手術、仕事ぶり、学業成績など、さまざまな課題について調べている。

4 ラヴィーらによるいくつかの研究が、記憶力に高い負荷がかかっているときは、顕著な妨害によってより多くの注意が奪われることを実証している。たとえば、関係

のない2つの課題――視覚的注意と作業記憶――を結びつけてみせたこんな研究がある。作業記憶課題における負荷が増えると、視覚を妨害するものを回避する能力が下がると予測される。このかなり変わった実験に参加するとしよう。コンピューター画面を見つめていると、たとえば03124というような数列が見えるので、それを記憶しなくてはならない。そのあと画面上に有名な名前が表示され、それが人気スターか政治家か分類するように言われる。名前と一緒に顔も表示されるが、それは無視するように言われる。その後、どこかの時点で数字が現われ、それがたとえば2だとすると、記憶した数列でその数字の次に来る数字（この場合は4）を答えるのが課題である。さらに興味深いのは、2つのバリエーションがあることだ。ひとつは負荷の操作である。記憶への負荷が高いほうは記憶するべき数列が検査のたびに変わり、記憶負荷が低いほうは数列が01234のように固定された順番になっている。明らかに、固定した順の数列を頭のなかで繰り返す必要はまったくないが、見慣れない数列は積極的に繰り返す必要があるだろう。もうひとつは無視するべき顔が変わることだ。妨害の度合いが低い条件では顔と名前が「一致している」。ビル・クリントンの顔はその名前とともに表示され、ミック・ジャガーも同じだ。しかし妨害の度合いが高い条件では一致しない。クリントンの顔がミック・ジャガーの名前とともに表示され、その逆が表示される。これにはおおいに気を散らされることがわかる。さらに作業記憶に負荷がかかっているときは、もっとはるかに気が散る。一致しない顔の影響は、記憶力への負荷が低いときにくらべて高いときのほうがはるかに大きかった。N. Lavie, "Distracted and Confused?: Selective Attention under Load," *Trends in Cognitive Sciences* 9, no. 2 (2005): 75-82を参照。

5 R. M. Piech, M. T. Pastorino, and D. H. Zald, "All I Saw Was the Cake: Hunger Effects on Attentional Capture by Visual Food Cues," *Appetite* 54, no. 3 (2010): 579. 特定の精神的または身体的出来事が注意をとらえることがあるという考えは、注意の研究において時代を超えたテーマである。なぜなら、目標志向で刺激駆動のプロセスが知覚と認知にどう作用するかを理解するのは重要だからである。

6 これはクリストファー・ブライアンとの未発表の研究である。2010年4月ワシントンDCにおける米国農務省、経済調査局での招待講演 C. J. Bryan, S. Mullainathan, and E. Shafir, "Tempting Food, Cognitive Load and Impaired Decision-Making."

7 389人の被験者がこの研究に参加した。ダイエット中の人が食べ物の単語を見たあとにかかった時間と中立的な単語を見たあとにかかった時間の差はかなり大きかった（$p = 0.003$）。さらに、ダイエット中の人とそうでない人による中立の単語と食べ物の単語にかかった時間の差には有意な相互作用があった（$p = 0.047$）。被験者はできるだけたくさん単語を見つけるよう適度なインセンティブを与えられた。

8 認知および神経科学の研究者は、実行制御や認知制御が行動を導くメカニズムと脳

構造に焦点を合わせてきた。たとえば、G. J. DiGirolamo, "Executive Attention: Conflict, Target Detection, and Cognitive Control," in *The Attentive Brain*, ed. Raja Parasuraman (Cambridge, Mass.: MIT Press, 1998), 401-23 を参照。

9 J. Raven et al., *Manual for Raven's Progressive Matrices and Vocabulary Scales*, research supplement no. 3, 2nd/3rd edition (Oxford: Oxford Psychologists Press/San Antonio, Tex.: The Psychological Corporation, 1990 /2000). 国際および北米の標準的な妥当性研究の概要と、神経心理学的評価における RPM 利用のレビュー。

10 J. Raven, "The Raven's Progressive Matrices: Change and Stability over Culture and Time," *Cognitive Psychology* 41, no. 1 (2000): 1-48

11 J. Raven, 同上。教育によって獲得したものではIQスコアの上昇のごく一部しか説明できないと研究者が論じていることは注目に値する。たとえばJ. R. Flynn, "Massive IQ Gains in 14 Nations: What IQ Tests Really Measure," *Psychological Bulletin* 101 (1987): 171-91 を参照。IQに対する環境や文化の影響に関する有力な事例はRichard Nisbett, *Intelligence and How to Get It: Why Schools and Cultures Count* (New York: W. W. Norton, 2010)（『頭のでき――決めるのは遺伝か、環境か』水谷淳訳、ダイヤモンド社）を参照。

12 この実験の要約およびサンプル数やp値などの詳細はAnandi Mani, Sendhil Mullainathan, Eldar Shafir, and Jiaying Zhao, "Poverty Impedes Cognitive Function" (working paper, 2012).

13 A. Lusardi, D. J. Schneider, and P. Tufano, *Financially Fragile Households: Evidence and Implications* (National Bureau of Economic Research, Working Paper No. 17072, May 2011).

14 大きさに興味のある人のために書くと、効果の大きさはコーエンのdが0.88と0.94のあいだだった。コーエンのdは平均差を集団の標準偏差で割って求められる。

15 L. Linde and M. Bergströme, "The Effect of One Night without Sleep on Problem-Solving and Immediate Recall," *Psychological Research* 54, no. 2 (1992): 127-36. 一般的に多くの研究が、注意や記憶から計画立案や意思決定まで、さまざまな認知プロセスに睡眠不足が与える悪影響を示している。最新の研究の概要はGerard A. Kerkhof and Hans Van Dongen, *Human Sleep and Cognition: Basic Research* 185 (Amsterdam: Elsevier Science, 2010) を参照。

16 "What Is a Genius IQ Score?" *About.com Psychology*, October 23, 2012, http://psychology.about.com/od/psychologicaltesting /f/genius-iq-score.htm より。

17 W. Mischel, E. B. Ebbesen, and A. Raskoff Zeiss, "Cognitive and Attentional Mechanisms in Delay of Gratification," *Journal of Personality and Social Psychology* 21, no. 2 (1972): 204. 数年後の追跡調査で、ミシェルらは成長した被験者の認知的および社

会的能力に顕著な予測可能性を発見した。これにより、行動の個別的および状況的決定因子の役割について、研究者たちの考えが深まった。W. Mischel, Y. Shoda, and P. K. Peake, "The Nature of Adolescent Competencies Predicted by Preschool Delay of Gratification," *Journal of Personality and Social Psychology* 54, no. 4 (April 1988): 687-96.

18 Thomas C. Schelling, *Choice and Consequence* (Boston: Harvard University Press, 1985).

19 ロイ・バウマイスター、キャスリン・ヴォス、マーク・ムラヴェンおよび協力者たちは、彼らが自我消耗と呼ぶもの、そして実行制御力と自制心の維持と低下を実証する研究を数多く行なっている。最近の意見と文献のレビューは R. F. Baumeister and J. Tierney, *Willpower: Rediscovering the Greatest Human Strength* (New York: Penguin Press, 2011)（『Willpower 意志力の科学』渡会圭子訳、インターシフト）を参照。

20 Mischel, Ebbesen, and Raskoff Zeiss, "Cognitive and Attentional Mechanisms."

21 J. Lehrer, "DON'T!" *New Yorker*, May 18, 2009.

22 B. Shiv and A. Fedorikhin, "Heart and Mind in Conflict: The Interplay of Affect and Cognition in Consumer Decision Making," *Journal of Consumer Research* 26, no. 3 (1999): 278-92. doi: 10.1086/209563.

23 W. von Hippel and K. Gonsalkorale, "'That Is Bloody Revolting!': Inhibitory Control of Thoughts Better Left Unsaid," *Psychological Science* 16, no. 7 (2005): 497-500. doi: 10.1111/j.0956-7976.2005.01563.x.

24 この研究の詳細は Mani, Mullainathan, Shafir, and Zhao, "Poverty Impedes Cognitive Function" でも読むことができる。

25 標準的なストループ課題は被験者に文字列の文字の色を言うように求める。したがって XKYD と青い文字で書かれていたら「青」と言わなくてはならない。ストループの難しいところは、文字列自身が色を綴っている場合があることだ。たとえば青い文字で RED（赤）と書かれているのは難問だろう。ストループに関する非常にわかりやすい要約が Colin M. MacLeod, "Half a Century of Research on the Stroop Effect: An Integrative Review," *Psychological Bulletin* 109, no. 2 (March 1991): 163-203 に載っている。よく繰り返される逸話に、ストループ検査がソ連のスパイを見つけるのに使われたという話がある。赤い色で書かれた синий という文字列を見ても、たいていの人は問題なく答えられる。しかしスパイは——ひそかにロシア語が堪能なので——赤い文字だと言いよどむ。なぜならこれはロシア語の「青い」という単語だからだ。

26 詳細は Mani, Mullainathan, Shafir, and Zhao, "Poverty Impedes Cognitive Function."

27 たとえば K. Alaimo, C. M. Olson, and E. A. Frongillo Jr., "Food Insufficiency and

American School-Aged Children's Cognitive, Academic, and Psychosocial Development," *Pediatrics* 108, no. 1 (2001): 44-53 を参照。

28 問題のひとつは、収穫後の被験者はテストを受けるのが2回めになることだ。収穫後に成績が上がるのはテストを経験しているからにすぎないかもしれない。このことを照査するために、私たちは無作為に選ばれた100人の農民には収穫後に初めてテストを受けさせた。無作為に選ばれた彼らを収穫前の農民と比較したところ同じような効果が明らかになり、その効果はテストを受けた経験によるものではないことが示された。さらに私たちは、収穫後だが支払いの遅れにより相かわらず貧しい農民のサンプルも調査した。この収穫後の農民たちも収穫前の農民と同様のふるまいを見せ、収穫の手順が原因ではないことがわかった。

29 N. Kusz, "The Fat Lady Sings," in *The Bitch in the House: 26 Women Tell the Truth About Sex, Solitude, Work, Motherhood, and Marriage* (New York: William Morrow, 2002).

30 D. Borchmann, *Fasting, Restrained Eating, and Cognitive Performance—A Literature Review from 1998 to 2006.*

31 ある研究で、ダイエット中の人にチョコレートバーを——つまりカロリーを——与えると、実際に認知機能が落ちることがわかっている。その原因は、食べ物にさらに心を奪われてしまうことにある(「このチョコレートバーのために何をあきらめる必要があるだろう?」)。N. Jones and P. J. Rogers, "Preoccupation, Food, and Failure: An Investigation of Cognitive Performance Deficits in Dieters," *International Journal of Eating Disorders* 33, no. 2 (March 2003): 185-92.

32 J. T. Cacioppo, J. M. Ernst, M. H. Burleson, M. K. McClintock, W. B. Malarkey, L. C. Hawkley, R. B. Kowalewski et al., "Lonely Traits and Concomitant Physiological Processes: The MacArthur Social Neuroscience Studies," *International Journal of Psychophysiology* 35, no. 2 (2000): 143-54.

33 同上。

34 これらの研究すべての概要はJohn T. Cacioppo and William Patrick, *Loneliness: Human Nature and the Need for Social Connection* (New York: W. W. Norton, 2009) を参照。

35 R. F. Baumeister, J. M. Twenge, and C. K. Nuss, "Effects of Social Exclusion on Cognitive Processes: Anticipated Aloneness Reduces Intelligent Thought," *Journal of Personality and Social Psychology* 83, no. 4 (2002): 817.

36 R. F. Baumeister, C. N. DeWall, N. J. Ciarocco, and J. M. Twenge, "Social Exclusion Impairs Self-Regulation," *Journal of Personality and Social Psychology* 88, no. 4 (2005): 589.

37 W. Lauder, K. Mummery, M. Jones, and C. Caperchione, "A Comparison of Health Behaviours in Lonely and Non-Lonely Populations," *Psychology, Health and Medicine* 11,

no. 2 (2006): 233-45. doi: 10.1080/13548500500266607.

38 この研究の詳細は Mani, Mullainathan, Shafir, and Zhao, "Poverty Impedes Cognitive Function" にも記載されている。

39 L. E. Bourne and R. A. Yaroush, "Stress and Cognition: A Cognitive Psychological Perspective," unpublished manuscript, NASA grant NAG2-1561 (2003), http://humansystems.arc.nasa.gov/eas/download/non_EAS/Stress_and_Cognition.pdf. また、Bruce McEwen, *The End of Stress as We Know It* (New York: Joseph Henry Press/Dana Press, 2002)（『ストレスに負けない脳——心と体を癒す仕組みを探る』星恵子監修、桜内篤子訳、早川書房）も参照。

40 この研究分野について Robert M. Sapolsky, *Why Zebras Don't Get Ulcers* (New York: Henry Holt, 1994)（『なぜシマウマは胃潰瘍にならないか——ストレスと上手につきあう方法』森平慶司訳、シュプリンガーフェアラーク東京）にすばらしくよくまとめられている。

41 S. Vijayraghavan, M. Wang, S. G. Birnbaum, G. V. Williams, and A. F. T. Arnsten, "Inverted-U Dopamine D1 Receptor Actions on Prefrontal Neurons Engaged in Working Memory," *Nature Neuroscience* 10, no. 3 (2007): 376-84. doi: 10.1038/nn1846.

42 G. Robert and J. Hockey, "Compensatory Control in the Regulation of Human Performance under Stress and High Workload: A Cognitive-Energetical Framework," *Biological Psychology* 45, no. 1 (1997): 73-93.

第3章

1 Dwight D. Eisenhower, *The Chance for Peace* (U.S. Government Printing Office, April 16, 1953).

2 100人あまりの通勤客にインタビュー。$p < 0.05$。

3 関係する興味深い結果が Stephen Spiller, "Opportunity Cost Consideration," *Journal of Consumer Research*（近刊）でも見られる。

4 2009年にタミル・ナドゥ州の274人を対象に調査した。ここでは所得の代わりに地方と都市の回答者を比較した——両者の所得には6倍の差があったのだ。ミキサーの差は $p < 0.01$ で有意。テレビの差は経済学的にも統計学的にも有意ではなかった（58.6パーセント対60.8パーセント）。

5 K. Van Ittersum, J. Pennings, and B. Wansink, "Trying Harder and Doing Worse: How Grocery Shoppers Track In-Store Spending," *Journal of Marketing* (2010), http://papers.ssrn.com/sol3/papers.cfm?abstract_id=1546461.

6 G. Antonides, I. Manon de Groot, and W. Fred van Raaij, "Mental Budgeting and the Management of Household Finance," *Journal of Economic Psychology* 32, no. 4 (2011):

546-55. doi: 10.1016/j.joep.2011.04.001.

7　Simpler saving: "The 60% Solution," *MSNMoney*, October 24, 2012, http://money.msn.com/how-to-budget/a-simpler-way-to-save-the-60-percent-solution-jenkins.aspx?page=0.

8　予想される時間のスラックのあつかいについては、G. Zauberman and J. G. Lynch, "Resource Slack and Propensity to Discount Delayed Investments of Time Versus Money," *Journal of Experimental Psychology: General* 134, no. 1 (2005): 23-37 を参照。

9　J. M. Graham, *The Hive and the Honey Bee* (Hamilton, Ill.: Dadant & Sons, 1992).

10　合板の許容誤差に興味のある読者は、*Plywood Standards*, Voluntary Product Standard PS 1-09, National Institute of Standards and Technology, U. S. Department of Commerce, http://gsi.nist.gov/global/docs/vps/PS-1-09.pdf で調べることができる。

11　H. J. Brockmann, "Diversity in the Nesting Behavior of Mud-Daubers (Trypoxylon politum Say; Sphecidae)," *Florida Entomologist* 63, no. 1 (1980): 53-64.

12　このスラックの理論的解釈は、人は最大化するのではなく満足化する、つまりなんとかなるのに十分なことをやるのだ、というハーバート・サイモンの主張を連想させる。Herbert A. Simon, "Rational Choice and the Structure of the Environment," *Psychological Review* 63, no. 2 (1956): 129 を参照。彼の考えでは、人には最大化するだけの認知資源がない。彼の言葉を借りるなら、欠乏は満足化基準に達しない行動を許す、ということだろう。これはスラックの要素を一部とらえているが、欠乏の影響はこの表現が暗示するよりもっと無意識でコントロールできないものだ。これから見ていくように、欠乏を理解するうえでは、この制御不能性こそが重要なのである。

13　George Carlin, *Brain Droppings* (New York: Hyperion, 1997), 37.

14　キャビネット・キャスタウェイに関する興味深い議論が Brian Wansink, S. Adam Brasel, and Stephen Amjad, "The Mystery of the Cabinet Castaway: Why We Buy Products We Never Use," *Journal of Family and Consumer Science* 92, no. 1 (2000): 104-8 に見られる。人が結果的にそれほど多くのキャスタウェイをためてしまう理由のひとつは、経済学者が「オプション価値」と呼ぶものである。人が買い物をするとき、その商品を使うかどうかはわからないが、万が一のためにそれを持っておくというオプションに価値を置く。その心理はこの単純な話より複雑かもしれない。私たちなら、欠乏下では人は最終的に使う確率をもっと慎重に考え――それどころか、そこに集中し――て、のんきな「万が一のため」のシナリオを選ぶよりも、オプション価値を慎重に評価する、と主張する。

15　*SSA | 2012 SSA Fact Sheet*, http://www.selfstorage.org/ssa/Content/NavigationMenu/AboutSSA/FactSheet/default.htm.

16　同上。

17 J. Mooallem, "The Self-Storage Self," *New York Times*, September 6, 2009, http://www.nytimes.com/2009/09/06/magazine/06self-storage-t.html.

18 D. A. Redelmeier and E. Shafir, "Medical Decision Making in Situations That Offer Multiple Alternatives," *JAMA—Journal of the American Medical Association* 273, no. 4 (1995): 302-5.

19 M. Friedman and R. Friedman, *Free to Choose: A Personal Statement* (Orlando, Fla.: Mariner Books, 1990)（『選択の自由——自立社会への挑戦』西山千明訳、日本経済新聞出版社）.

20 R. Buehler, D. Griffin, and M. Ross, "Exploring the 'Planning Fallacy': Why People Underestimate Their Task Completion Times," *Journal of Personality and Social Psychology* 67, no. 3 (1994): 366.

21 M. Sigman, "Response Time Distributions in Rapid Chess: A Large-Scale Decision-Making Experiment," *Frontiers in Neuroscience* 4 (2010). doi: 10.3389/fnins.2010.00060.

22 A. Banerjee and S. Mullainathan, *The Shape of Temptation: Implications for the Economic Lives of the Poor* (Working Paper No. w15973, National Bureau of Economic Research, 2010).

23 賭けの代償が大きければ人々は異なるふるまいをする、というのが社会現象にまつわる心理学の研究結果の妥当性に対する初期の反論だった。この20年で、人々の心理バイアスは退職や健康と死亡率と同じくらい意思決定に影響することが、研究で示されている。

24 ここで言う、「計算が複雑である」とはどういうことかを理解するには、線形計画法と整数計画法を対比してみるとよい。線形計画法の計算で扱う各項は無限に分割できる——粒がどんどん細かくなるのと同じである。一方の整数計画法では項目を一定の単位として扱う必要がある——かさばるものを扱うのと同じ論理である。計算機科学の専門家によって、整数計画法が線形計画法より困難な性質のものであることが、厳密な数学的手法によって示されている。この考えについて詳細な入門は Alexander Schrijver, *Theory of Linear and Integer Programming* (West Sussex, England: John Wiley & Sons, 1998) を参照されたい。

25 ソロー自身はこの見解から異なる教訓を引き出している。彼は富を増やすことではなく、欲望を抑えることを唱道している。私たちの用語で言うと、スラックを得る方法は2通りある。大きいスーツケースを手に入れるか、スーツケースに詰めたいものの数を減らすか、どちらかである。

26 Henry David Thoreau, *Walden* (Yale University Press, 2006), 87（『ウォールデン 森の生活』今泉吉晴訳、小学館）.

第4章

1　本書では外貨（この場合ルピー）の価値をドルで表わすのに、単純に名目為替レートを使用する。アレックスはルピーの値段をどれくらいと見積もるべきかを表わすときのように、これが完全に妥当な使われ方もある。しかし誤解を招きかねない場合もある。なぜなら、為替レートは両国間の物価格差を考慮しないからだ。たとえば、インドではたいていのものが安いので、インドでの1ルピーのほうが価値は高い。国の所得の差を査定しようとするにあたって、たいていの経済学者は為替レートだけでなく、「購買力平価」――物価の差の尺度――も差し引いて調整する。本書は各国の所得の入念な比較を意図していないので、わかりやすいように名目為替レートを使う。しかし読者はこの区別を心にとめておいてほしい。

2　これはトヴェルスキーとカーネマンの有名な「ジャケット電卓」問題を少し（インフレを加味して）改訂したバージョンだ。A. Tversky and D. Kahneman, "The Framing of Decisions and the Psychology of Choice," *Science* 211, no. 4481 (1981): 453-58. また、R. Thaler, "Mental Accounting Matters," *Journal of Behavioral Decision Making* 12 (1999): 183-206 も参照。

3　Ofer H. Azar, "Relative Thinking Theory," *The Journal of Socio-Economics* 36, no. 1 (2007): 1-14.

4　インセンティブを使って同様の効果を明らかにした研究もある。ある研究では、被験者は代数の問題を解くように言われて、正解1つにつき6セントをもらった。参加に対する基本の謝礼を1ドルもらった人、3ドルもらった人、10ドルもらった人がいた。正解1つ当たり6セントは、1ドルグループにとっては大きく、10ドルグループにとっては小さく思われた。そして実際、1ドルグループのほうが熱心に取り組み、自分の努力に対する報酬が「大きく思える」ときにたくさんの問題に答えた。ユーモアのセンスのある研究者が2003年北米計量経済学会夏季会議に参加し、専門の経済学者で同じようなデータを手に入れた。合理的意思決定のスキルに関しては経済学者も一般の人たちと変わらないことがわかったのだ。

5　節約を選ぶよう助言する人の割合は、100ドルと1000ドルの条件で高所得の被験者（プリンストン・ジャンクション駅近辺）では有意な差があったが、低所得の被験者（トレントン近辺）では有意な差がなかった。この研究ではN = 123。C. C. Hall, *Decisions Under Poverty: A Behavioral Perspective on the Decision Making of the Poor* (PhD diss., Princeton University, 2008).

6　この結果は、貧困者の場合、行くことをいとわない人の割合が増える余地があまりないことによる、たんなる「天井」効果のせいとは考えにくい。移動をいとわない割合は裕福な人たちよりも高いが、それでも100パーセントをかなり下回っている。

7　H. E. Ross, "Weber Then and Now," *Perception* 24, no. 6 (1995): 599.

8 G. Trotta, "Some Laundry-Detergent Caps Can Lead to Overdosing," June 5, 2009, http://news.consumerreports.org/home/2009/06/laundry-detergent-overdosing-caps-procter-and-gamble-method-sun-era-tide-cheer-all-consumer-reports-.html.

9 S. Grondin and P. R. Killeen, "Tracking Time with Song and Count: Different Weber Functions for Musicians and Nonmusicians," *Attention, Perception, and Psychophysics* 71, no. 7 (2009): 1649-54.

10 B. Wansink and K. Van Ittersum, "Bottoms Up! The Influence of Elongation on Pouring and Consumption Volume," *Journal of Consumer Research* 30, no. 3 (2003): 455-63.

11 I. M. Rosa-Díaz, "Price Knowledge: Effects of Consumers' Attitudes Towards Prices, Demographics, and Socio-cultural Characteristics," *Journal of Product and Brand Management* 13, no. 6 (2004): 406-28. doi: 10.1108/10610420410560307.

12 高所得の回答者と低所得の回答者で正解した人の割合の差は統計的に有意だった。$p < 0.05$、$N = 104$。

13 Jacob Goldin and Tatiana Homonoff, "Smoke Gets in Your Eyes: Cigarette Tax Salience and Regressivity," *American Economic Journal: Economic Policy* 5, no. 1 (February 2013): 302-36.

14 もしこれで、貧しい人のほうが賭けの代償が大きいから注意を払っているというイメージになっているなら、それは要点の一部だ。ここに示唆されている興味深い点は、この注意深さが意思決定のプロセスをどう変えるか、一般の人々で実証されている「バイアス」をどう変化させるか、である。

15 J. K. Binkley and J. Bejnarowicz, "Consumer Price Awareness in Food Shopping: The Case of Quantity Surcharges," *Journal of Retailing* 79, no. 1 (2003): 27-35. doi: 10.1016/S0022-4359(03)00005-8.

16 "Sold Short? Are You Getting Less Than You Think? Let Us Count the Ways," *Consumer Reports*, February 2000, 24-26.

17 同上。

18 ダン・アリエリーはトレードオフ思考の難題を明確に述べている。http://bigthink.com/ideas/17458.

19 Shane Frederick, Nathan Novemsky, Jing Wang, Ravi Dhar, and Stephen Nowlis, "Opportunity Cost of Neglect," *Journal of Consumer Research* 36, no. 4 (2009): 553-61.

20 知覚の状況依存を示す証拠はたくさんある。テッド・アデルソンのチェッカーシャドー錯視は私たちのお気に入りのひとつだ。ここで許可を得て再現している。このほかにも同様の錯視を http://web.mit.edu/persci/people/adelson/checker-shadow_illusion.html で体験できる。このような錯視の根底にある認知のメカニズムに関する詳細な議論は Edward H. Adelson, "Lightness Perception and Lightness Illusions," *The*

New Cognitive Neurosciences (1999): 339 を参照。
21　このシナリオの下敷きは Richard Thaler, "Mental Accounting and Consumer Choice," *Marketing Science* 4, no. 3 (1985): 199-214. データは 2012 年にアヌジュ・シャーとともに集めた。裕福な人はフレーム間で有意な差を示したが、貧しい人は示さなかった。$p < 0.01$（$N = 148$）。
22　J. Hastings and J. M. Shapiro, *Mental Accounting and Consumer Choice: Evidence from Commodity Price Shocks* (Cambridge, Mass.: National Bureau of Economic Research, Working Paper No. 18248, 2012).
23　2012 年にアヌジュ・シャーとともに集めたデータはこの予測を裏づけている。参加者に税の還付金と株価のシナリオを示したところ、裕福な人は 2 つの枠組みで異なる消費傾向を見せたが、貧しい人は見せなかった。$p < 0.05$（$N = 141$）。
24　データは 2012 年にアヌジュ・シャーとともに集めた。裕福な人は取得原価を、貧しい人は取替原価を選ぶ傾向が強かった。どちらの場合も $p < 0.05$（$N = 98$）。
25　E. Shafir and R. H. Thaler, "Invest Now, Drink Later, Spend Never: On the Mental Accounting of Delayed Consumption," *Journal of Economic Psychology* 27 (2006): 694-712.
26　Paul J. Ferraro and Laura O. Taylor, "Do Economists Recognize an Opportunity Cost When They See One? A Dismal Performance from the Dismal Science" (2005).
27　ブログ *Marginal Revolution* より。http://marginalrevolution.com/marginalrevolution/2005/09/opportunity_cos.html.

第 5 章

1　J. A. Riis, *How the Other Half Lives* (Boston, Mass.: Bedford/St. Martin's, 2010).
2　〈センター・フォア・レスポンシブル・レンディング〉のサイトで読めるサンドラ・ハリスの話は http://www.responsiblelending.org/payday-lending/tools-resources/victims-2.html で。
3　M. Fellowes and M. Mabanta, *Banking on Wealth: America's New Retail Banking Infrastructure and Its Wealth-Building Potential* (Washington, D.C.: Brookings Institution, 2008).
4　McDonald's restaurants statistics—countries compared—NationMaster, http://www.nationmaster.com/graph/foo_mcd_res-food-mcdonalds-restaurants.
5　Loxcel Starbucks Store Map FAQ, http://loxcel.com/sbux-faq.html.
6　Fast Facts, October 24, 2012, http://www.responsiblelending.org/payday-lending/tools-resources/fast-facts.html. この業界ではリピート客がごく一般的なので、ローン総額の 98 パーセントがリピーターに融資されている。
7　この問題に関する秀逸な解説は Michael Barr, *No Slack* (Washington, D.C.: Brookings

Institution Press, 2012) を参照されたい。

8　K. Edin and L. Lein, *Making Ends Meet: How Single Mothers Survive Welfare and Low-Wage Work* (New York: Russell Sage Foundation Publications, 1997). アメリカの貧困層の経済生活に関する興味深い最新の話については、Sarah Halpern-Meekin, Kathryn Edin, Laura Tach, and Jennifer Sykes, *It's Not Like I'm Poor: How Working Families Make Ends Meet in a Post-Welfare World* (Berkeley: University of California Press, 近刊予定）を参照。

9　*Advances in Economics and Econometrics: Theory and Application*, Eighth World Congress of the Econometric Society, vol. 3, ed. Mathias Dewatripont, Lars Hansen, and S. Turnovsky (Cambridge: Cambridge University Press, 2004), 1-46 に収録の Abhijit Banerjee, "Contracting Constraints, Credit Markets, and Economic Development" を参照。

10　過度の借金の理由としてもうひとつよく挙げられるのは、なんらかのかたちの近視眼である。この話で興味深いのは、ここで言う近視眼——トンネリング——は一般的な個人的特性ではないことである。欠乏に直面すると誰もがトンネリングを起こす。そして思い出してほしい。トンネリングを生むのと同じ力が集中ボーナスをも生む。近視とちがって、トンネリングにはプラスの効果もあるのだ。

11　この研究は Anuj Shah, Sendhil Mullainathan, and Eldar Shafir, "Some Consequences of Having Too Little," *Science* 338 (2013): 682-85 にある。

12　現在バイアスなど時間割引のモデルについてわかりやすい概要が Shane Frederick and George Loewenstein, "Time Discounting and Time Preference: A Critical Review," *Journal of Economic Literature* (2002) に述べられている。

13　R. E. Bohn and R. Jaikumar, *Firefighting by Knowledge Workers* (Information Storage Industry Center, Graduate School of International Relations and Pacific Studies, University of California, 2000), http://isic.ucsd.edu/pdf/firefighting.pdf.

14　S. R. Covey, *The Seven Habits of Highly Effective People* (New York: Free Press, 2004)（『7つの習慣——成功には原則があった！』川西茂訳、キング・ベアー出版).

15　*Bridges—Report Card for America's Infrastructure*, http://www.infrastructurereportcard.org/fact-sheet/bridges.

16　計画錯誤については多くの研究がある。秀逸なレビューは、Roger Buehler, Dale Griffin, and Michael Ross, "Inside the Planning Fallacy: The Causes and Consequences of Optimistic Time Predictions," in *Heuristics and Biases: The Psychology of Intuitive Judgment*, ed. Thomas Gilovich, Dale Griffin, and Daniel Kahneman (Cambridge: Cambridge University Press, 2002), 250-70、D. Lovallo and D. Kahneman, "Delusions of Success," *Harvard Business Review* (2003): 1-8 など。欠乏の影響を明確に研究したものはないが、当然、計画錯誤は欠乏下で生じるようなトンネリングを起こしている

人にとくに顕著であることが判明するだろう。

第6章

1 W. Way, *Oxymorons and Other Contradictions* (Bloomington, Ind.: AuthorHouse, 2005) の Steven Wright から引用。

2 データの引用元は Dean Karlan and Sendhil Mullainathan, "Debt Traps" (working paper, 2012).

3 本書では相当するドルを記すとき、単純に一般的な為替レートを使って換算する。しかし国がちがえば物価もちがうので、これでは誤解されかねない印象を与えることもありえると考える専門家は多い。たとえば、露天商は食料などの品物も安い値段で手に入るのだ。その結果、名目のドルで表わされた所得は、彼女の購買力を正しく反映していない。経済学者は名目為替レートではなく購買力平価を使うよう提唱している。インドの場合、そうすると露天商の所得はおよそ 2.5 倍になる。

4 開発経済学者を中心に経済学者はいわゆる「貧困の罠」――もともと貧しい人たちは貧しいままだという考え――に重点的に取り組んでいる。よく議論されるメカニズムは、一定量の資本を必要とする有利な投資の機会だ。裕福な人は投資するだけの資本があるが、貧しい人にしてみれば、そうするだけの十分なお金を貯めるのが難しい。願望と近視眼について論じられるメカニズムもある。関連する内容が Debraj Ray, "Development Economics," *The New Palgrave Dictionary of Economics*, ed. Lawrence Blume and Steven Durlauf (2007) に述べられている。

5 この研究は Michael Faye and Sendhil Mullainathan, "Demand and Use of Credit in Rural India: An Experimental Analysis" (working paper, Harvard University, 2008) に記されている。

6 Daryl Collins, Jonathan Morduch, Stuart Rutherford, and Orlanda Ruthven, *Portfolios of the Poor: How the World's Poor Live on $2 a Day* (Prince ton, N.J.: Princeton University Press, 2010)（『最底辺のポートフォリオ』大川修二訳、みすず書房）.

7 発展途上国における時間の使い方のデータを手に入れるのは難しいかもしれないが、非常に優れた一連の研究が Quentin Wodon and Mark Blackden, *Gender, Time Use, and Poverty in Sub-Saharan Africa* (Washington, D.C.: World Bank Press, 2006) に記されている。

8 M. Muraven and R. F. Baumeister, "Self-Regulation and Depletion of Limited Resources: Does Self-Control Resemble a Muscle?" *Psychological Bulletin* 126, no. 2 (2000): 247-59. doi: 10.1037//0033-2909.126.2.247.

9 K. D. Vohs and T. F. Heatherton, "Self-Regulatory Failure: A Resource-Depletion Approach," *Psychological Science* 11, no. 3 (2000): 249-54.

10 D. Collins et al., *Portfolios of the Poor.*

11 New Amsterdam Consulting, "Stability First Pilot Test: Pre-Test Interviews Narrative Report" (March 2012).

12 A. Lusardi, D. J. Schneider, and P. Tufano, *Financially Fragile Households: Evidence and Implications* (National Bureau of Economic Research, 2011), http://www.nber.org/papers/w17072.

13 このような実験をいろいろとうまく説明しているのが、John T. Cacioppo and William Patrick, *Loneliness: Human Nature, and the Need for Social Connection* (New York: W. W. Norton, 2009).

14 J. Friedman, "How Did Tom Amberry Set the World Free Throw Record?" *Sports Illustrated*, October 17, 1994, http://sportsillustrated.cnn.com/vault/article/magazine/MAG1005796/index.htm.

15 Bruce Bowen, Basketball-Reference.com, October 31, 2012, http://www.basketball-reference.com/players/b/bowenbr01.html.

16 S. L. Beilock, A. R. McConnell et al., "Stereotype Threat and Sport: Can Athletic Performance Be Threatened?" *Journal of Sport and Exercise Psychology* 26, no. 4 (2004): 597-609.

17 R. M. Yerkes and J. D. Dodson, "The Relation of Strength of Stimulus to Rapidity of Habit-Formation," *Journal of Comparative Neurology and Psychology* 18, no. 5 (1908): 459-82.

18 Daniel M. Wegner, David J. Schneider, Samuel R. Carter, and Teri L. White, "Paradoxical Effects of Thought Suppression," *Journal of Personality and Social Psychology* 53, no. 1 (1987): 5-13; D. M. Wegner, *White Bears and Other Unwanted Thoughts: Suppression, Obsession, and the Psychology of Mental Control* (New York: Viking, 1989).

第7章

1 J. Carr and L. Greeves, *Only Joking: What's So Funny About Making People Laugh?* (New York: Gotham Books, 2006).

2 *Levels and Trends in Child Mortality* (Washington, D.C.: The UN Inter-Agency Group for Child Mortality Estimation [IGME], 2010).

3 http://www.globalissues.org/article/26/poverty-facts-and-stats.

4 世界銀行は1日2.50ドルの貧困率を使っている。これは「絶対的」貧困に重点を置いている。この基準からすると、アメリカには貧困の子どももはいないことになる。このような世界の貧困に関する事実は Anup Shah, "Poverty Facts and Stats," *Global*

Issues 26 (2008) に記載されている。世界中の貧困に関する鋭く洞察に満ちた調査は Abhijit Banerjee and Esther Duflo, *Poor Economics: A Radical Rethinking of the Way to Fight Global Poverty* (New York: PublicAffairs, 2011)（『貧乏人の経済学――もういちど貧困問題を根っこから考える』山形浩生訳、みすず書房）を参照。

5 Mark R. Rank and Thomas A. Hirschl, "Estimating the Risk of Food Stamp Use and Impoverishment during Childhood," *Archives of Pediatrics and Adolescent Medicine* 163, no. 11 (2009): 994 を参照。

6 Alisha Coleman-Jensen et al., "Household Food Security in the United States in 2010," *USDA-ERS Economic Research Report* 125 (2011) を参照。

7 B. Ritz and F. Yu, "The Effect of Ambient Carbon Monoxide on Low Birth Weight Among Children Born in Southern California Between 1989 and 1993," *Environmental Health Perspectives* 107, no. 1 (1999): 17.

8 貧困とその持続性の背景にある要素に関する独創的で非常に興味深い別の洞察については、Charles Karelis, *The Persistence of Poverty: Why the Economics of the Well-Off Can't Help the Poor* (New Haven: Yale University Press, 2009) を参照。

9 International Diabetes Federation, *Atlas*. http://www.diabetesatlas.org/content/some-285-million-peopleworldwide-will-live-diabetes-2010.

10 このように推定値の幅が広いのは、順守率が研究される母集団に左右されるからである。どのように順守率を測定するか――自己申告、薬の補給率、電子的観察など――も測定値に影響する。出発点として、Eduardo Sabaté, ed., *Adherence to Long-Term Therapies: Evidence for Action* (Geneva: World Health Organization, 2003) を参照されたい。この本にはさまざまな病気の服薬順守データも記されている。

11 2009年12月15日。1人の農民が得る除草の利益を、モデルプロットや横断的データに頼っているこれらの研究から一般化するのは難しいかもしれない。除草が農民に与える利益に関する慎重にランダム化した対照試験はこの分野で特に有益だろう。アフリカにおける現在の推定値は L. P. Gianessi et al., "Solving Africa's Weed Problem: Increasing Crop Production and Improving the Lives of Women," *Proceedings of "Agriculture: Africa's 'engine for growth'—Plant Science and Biotechnology Hold the Key," Rothamsted Research, Harpenden, UK, October 12-14, 2009* (Association of Applied Biologists, 2009) を参照。

12 D. E. Johnson, "Weed Management in Small Holder Rice Production in the Tropics," *Natural Resources Institute, University of Greenwich Ghatham, Kent, UK 11* (1996), http://ipmworld.umn.edu/ chapters/johnson.htm .

13 J. Lexmond, L. Bazalgette, and J. Margo, *The Home Front* (London: Demos, 2011).

14 初期の研究は J. Garbarino, "A Preliminary Study of Some Ecological Correlates of

Child Abuse: The Impact of Socioeconomic Stress on Mothers," *Child Development* (1976): 178-85。大規模なデータを使った最近の研究は Christina Paxson and Jane Waldfogel, "Work, Welfare, and Child Maltreatment," *Journal of Labor Economics* 20, no. 3 (July 2002): 435-74.

15 J. S. Lee and N. K. Bowen, "Parent Involvement, Cultural Capital, and the Achievement Gap Among Elementary School Children," *American Educational Research Journal* 43, no. 2 (2006): 193-218.

16 A. T. Clarke and B. Kurtz-Costes, "Television Viewing, Educational Quality of the Home Environment, and School Readiness," *Journal of Educational Research* (1997): 279-85.

17 A. Drewnowski and S. E. Specter, "Poverty and Obesity: The Role of Energy Density and Energy Costs," *The American Journal of Clinical Nutrition* 79, no. 1 (2004): 6-16.

18 R. Tabberer, "Childhood Poverty and School Attainment, Causal Effect and Impact on Lifetime Inequality," in *Persistent Poverty and Lifetime Inequality: The Evidence—Proceedings from a Workshop Held at HM Treasury, Chaired by Professor John Hills, Director of the ESRC Research Centre for Analysis of Social Exclusion* (1998).

19 N. Adler, J. Stewart, S. Cohen, M. Cullen, A. D. Roux, W. Dow, and D. Williams, "Reaching for a Healthier Life: Facts on Socioeconomic Status and Health in the U.S.," *The John D. and Catherine T. MacArthur Foundation Research Network on Socioeconomic Status and Health* 43 (2007).

20 所得と手洗いや浄水の相関はさまざまな場所で観察されている。ペルーで行なわれたある研究は、子どもの世話をする母親などの行動を調べた。そして世話をする人のうちトイレのあとに手を洗うのは46パーセントにすぎないことを明らかにした。そのデータのなかでも所得との強い相関関係があった。所得金額の上位4分の1でトイレのあとに手を洗ったのは56.5パーセントだったのに対し、下位4分の1では34パーセントだけだった。子どもの尻を拭いたあとや子どもに食事を与える前の手洗いについても、同様の差が報告されている。Sebastian Galiani and Alexandra Orsola-Vidal, "Scaling Up Handwashing Behavior," Global Scaling Up Handwashing Project, Water and Sanitation Program (Washington, D.C., 2010) を参照。

21 Adler et al., "Reaching for a Healthier Life."

22 John M. Darley and Paget H. Gross, "A Hypothesis-Confirming Bias in Labeling Effects," *Journal of Personality and Social Psychology* 44, no. 1 (1983): 20-33.

23 R. L. Repetti, "Short-Term and Long-Term Processes Linking Job Stressors to Father-Child Interaction," *Social Development* 3, no. 1 (2006): 1-15.

24 L. A. Gennetian, G. Duncan, V. Knox, W. Vargas, E. Clark-Kauffman, and A. S. London,

"How Welfare Policies Affect Adolescents' School Outcomes: A Synthesis of Evidence from Experimental Studies," *Journal of Research on Adolescence* 14, no. 4 (2004): 399-423.

25 M. Siahpush, H. H. Yong, R. Borland, J. L. Reid, and D. Hammond, "Smokers with Financial Stress Are More Likely to Want to Quit but Less Likely to Try or Succeed: Findings from the International Tobacco Control (ITC) Four Country Survey," *Addiction* 104, no. 8 (2009): 1382-90.

26 Jens Ludwig, et al. "Neighborhoods, Obesity, and Diabetes—A Randomized Social Experiment," *New England Journal of Medicine* 365, no. 16 (2011): 1509-19.

27 R. T. Gross and T. D. Borkovec, "Effects of a Cognitive Intrusion Manipulation on the Sleep-Onset Latency of Good Sleepers," *Behavior Therapy* 13, no. 1 (1982): 112-16.

28 F. N. Watts, K. Coyle, and M. P. East, "The Contribution of Worry to Insomnia," *British Journal of Clinical Psychology* 33 no. 2 (2011): 211-20.

29 J. T. Cacioppo, L. C. Hawkley, G. G. Berntson, J. M. Ernst, A. C. Gibbs, R. Stickgold, and J. A. Hobson, "Do Lonely Days Invade the Nights? Potential Social Modulation of Sleep Efficiency," *Psychological Science* 13, no. 4 (2002): 384-87.

30 N. P. Patel, M. A. Grandner, D. Xie, C. C. Branas, and N. Gooneratne, "Sleep Disparity in the Population: Poor Sleep Quality Is Strongly Associated with Poverty and Ethnicity," *BMC Public Health* 10 (2010): 475-75.

31 G. Belenky, T. J. Balkin, D. P. Redmond, H. C. Sing, M. L. Thomas, D. R. Thorne, and N. J. Wesensten, "Sustaining Performance During Continuous Operations: The U.S. Army's Sleep Management System," in *Managing Fatigue in Transportation. Proceedings of the 3rd Fatigue in Transportation Conference* (1998).

32 Alaska Oil Spill Commission, *Spill: The Wreck of the Exxon Valdez*, vol. 3 (State of Alaska, 1990) を参照。睡眠の文献全体に関するわかりやすい議論は William C. Dement and Christopher Vaughan, *The Promise of Sleep: A Pioneer in Sleep Medicine Explores the Vital Connection Between Health, Happiness, and a Good Night's Sleep* (New York: Dell, 1999)(『ヒトはなぜ人生の３分の１も眠るのか？』藤井留美訳、講談社)を参照されたい。

33 Hans PA van Dongen et al., "The Cumulative Cost of Additional Wakefulness: Dose-Response Effects on Neurobehavioral Functions and Sleep Physiology from Chronic Sleep Restriction and Total Sleep Deprivation," *SLEEP* 26, no. 2 (2003): 117-29 を参照。慢性睡眠不足に関する文献の優れた概説が D. F. Dinges, N. L. Rogers, and M. D. Baynard, "Chronic Sleep Deprivation," *Principles and Practice of Sleep Medicine* 4 (2005): 67-76 に述べられている。

34 幼少期の経験が脳の発達に影響しうると実際に論じる文献が増えている。たとえ

ばごく最近のものとして Clancy Blair et al., "Salivary Cortisol Mediates Effects of Poverty and Parenting on Executive Functions in Early Childhood," *Childhood Development* 82, no. 6 (November/December 2011): 1970-84 がある。私たちの結果が示すところによると、この種の影響に加えて、その後の人生でも貧困が認知機能に非常に大きな直接的影響をおよぼす。

第 8 章

1 A. Chapanis, "Psychology and the Instrument Panel," *Scientific American* 188 (1953): 74-82.

2 アメリカの訓練プログラムに関する優れた論文集にこの問題が説明されている。Burt S. Barnow and Christopher T. King, eds., *Improving the Odds: Increasing the Effectiveness of Publicly Funded Training* (Washington, D.C.: Urban Institute Press, 2000).

3 最近発表された 2 件のマイクロファイナンスの影響評価が潜在的問題を定量的に説明している。Dean Karlan and Jonathan Zinman, "Microcredit in Theory and Practice: Using Randomized Credit Scoring for Impact Evaluation," *Science* 332, no. 6035 (2011): 1278-84; Abhijit Banerjee et al., "The Miracle of Microfinance? Evidence from a Randomized Evaluation" (MIT working paper, 2010).

4 欠乏の心理を用いることなくこの主張が展開される場合もある。政策設計の多くは合理性を仮定する。人々の自然な心理的限界を考慮に入れるだけで、政策立案を改善することができるのだ。この見解を最近見事にはっきり述べているのが Richard H. Thaler and Cass R. Sunstein, *Nudge: Improving Decisions about Health, Wealth, and Happiness* (New Haven, Conn.: Yale University Press, 2008) である。さらに Eldar Shafir, ed., *The Behavioral Foundations of Public Policy* (Princeton, N.J.: Princeton University Press, 2012) も参照されたい。私たちは以前この論理を用いて、ほかの誰もが影響を受けるのと同じ心理的急変が貧困者にも生じうることを理解するだけで、貧困についてもっとよく理解できると主張したことがある。Marianne Bertrand, Sendhil Mullainathan, and Eldar Shafir, "A Behavioral-Economics View of Poverty," *American Economic Review* (2004): 419-23. 処理能力を危うくする欠乏は、この主張をさらに強めて確固たるものにする。人の心理を見抜く政策はとくに貧困を考えるにあたっては重要である。

5 D. Ellwood and R. Haskins, *A Look Back at Welfare Reform, IPRNews* (Winter 2008), http://www.ipr.northwestern.edu/publications/newsletter/iprn0801/dppl.html.

6 Banerjee, Abhijit Vinayak, Esther Duflo, Rachel Glennerster, and Dhruva Kothari. "Improving immunisation coverage in rural India: clustered randomised controlled evaluation of immunisation campaigns with and without incentives." BMJ: *British*

Medical Journal 340(2010).

7 L. B. Rawlings and G. M. Rubio, "Evaluating the Impact of Conditional Cash Transfer Programs," *The World Bank Research Observer* 20, no. 1 (2005): 29-55.

8 A. Drexler, G. Fischer, and A. Schoar, *Keeping It Simple: Financial Literacy and Rules of Thumb* (London: Centre for Economic Policy Research, 2010).

9 *Emergency Hand Loan: A Product Design Case Study*, Financial Access Initiative, ideas42 and IFC を参照。議論と資料は http://www.financialaccess.org/blog/2011/05/product-design-poor-emergency-hand-loan を参照。

10 S. Baird, J. De Hoop, and B. Ozler, "Income Shocks and Adolescent Mental Health," *World Bank Policy Research Working Paper Series*, no. 5644 (2011).

11 アメリカにおける福祉プログラムへの再来率は広く研究されている。たとえば、J. Cao, "Welfare Recipiency and Welfare Recidivism: An Analysis of the NLSY Data," *Institute for Research on Poverty Discussion Papers* 1081-96, University of Wisconsin Institute for Research on Poverty (March 1996) を参照。

12 ムービング・トゥ・オポチュニティと呼ばれるこのプログラムは、福利にはプラスの効果があったが、経済的自足には効果がなかった。J. Ludwig, G. J. Duncan, L. A. Gennetian, L. F. Katz, R. Kessler, J. R. Kling, and L. Sanbonmatsu, "Neighborhood Effects on the Long-Term Well-Being of Low-Income Adults," *Science* 337 (September 21, 2012): 1505-10, online edition を参照。

13 マイクロファイナンスの影響に関する既存の研究をまとめたものが M. Duvendack, R. Palmer-Jones, J. G. Copestake, L. Hooper, Y. Loke, and N. Rao, "What Is the Evidence of the Impact of Microfinance on the Well-Being of Poor People?" (London: EPPICentre, Social Science Research Unit, Institute of Education, University of London, 2011) で見られる。

第9章

1 セント・ジョンズについての解説はおもに S. Crute, "Case Study: Flow Management at St. John's Regional Health Center," *Quality Matters* (2005) から引用。"Improving Surgical Flow at St. John's Regional Health Center: A Leap of Faith," Institute for Healthcare Improvement も参照。最新修正は 2011 年 7 月 13 日、http://www.ihi.org/knowledge/Pages/ImprovementStories/ImprovingSurgicalFlowatStJohnsRegionalHealthCenterSpringfieldMOALeapofFaith.aspx に投稿。ほかの事例も併せて E. Litvak, M. C. Long, B. Prenney, K. K. Fuda, O. Levtzion-Korach, and P. McGlinchey, "Improving Patient Flow and Throughput in California Hospitals Operating Room Services," *Boston University Program for Management of Variability in Health Care Delivery* で論じられて

いる。これは2007年 California Healthcare Foundation (CHCF) 向けに用意されたガイダンス文書。

2 セント・ジョンズは少し例外的な事例である。慎重な分析事例について Mark van Houdenhoven et al., "Improving Operating Room Efficiency by Applying Bin-Packing and Portfolio Techniques to Surgical Case Scheduling," *Anesthesia and Analgesia* 105, no. 3 (2007): 707-14を参照されたい。病床スケジューリングの改善に関する文献のレビューは Brecht Cardoen, Erik Demeulemeester, and Jeroen Beliën, "Operating Room Planning and Scheduling: A Literature Review," *European Journal of Operational Research* 201, no. 3 (2010): 921-32に述べられている。

3 John Gribbin, *Deep Simplicity: Bringing Order to Chaos and Complexity* (New York: Random House, 2005).

4 トム・デマルコは組織にとってのスラックの重要性について興味深く論じている。「効率を上げても組織が改善されないことがありえる。スラックを排除するときに起こるのがそれだ。組織の効率を少し悪くして組織を大きく改善することも可能だ。そうするためには十分なスラックを再導入して、組織が呼吸し、自己改革し、必要な変化を起こせるようにしなくてはならない」。Tom DeMarco, *Slack: Getting Past Burnout, Busywork, and the Myth of Total Efficiency* (New York: Broadway, 2002)（『ゆとりの法則――誰も書かなかったプロジェクト管理の誤解』伊豆原弓訳、日経BP社）を参照。

5 レバレッジド・バイアウトに関する秀逸な論考は Steven N. Kaplan and Per Stromberg, "Leveraged Buyouts and Private Equity," *Journal of Economic Perspectives* 23, no. 1 (Winter 2009): 121-46で述べられている。

6 F. R. Lichtenberg and D. Siegel, "The Effects of Leveraged Buyouts on Productivity and Related Aspects of Firm Behavior," *Journal of Financial Economics* 27, no. 1 (1990): 165-94.

7 経済ショックが生じたときにレバレッジド・バイアウトが企業を危険にさらす可能性については広く議論されている。たとえば、Krishna G. Palepu, "Consequences of Leveraged Buyouts," *Journal of Financial Economics* 27, no. 1 (1990): 247-62を参照されたい。

8 Arthur G. Stephenson et al., "Mars Climate Orbiter Mishap Investigation Board Phase I Report, 44 pp.," NASA, Washington, D.C. (1999) を参照。わかりやすい議論は James Oberg, "Why the Mars Probe Went Off Course," *IEEE Spectrum* 36, no. 12 (1999): 34-39に述べられている。

9 私たちが火消しについて理解し、いくつか事例を挙げられたのは Roger E. Bohn and Ramchandran Jaikumar, *Firefighting by Knowledge Workers* (Information Storage

Industry Center, Graduate School of International Relations and Pacific Studies, University of California, 2000) のおかげである。

10 N. P. Repenning, "Reducing Cycle Time at Ford Electronics, Part II: Improving Product Development" (1996). 事例研究は著者より入手できる。

11 この数字は Bohn and Jaikumar, *Firefighting by Knowledge Workers* で挙げられている。これは実際には、マイクロソフトが6万1000個のバグをわかっていながら出荷したかどうかについてのもっと大きな議論の一部である。秀逸な論考として *Gripes about Windows 2000*, http://www.computergripes.com/Windows2000.html#28000bugs を参照されたい。

12 最近の研究は、判事も無理してあれもこれもやろうとし、結局あまりに多くの裁判をジャグリングすることになる可能性があることを例証している。Decio Coviello, Andrea Ichino, and Nicola Persico, "Don't Spread Yourself Too Thin: The Impact of Task Juggling on Workers' Speed of Job Completion" (National Bureau of Economic Research Working Paper No. 16502, 2010) を参照。

13 ヘンリー・デイヴィッド・ソローの引用句。H. D. Thoreau, *A Week on the Concord and Merrimac Rivers* (Princeton; N.J.: Princeton University Press, 2004)（『コンコード川とメリマック川の一週間』山口晃訳、而立書房）を参照。

14 *State Cell Phone Use and Texting While Driving Laws* (November 2012), http://www.ghsa.org/html/stateinfo/laws/cellphone_laws.html.

15 Cell Phone Accident Statistics and Texting While Driving Facts, edgarsnyder.com, http://www.edgarsnyder.com/car-accident/cell-phone/cell-phone-statistics.html. 2012年11月2日。

16 J. Wilson, M. Fang, S. Wiggins, and P. Cooper, "Collision and Violation Involvement of Drivers Who Use Cellular Telephones," *Traffic Injury Prevention* 4, no. 1 (2003): 45-52.

17 D. L. Strayer, F. A. Drews, and D. J. Crouch, "A Comparison of the Cell Phone Driver and the Drunk Driver," *Human Factors* 48, no. 2 (2006): 381-91. 追跡調査では（ハンズフリーの）電話で話しているドライバーと酔っているドライバーの能力を比較するために忠実度の高い運転シミュレーターを使い、電話で気が散ることによるリスク増大は、血中アルコール濃度が法定制限を上回る人の運転のリスク増大に匹敵すると結論づけている。

18 優れた考察が E. Robinson, "Why Crunch Mode Doesn't Work: 6 Lessons," *IGDA* (2005) February 17, 2009 に述べられている。Sara Robinson, "Bring Back the 40-Hour Work Week," *Slate*, March 14, 2012 にもわかりやすい記事が載っている。両方とも週労働時間の短縮を推進する立場を明確に、事例を非常にうまく提示している。

19 Robinson, "Why Crunch Mode Doesn't Work."

20 ブログ *Agile Game Development* に 2008 年 6 月 9 日に投稿された "Scrum & Overtime?" を参照。

21 Diwas S. Kc and Christian Terwiesch, "Impact of Workload on Service Time and Patient Safety: An Econometric Analysis of Hospital Operations," *Management Science* 55, no. 9 (2009): 1486-98.

22 Seonaidh McDonald, "Innovation, Organizational Learning and Models of Slack," *Proceedings of the 5th Organizational Learning and Knowledge Conference* (Lancaster University, 2003).

23 D. T. Wagner, C. M. Barnes, V. K. Lim, and D. L. Ferris, "Lost Sleep and Cyberloafing: Evidence from the Laboratory and a Daylight Saving Time Quasi-Experiment," *Journal of Applied Psychology* 97, no. 5 (2012): 1068.

24 同上。

25 "Manage Your Energy, Not Your Time," *Harvard Business Review*, November 3, 2012, http://hbr.org/2007/10/manage-your-energy-not-your-time/ar/1.

26 同上。

27 これはいわゆる 20・20・20 ルールである。たとえば、http://www.mayoclinic.com/health/eyestrain/DS01084/DSECTION=prevention を参照。

28 J. De Graaf, D. Wann, and T. H. Naylor, *Affluenza: The All-Consuming Epidemic* (San Francisco, Calif.: Berrett-Koehler, 2005)（『消費伝染病「アフルエンザ」――なぜそんなに「物」を買うのか』上原ゆうこ訳、日本教文社）.

29 略歴は http:// www.rockyhaoki.com/biography.html を参照。

30 この考察の基礎は〈紅花〉のビジネスモデルに関するハーバードビジネススクールのすばらしい事例研究 W. Earl Sasser and J. Klug, *Benihana of Tokyo* (Boston: Harvard Business School, 1972) である。Ernst Ricardo and Glen M. Schmidt, "Benihana: A New Look at an Old Classic," *Operations Management Review* 1 (2005): 5-28 も参照。

31 S. E. Kimes, "Restaurant Revenue Management Implementation at Chevys Arrowhead," *Cornell Hotel and Restaurant Administration Quarterly* 45, no. 1 (2004): 52-67.

32 Y. Berra, *The Yogi Book* (New York: Workman Publishing, 1997).

第 10 章

1 D. Karlan, M. McConnell, S. Mullainathan, and J. Zinman, *Getting to the Top of Mind: How Reminders Increase Saving* (National Bureau of Economic Research, Working Paper No. w16205, 2010).

2 "Impulse Savings," ideas42 case study.

3 *Snopes.com:* "Massachusetts License Renewal" (November 4, 2008), http://www.snopes.com/politics/traffic/massrenewal.asp.

4 J. J. Choi, D. Laibson, B. C. Madrian, and A. Metrick, "For Better or for Worse: Default Effects and 401(k) Savings Behavior," in *Perspectives on the Economics of Aging*, ed. D. A. Wise (Chicago: University of Chicago Press, 2004), 81-126.

5 http://www.bankofamerica.com/promos/jump/ktc_coinjar/.

6 バンク・オブ・アメリカのキープ・ザ・チェンジ・プログラム。"Keep Your Savings Elsewhere," *BloggingStocks*, November 1, 2012, http://www. bloggingstocks.com/2007/04/23/bank-of-americas-keep-the-change-program-keep-your-savings-e/.

7 L. E. Willis, "Against Financial Literacy Education" (2008), http://works.bepress.com/lauren_willis/1/.

8 R. H. Thaler and S. Benartzi, "Save More Tomorrow ™ : Using Behavioral Economics to Increase Employee Saving," *Journal of Political Economy* 112, no. S1 (2004): S164-87.

9 M. Bertrand and A. Morse, "Information Disclosure, Cognitive Biases, and Payday Borrowing," *The Journal of Finance* 66, no. 6 (2011): 1865-93.

10 R. Levine, *A Geography of Time: The Temporal Misadventures of a Social Psychologist, or How Every Culture Keeps Time Just a Little Bit Differently* (New York: Basic Books, 1997)(『あなたはどれだけ待てますか――せっかち文化とのんびり文化の徹底比較』忠平美幸訳、草思社).

11 J. Mata, P. M. Todd, and S. Lippke, "When Weight Management Lasts: Lower Perceived Rule Complexity Increases Adherence," *Appetite* 54, no. 1 (2010): 37-43. doi: 10.1016/j.appet.2009.09.004.

12 E. Duflo, M. Kremer, and J. Robinson, *Nudging Farmers to Use Fertilizer: Theory and Experimental Evidence from Kenya* (No. w15131, National Bureau of Economic Research, 2009).

13 同上。

14 研究者は満足遅延という一般的問題の解法として、これを双曲割引モデルに照らして説明している。収穫のころに処理能力が高まるという私たちのデータは、ここで起こっているのはそれだけでなく、農民の処理能力が最大のときに意思決定をするという行為そのものが、決定の質も高めうることを示している。

15 K. Haycock, "Promise Abandoned: How Policy Choices and Institutional Practices Restrict College Opportunities" (Washington, D.C.: Education Trust, 2006).

16 E. P. Bettinger, B. T. Long, P. Oreopoulos, and L. Sanbonmatsu, *The Role of Simplification and Information in College Decisions: Results from the H&R Block FAFSA Experiment*. National Bureau of Economic Research, (2009), http://www.nber.org/

papers/w15361.

17 D. Ariely and K. Wertenbroch, “Procrastination, Deadlines, and Performance: Self-Control by Precommitment,” *Psychological Science* 13, no. 3 (2002): 219-24.

18 C. F. Camerer and H. Kunreuther, “Decision Processes for Low Probability Events: Policy Implications,” *Journal of Policy Analysis and Management* 8, no. 4 (1989): 565-92.

結 論

1 J. Horgan, “The New Challenges,” *Scientific American* 267, no. 6 (1992): 10 に引用されているジョン・A・ホイーラーの言葉。

2 この考えは（私たちが設立に協力した）〈アイデアズ 42〉という非営利団体によって研究されている。この団体は行動に関する洞察を用いて商品や政策を考案している。興味のある読者は www.ideas42.com にアクセスを。

3 *Vitality-About GlowCaps.* http://www.vitality.net/glowcaps.html.

本書は、二〇一五年二月に単行本『いつも「時間がない」あなたに　欠乏の行動経済学』として早川書房より刊行された作品を文庫化したものです。

不合理だからうまくいく

——行動経済学で「人を動かす」

The Upside of Irrationality

ダン・アリエリー
櫻井祐子訳
ハヤカワ文庫NF

人間の「不合理さ」を味方につければ、好機に変えられる！

「超高額ボーナスは社員のやる気に逆効果？」「水を加えるだけのケーキミックスが売れなかったわけは？」——行動経済学の第一人者アリエリーの第二弾は、より具体的に職場や家庭で役立てられるようにパワーアップ。人間が不合理な決断を下す理由を解き明かす！

〈数理を愉しむ〉シリーズ

偶然の科学

Everything Is Obvious

ダンカン・ワッツ

青木　創訳

ハヤカワ文庫ＮＦ

世界は直観や常識が意味づけした偽りの物語に満ちている。ビジネスでも政治でもエンターテインメントでも、専門家の予測は当てにできず、歴史は教訓にならない。だが社会と経済の「偶然」のメカニズムを知れば、予測可能な未来が広がる。スモールワールド理論の提唱者がその仕組みに迫る複雑系社会学の決定版。

ずる
——嘘とごまかしの行動経済学

The (Honest) Truth About Dishonesty

ダン・アリエリー

櫻井祐子訳

ハヤカワ文庫ＮＦ

正直者の小さな「ずる」が大きな不正に？
不正と意思決定の秘密を解き明かす！

子どもがよその子の鉛筆をとったら怒るのに会社から赤ペンを失敬したり、ゴルフボールを手で動かすのはアンフェアでもクラブで動かすのは許せたり。そんな心理の謎を読み解き不正を減らすには？　ビジネスにごまかしを持ちこませないためのヒントも満載の一冊

それをお金で買いますか
——市場主義の限界

What Money Can't Buy

マイケル・サンデル
鬼澤 忍訳

ハヤカワ文庫NF

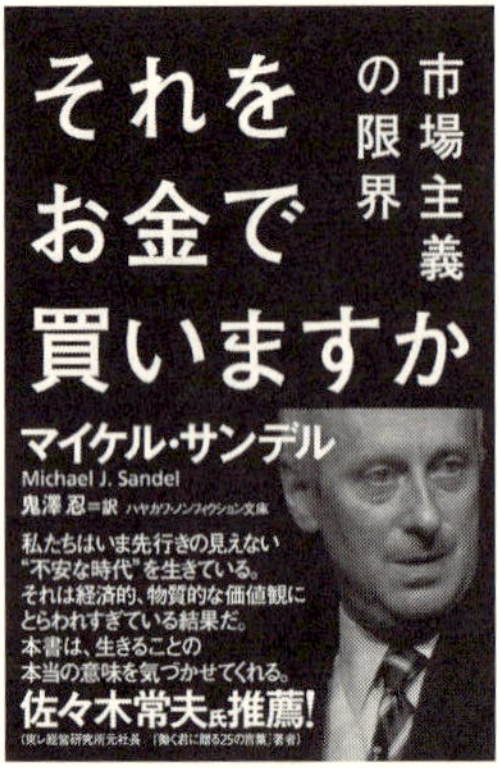

『これからの「正義」の話をしよう』の
ハーバード大学人気教授の哲学書

私たちは、あらゆるものがカネで取引される時代に生きている。民間会社が戦争を請け負い、臓器が売買され、公共施設の命名権がオークションにかけられる。こうした取引ははたして「正義」なのか? 社会にはびこる市場主義をめぐる命題にサンデル教授が挑む!

訳者略歴　翻訳家　東京大学文学部社会心理学科卒　訳書にイーグルマン『あなたの知らない脳』，グリーン『隠れていた宇宙』，サックス『音楽嗜好症』，ドーキンス『ドーキンス博士が教える「世界の秘密」』（以上早川書房刊）など多数

HM=Hayakawa Mystery
SF=Science Fiction
JA=Japanese Author
NV=Novel
NF=Nonfiction
FT=Fantasy

いつも「時間《じかん》がない」あなたに
欠乏の行動経済学

〈NF483〉

二〇一七年一月　十五日　発行
二〇二四年六月二十五日　五刷
（定価はカバーに表示してあります）

著者　センディル・ムッライナタン
　　　エルダー・シャフィール
訳者　大《おお》田《た》直《なお》子《こ》
発行者　早川浩
発行所　株式会社早川書房
郵便番号　一〇一‐〇〇四六
東京都千代田区神田多町二ノ二
電話　〇三‐三二五二‐三一一一
振替　〇〇一六〇‐三‐四七七九九
https://www.hayakawa-online.co.jp

乱丁・落丁本は小社制作部宛お送り下さい。
送料小社負担にてお取りかえいたします。

印刷・精文堂印刷株式会社　製本・株式会社フォーネット社
Printed and bound in Japan
ISBN978-4-15-050483-0 C0133

本書は活字が大きく読みやすい〈トールサイズ〉です。